칼 비테의 자녀교육법

칼 비테의 자녀교육법

The Education of Karl Witte 칼비테 지음 | 유정란 옮김

미르에듀

◆ 차례 ◆

1장 \ 이 책의 독자들에 대해서 ····007
2장 \ 아이가 특별한 재능을 타고난 것인가 ····013
3장 \ 교육은 성공적으로 진행되었는가 ····019
4장 \ 아이 교육에서 손을 뗀 상태인가 ····024
5장 \ 평범한 아이라도 뛰어난 사람이 될 수 있다 ····027
6장 \ 원래 아이를 어린 학자로 키우려 했는가 ····051
7장 \ 아이는 어떻게 어린 나이에 학자가 되었는가 ····055
8장 \ 자신이 아이를 학자로 키울 능력을 갖추었다고 자부하는가 ····068
9장 \ 조기교육에 대한 반대 의견들 ····079
10장 \ 아이가 조기교육으로 이득을 보았는가 ····086
11장 \ 아이를 자유롭게 놀도록 내버려두어야 하는가 ····093
12장 \ 아이가 입에 발린 칭찬에 넘어가지 않게 하는 비결 ····101
13장 \ 장난감과 지능 교육의 첫 단계 ····117

14장 ╲ 아이가 또래 친구와 많이 놀 필요가 있는가   ⋯135
15장 ╲ 아이의 식습관   ⋯140
16장 ╲ 아이의 인성 교육   ⋯155
17장 ╲ 아이가 읽기와 쓰기를 익힌 방법   ⋯162
18장 ╲ 공부와 놀이를 구분하기   ⋯170
19장 ╲ 보상에 대한 원칙   ⋯173
20장 ╲ 아이의 언어 교육   ⋯178
21장 ╲ 아이의 과학 교육   ⋯200
22장 ╲ 미적 감각 키워 주기   ⋯203
23장 ╲ 대학에 가다   ⋯206

옮긴이의 글   ⋯226

일러두기

저자의 이름인 'Karl Witte'는 국립국어원 외래어 표기법에 따라 '카를 비테'라고 옮기는 것이 맞지만, 이 책에서는 '칼 비테'로 표기한다. 이는 우리나라에서 저자의 이름이 '칼 비테'로 더 많이 알려져 있고 'Karl'의 독어 발음이 사실상 '카를'보다는 '칼'에 더 가깝다는 점을 감안한 것이다.
이 책은 레오 위너의 영어 번역본 〈The Education of Karl Witte: Or, the Training of the Child〉(1914)를 주요 텍스트로 삼아 옮겼으며, 번역 과정에서 독일어 원본 〈Karl Witte Oder Erziehungs-Und Bildungs-geschichte Desselben〉(1819)을 참조했다. 또한 옛날식 고루한 표현이나 장황한 문체가 많이 사용되었기에 요즘 독자들이 쉽게 읽을 수 있도록, 최대한 원문 내용을 해치지 않는 선에서 가독성을 살려 번역했음을 밝힌다.

1장
이 책의 독자들에 대해서

　사람들은 이 책의 주요 대상이 현직 교사나 교육자들이라고 생각할지도 모르지만 이는 사실이 아니다. 보통 교육자들은 그럴듯한 이유가 있어서, 혹은 아무 이유도 없이 나의 교육법에 반대하는 사람들이기에 내가 이들을 주요 대상으로 삼는다는 것은 불가능하다. 교육자들이 이의를 제기하는 이유는 내가 그들의 교육 방식을 따르지 않기 때문이다. 그것만으로도 잘못되었는데 설상가상으로 그들이 하는 말은 내가 그들과 정반대의 방식으로 아이를 교육한다는 것이다! 그래서 많은 교육자들이 다음과 같은 비판을 퍼붓는다. "칼 비테는 자신의 방식으로 아들을 교육했고, 천성적으로 별 문제가 없는 아이도 마찬가지 방식으로 교육해 좋은 결과를 끌어낼 수 있다고 장담한다. 그렇다면 도대체 왜 우리 교사들은 그와 같은 성과를 내지 못하는가?" 이러한 비판은 터무니없는 것이기에 멈추게 하려고 했지만 소용이 없었다. 이 같은 비난을 초래한 사람은 본인인데, 본의 아니게 성실한 교사들이 모욕적인 비난을 받고 있으니 안타까울 뿐이다.

현명한 사람이라면 내가 이 모든 작업을 통해 무엇을 입증하려고 하는지 눈치챌 것이다. 바로 교사가 아이를 가르칠 만한 지식과 능력을 제대로 갖추고 있다고 해도 다른 이들이 교사의 의도에 반하는 교육을 한 상태거나 이후로도 그런 교육을 계속한다면, 뜻하는 바를 이룰 수 없다는 것이다.

위에서 언급한 이유로 교사와 교육자들은 대부분 나에게 적대적인 태도를 취한다. 그들은 나를 잘 알지 못할뿐더러, 나의 신념을 직접적으로나 간접적으로 들을 기회가 없기 때문이다.

이런 이유로 본 서적은 교육자들 중에서도 자신들이 직접 교육한 학생들이나 친자식들을 진심으로 사랑하는 부모들, 그리고 몇 번씩이나 불쾌했던 적이 있음에도 불구하고 아이들에 대한 애정 때문에 본인의 교육적인 실험을 유심히 살펴보기로 결심한 사람들만을 대상으로 삼는다.

이 책은 앞서 언급한 교육자들뿐만 아니라 선의의 취지에서 아이들의 몸과 마음, 영혼을 최상으로 끌어올리려는 부모들을 위한 것이기도 하다. 나의 교육법을 꼼꼼히 살펴본 많은 부모들이 편지를 통해 공감의 뜻을 전하거나 나의 의견을 높이 평가한 바 있다. 그분들이 보여준 귀중한 호의로 인해 나는 몇 번이고 눈물이 날 만큼 감동을 받았다. 이 책을 집필하는 과정에서 그분들과 종종 인연을 맺으면서 알게 모르게 도움을 받은 적이 많았을 것이며, 실제로 그런 적이 많았다. 나는 가족들과 함께 그분들에게 감사하는 마음을 평생토록 간직할 것이다.

나는 그분들의 요청으로 나의 교육법을 여러 번 말로 설명했고, 그분들 중에서 상당수가 자신들을 비롯하여 더 많은 독자들을 위해 알아듣기 쉽고 간단한 방식으로 글을 써달라고 간청해 왔다. 내가 그 요청에 응할 수 없는 여러 근거를 댔지만 그분들은 조목조목 합리적인 반론을 제시했다. 이에 나는 훗날 본인의 교육법을 책으로 쓰겠다는 약속을 안 할 수 없었다.

내가 제시한 그럴듯한 근거 중 하나는 내게 악감정을 품은 사람이 이런 말을 할 수 있다는 것이었다. "그따위 책이 실질적으로 무슨 소용이 있습니까?" 이에 한 지인은 다음과 같이 응수했다. "다른 사람이 원하지 않더라도 우리는 필요해요. 그냥 우리를 위해서 책을 써 주세요!"

그래서 나는 약속을 지키기로 했다. 다른 사람이 나만큼 성공을 거두리라는 법도 없고, 또 모든 아이가 내 아들처럼 교육 받아야 한다고 생각하지 않는다. 하지만 내가 실행한 교육법 중에서 많은 부분은 따라해 볼 만하며 그 방법을 효과적으로 적용한다면 적지 않은 성과를 거둘 것이라고 확신한다.

아주 예전부터 나에게 흥미를 보였던 페스탈로치(Pestalozzi, 스위스 출신의 교육 개혁가_옮긴이) 박사는 날카로운 비판과 함께 따뜻한 관심이 담긴 편지를 보내왔다. 그는 나의 교육법을 새싹 시기부터 알아보았고 거기서 돋아날 이파리와 열매까지도 내다보았다. 사람들이 내가 하는 일에 별 관심을 보이지 않던 시절에도 박사는 나의 교육법에 큰 지지를 보내며 그 중요성을 강조하기도 했다.

친애하는 목사님께

목사님이 근처에 머무르고 계실 때 한 번 더 말씀드리고자 합니다. 저는 목사님이 아이를 교육하는 방식에 지대한 관심을 가지고 있으며 우리가 교육학에 대해 기본적으로 같은 생각을 품고 있다고 생각합니다. 여기에 한 마디 덧붙이자면 제가 초등 교육 서적에서 사용한 형식적 지시문이나 숫자, 단어와 같은 외면적 양식이 순수 자연이나 관련 과목을 다루는 일반적인 교육 과정과 동떨어진 것 같은 느낌을 줄까 걱정입니다. 보통 사람들의 눈에는 평범한 양식에서 벗어난 것처럼 보일까 봐 염려스럽기도 합니다. 하지만 겉보기에만 그럴 뿐이지 우리의 학습 활동은 실제로 실행해 본다면, 평범한 교육 방식과 별반 다를 것이 없다고 확신합니다. 바로 아버지의 꼼꼼한 관찰력과 어머니의 깊은 애정이 실제 경험에서 온전히 표현되도록 하는, 보편적인 교육법과 비슷한 것입니다. 아무리 좋은 교육법이라도 단조로운 표와 숫자 무더기 속에 파묻혀 표현되지 않는다면 무슨 소용입니까! 이런 형식들만으로는 효과를 볼 수 없겠지요. 이 형식들을 사용한 크뤼지(Krüsi, 페스탈로치를 도와 산수와 미술 교재를 편찬한 교육자_옮긴이) 선생이 아이의 마음을 잘 읽어 그 수준에 맞는 언어를 찾아내야 한다고 가정해 봅시다. 만약 선생이 수많은 경험을 통해 그 해법을 아이와 쉽게 소통하는 어머니의 단순한 언어에서 찾는다면, 우리가 고안한 학습 활동은 겉보기와는 달리 큰 효과를 보겠지요. 목사님이야말로 이러한 가정을 몸소 실천하신 분이기에 그 누구보다 저의 교육관을 이해하시리라 생각합니다. 잘 모르시겠지만 목사님의 학습 활동은 제가 추구하는 자연스러운 감각을 밑바탕으로 하고 있어요. 저는 그 감각을 토대로 끊임없는 연구 끝에 나름의 교육 양식을 발전시켰습니다.

친애하는 목사님! 목사님께서는 매우 중요한 작업을 하고 계십니다. 현 시점에서 우리는 원숙한 경험을 통해 검증된 교육적 결과물이 굉장히 필요한데, 그런 경험을 근거로 우리의 교육법에 대한 편견을 바로잡으려 하기 때문입니다. 이러한 상황에서 목사님이 교육적 경험을 계속 쌓으시고 되도록 경험의 폭을 넓히시는 것이 제게는 중대한 의미가 있습니다. 저의 바람과는 상관없이 목사님은 가까운 지인 분들로부터 지금의 작업을 계속 이어가 달라는 요청을 받으셨습니다. 저 또한 이러한 요청을 거절하지 마시라고 간곡히 부탁드립니다. 사람들이 마음속에 떠오르는 생각을 포착해 내고 그 추상적인 생각을 한결같이 실천하면서 인간이 처한 환경과 근원적 본성에 맞게끔 행동한다면, 더욱 많은 일을 이룰 수 있을 것입니다. 저는 목사님이 그러한 능력을 지닌 분이라 생각하기에 목사님께서 교육이 진행되는 상황을 들려주신다면 기쁘게 듣겠습니다. 지난번 이 문제에 대해 목사님과 담소를 나누며 유쾌한 시간을 보냈었지요.

산맥을 가로지르는 여행길이 즐거우시길 바라며, 앞으로도 진심 어린 존경을 보낼 것을 약속합니다.

목사님을 아끼는 벗, 페스탈로치 올림.
1804년 8월.

페스탈로치 박사는 이후로도 열두 해 동안 자신의 견해를 고수했으며, 나에게 아들 교육에 대한 이야기를 되도록 상세하게 정리해 달라고 부탁하기도 했다. 박사는 자신의 지인들뿐만 아니라 프랑스 파리의 저명한 학자인 쥘리앙(Julien) 박사도 동원하여 나를 설득했다. 내가 소심한 태도로 이를 거절하자 그분들은 나를 설득하고 나섰다. 페스탈로치 박사는 내가 이베르동(Yverdon)을 떠난 당일에 다음의 편지를 보내왔다.

친애하는 비테 목사님께.

우리가 14년 전 부흐제(Buchsee)에서 교육에 대해 나눈 대화를 기억하실 것입니다. 당시 목사님께서는 자신의 독특한 원칙을 계속 발전시켜 아이를 교육시키겠다고 하셨지요. 그리고 이제 그 아이는 목사님이 바라셨던 수준을 훨씬 웃도는 성장을 보여주었습니다.
이 시점에서 의문점이 생깁니다. 목사님의 교육 방식은 아이의 성장을 어느 정도까지 끌어올렸으며, 얼마만큼의 영향을 끼친 것일까요? 또 다른 의문점은 그 성장이 온전히 아이의 우수한 재능 때문이냐 아니냐, 그리고 이 교육법을 칼과 엇비슷한 성장을 거둘 만한 다른 아이에게 적용한다면 어느 정도의 결과를 얻을 수 있느냐는 것입니다.
친애하는 목사님, 아이를 단계별로 교육하신 방식을 세부적인 내용까지 하나하나 알려 주셔서 저희 교육자들이 이 문제를 직접 판단할 수 있도록 해 주십시오. 아이의 능력이 우수한 것은 의심할 여지가 없습니다. 그러나 목사님의 교육법이 아이의 능력에 심리적으로 얼마큼의 영향을 미쳐 빠른 성장을 초래했는지 밝히려면, 목사님의 독특한 교육법에 대한 상세한 정황을 알려주셔야 합니다. 이는 목사님께서 하셔야 할 중요한 사안이며, 틀림없이 즐거운 마음으로 하실 만한 작업이라고 생각합니다.

1817년 9월 4일, 이베르동에서.
페스탈로치 올림.

2장
아이가 특별한 재능을 타고난 것인가

나는 이 말을 수없이 들었는데 차라리 그대로 인정하는 것이 편했을 것이다. 아들이 하나님에게서 특혜를 내려받았으며 그 누구도 가질 수 없는 재주를 지녔다고 말할 수 있다면 얼마나 기분이 좋겠는가. 하지만 솔직히 말해 그것은 사실이 아니다.

나는 이 억측에 대해 천 번도 넘게 부인했지만 나의 지인들조차 대부분 비슷한 생각을 고수했음을 밝힌다. 딱 한 사람, 어린 시절부터 나의 죽마고우인 글라우비츠(Glaubitz) 목사는 예외였다. 1788년부터 죽을 때까지 스무 해가 넘는 세월 동안 나와 절친하게 지내온 목사는 이런 말을 종종 했다.

"나는 칼이 특별한 재능을 타고나지 않았다는 말을 믿네. 칼이 보인 성장을 기적이라 생각하지도 않지. 오히려 그 반대라고 생각하네. 칼이 특별한 재능을 타고났다고 생각하는 사람에게나 자네에게 나는 이렇게 말하겠네. 칼은 평범한 재능을 지녔을 뿐이지만 현재 대단한 성장을 보이고 있고 자네의 교육 덕분에 앞으로 더욱 눈부신 결과를 보여줄 거라고. 나는 자네가 어떤 교육 방침을 가지고 있으며 그것을 어떻게 실행하는지도 알고 있지. 하나님께서 방해하시지만 않는다면 그 방침은 분명 성공을 거둘 거야."

아들이 태어나기 얼마 전에 나는 마그데부르크(Magdeburg) 소재의 교육기관(리벤프라우엔, Liebenfrauen) 성당학교와 베르겐(Bergen) 성당학교, 돔슐레(Domschule) 성당학교에 재직 중인 실력 있는 젊은 교사 여럿과 시간을 보낸 적이 있다. 그 자리에는 주변 지역에서 설교직을 맡으며 학교 관계자들과 친분을 유지하고 있는 젊은 교사들도 몇몇 있었다. 이들은 모두 교사라는 고귀한 직분을 수행하는 데 열심인 선량한 사람들이었다. 나와 글라우비츠 목사가 이 교육계 모임의 일원이었고 나는 목사의 소개를 받아 시간이 날 때마다 모임에 참석했다.

한번은 이런 주제로 대화를 나눈 적이 있었다. 교사들은 아무리 노력해도 잘 가르칠 수 없는 아이가 있는 법이라고 주장한 반면, 나는 인간의 천부적인 재능을 지나치게 중시하는 것이 문제라고 말했다. 이런 견해를 확신했기에 나는 교사들의 주장에 반박할 수밖에 없었고 당시 이런 말을 했다.

"처음 5년에서 6년 동안은 타고난 재능보다 교육이 더 중요합니다. 물론 재능은 각자 다르겠지요. 그러나 보통 아이들의 능력이 교육에 좌지우지되는 비율은 생각보다 훨씬 더 높아요."

나는 내 의견을 뒷받침하기 위해 위대한 프랑스 철학자인 엘베시우스(Helvetius)의 말을 인용했다. "아무리 평범한 아이라도 제대로 교육받는다면 뛰어난 사람이 될 수 있다." 하지만 모두가 나와 의견을 달리했다. 슈라더(Schrader) 목사는 글라우비츠와 나와 함께 집으로 돌아가면서 이 문제로 계속 논쟁을 벌였고, 모임에서 수세에 몰렸던 나는 같은 말을 반복했다.

"열서너 분이나 반대의견을 표하시니 저는 당연히 이쪽에서 입을 다물어야겠지요. 그래도 제 의견이 옳다는 사실을 증명해 보이고 싶습니다. 하나님께서 제게 아들을 주신다면, 또 그러길 바라건대 목사님이 판단하시기에 제 아들이 바보가 아니라면, 아들을 뛰어난 인재로 교육시키겠습니다. 아이가 어떤 재능을 타고날지 모르겠지만 저는 예전부터 그러기로 결심했습니다."

모임 사람들은 나의 도전을 받아들였고 슈라더 목사도 귀갓길에서 같은 반응을 보였다. 글라우비츠는 예전에 나의 의견에 반대하지 않는다는 의사를 넌지시 내비친 적이 있었다. 그래서인지 내가 분명 약속을 지킬 것이라고 슈라더 목사를 애써 설득했다. 하지만 목사는 동료들과 마찬가지로 그런 일은 불가능하다고 단언했다.

얼마 지나지 않아 글라우비츠는 내 아내가 아들을 낳았다는 소식을 슈라더 목사에게 알렸다. 목사는 이 소식을 동료들에게 전했고 그들 모두가 나와 내 아들을 지켜보았다. 나는 그들이 사는 지역에 가거나 글라우비츠의 방문을 받을 때마다 돌아가는 상황에 대해 질문을 받았다. 글라우비츠나 내가 예전의 약속을 지키겠다는 희망을 내비칠 때면 그들은 미심쩍다는 듯이 고개를 흔들었다.

칼이 너덧 살쯤 되었을 때 나는 칼을 클라인-오터슬레벤(Klein-Ottersleben)으로 데려갔다. 슈라더 목사는 칼을 보고는 매우 마음에 들어 했다. 목사는 아이에게 특별한 재능은 없지만 내가 분명 아이를 뛰어난 사람으로 교육시킬 것이라고 확신했다. 그리고 이후 1810년까지도 그 의견을 바꾸지 않았다. 해가 지날수록 박사는 내가 목적을 이루고 있다는 믿음을 점점 더 가졌고 편지를 통해 그러한 믿음을 표현했다.

목사가 보낸 편지는 놀랍고도 인상적이었다. 자신의 동료들과 나의 절친한 벗들이 전해준 정보와 개인적인 의견을 토대로, 내가 했던 약속을 정말로 지켰음을 인정할 수밖에 없었기 때문이다. 물론 동료들과 함께 품었던 편견을 완전히 버리지 못했지만 말이다. 어쨌든 나는 목사의 지성과 인품에 존경을 보낸다. 그는 나의 약속이 불가능하다고 생각했음에도 불구하고 실제로 그 일이 일어났다고 흔쾌히 인정해 주었다. 목사는 다음의 편지를 보내왔다.

1810년 6월 3일, 랑엔베딩엔(Langenweddingen)에서
존경하는 벗에게.

목사님은 정말로 약속을 지키셨군요! 목사님께서 아이가 태어나기 전에 약속하신 대로 칼은 잘 자라주었어요. 아니, 약속하신 것보다 훨씬 더 훌륭하게 자랐죠. 목사님은 10년 전에 고인이 되신 글라우비츠 목사가 함께한 자리에서, 곧 아버지가 될 것이니 건강한 아들을 낳게 되길 간절히 바란다며 기뻐하셨지요. 그리고 제게 잊을 수 없는 말씀을 하셨습니다. "아들이 건강하게 태어난다면 저는 아들을 뛰어난 사람이 되도록 교육시키겠습니다."
그때 저는 반대 의견을 제시했습니다. 목사님이 원하시는 계획이 성공하려면 세상에 나올 아이의 건강도 중요하겠지만 아이의 타고난 재능이 특히나 더 중요하다고요. 이에 목사님은 이렇게 답변하셨지요. "아무리 평범한 아이라도 제대로 교육받는다면 뛰어난 사람이 될 수 있습니다." 제가 의심을 버리지 못하자 글라우비츠 목사께서 말씀하시길, 목사님이 이미 스위스에서 단시일 내에 아이의 능력을 보통 이상으로 끌어올렸다고 하셨습니다. 아이의 재능이 바보 수준에 가깝다며 교사들이 손 놓아 버린 적도 있는데 말이

죠. 그래서 저는 아이가 나중에 제 눈앞에 나타나 목사님의 주장에 부합하거나 어긋나는 모습을 직접 보일 때까지 판단을 유보하기로 약속드렸습니다. 얼마 지나지 않아 목사님의 아들을 직접 보았습니다. 아이다운 순수함과 선량함이 적절히 조화를 이룬 모습으로 자랐더군요. 그 고귀한 인간성이 얼마나 매력적이던지! 그런 사람들이 가득한 방에서 시간을 보낸다면 이 땅이 아니라 천상의 영혼들과 함께하는 기분일 거예요!

목사님 말이 맞았습니다! 목사님은 약속을 지켰을 뿐만 아니라 그보다 더 많은 것을 이루셨어요. 당연히 저는 글을 통해 그 사실을 인정하는 것이 공평한 처사라고 생각했습니다. 하지만 목사님이 노력하신 바대로 대단한 성공을 거두셨을지언정 목사님의 견해가 합당한 것인지에 대해서는 교사들을 설득하지 못하셨습니다. 교사들은 저마다 이렇게 말하겠지요. "그런 아들을 둔 아버지는 얼마나 행복할까!" 그 사람들은 아이가 뛰어난 것이 아버지의 교육법이나 공로보다는 타고난 자질이나 재능 때문이라고 떠들어댈 것입니다. 솔직히 말해 저도 마찬가지 말을 하겠습니다. "칼이 운을 타고나지 않았더라면 이렇게까지 자라지는 못했을 것이다."라고요. 물론 저는 목사님이 아이에게 적지 않은 노력을 들이셨다는 것을 압니다. 뜻한 바를 이루기 위해 대단한 인내, 변함없는 끈기와 노력을 발휘하셨지요. 말하고 침묵하는 법이나 사람들과 교제하는 법, 열심히 일하고 휴식하는 법 등등 목사님이 인생에서 직접 깨달은 모든 것을 칼에게 가르치셨습니다. 수년 동안 꾸준한 노력과 에너지를 들여 아이와 직접적으로나 간접적으로 관련된 것이라면 무엇이든 퍼부으셨던 겁니다. 게다가 사람들의 생각을 바꾸기 위해 지속적으로 많은 공을 들이신 것도 압니다. 그간의 모든 노력을 잘 알지만, 그래도 저는 동료 교사들의 의견을 완전히 부정할 수가 없습니다. 인간을 교육하는 데 타고난 천성이나 후천적 교육법이 각각 어느 정도의 부분을 차지하는지 판단하기란 매우 까다롭고도 어렵습니다. 천성과 교육법은 교육 과정 중에 서로 상관관계를 맺기 때문이지요. 운 좋게 재능을 타고난 것이 아니라 그저 건강한 아이를 양육법만으로 뛰어난 수준까지 끌어올렸다는 주장은 평생이 걸려도 입증해 내지 못하실 것입니다. 그럼에도 불구하고 목사님이 행하신 실험은 교육학의 여러 분야에서 주목할 만한 중요한 사례로 남을 것입니다. 목사님의 교육 방식을 상세히 알려 주신다면 일반인들에게 큰 도움이 되겠지요. 제가 장담하건대 칼과 같은 아이를 대상으로 삼아 목사님의 방식을 실행해 보는 이들이 몇몇 있을 것입니다.

마그데부르크 인근 지역인 랑엔베딩엔에서
슈라더 목사 올림.

3장
교육은
성공적으로 진행되었는가

　내가 아들을 가르치고 교육하는 방식은 시작도 좋아야 했지만 그 과정도 성공적으로 진행되어야 했다. 10년이 넘는 세월 동안 교양 계층의 주목을 받았던 데다가 서로 반목하는 각양각색의 정부들도 적극적인 관심을 보내왔기 때문이다.
　아들이 여덟 살이 되던 해에 사람들 입에 오르내리기 시작했고, 당시 우리 가족은 할레(Halle) 인근에 있는 마을인 로하우(Lochau)에 살고 있었다. 당연히 마을 사람들은 아이에게 관심을 두지 않았다. 대도시 사람들이나 영재에게 큰 관심을 보이는 법이다.
　더구나 나는 유럽이 송두리째 흔들리고 모국 프로이센이 무너지다시피 한 시기에 칼을 교육시켰다. 그 시기란 1807년에서 1808년 무렵을 말하는 것이다. (1807년에 나폴레옹은 예나와 프리틀란트에서 각각 프로이센과 러시아 군대를 격파하는 등 유럽 전역에서 지배권을 확립해 가고 있었다_옮긴이) 당시 사람들은 다른 화젯거리로 시끌시끌했다. 엄청난 대사건이라든지 걱정거리, 희망 혹은 실망을 안겨주는 사건이나 도움을 필요로 하는 사안 따위에 주목할 뿐이었다. 사소한 문제에는 별 관심을 두지 않았다.

한 아이가 이룬 성과가 당대의 사건사고를 뛰어넘어 주목과 인정을 받으려면, 굉장히 중요한 의미가 있거나 특별해야만 했다. 칼이 거둔 성과가 그러했다.

그러나 그 당시에는 조기교육에 대한 편견이 뿌리 깊이 존재했기에 사람들의 시선이 유달리 호의적이지 못했다. 잘츠만(Salzmann)이나 캄페(Campe), 트랍(Trapp)과 같은 교육자들이 조기교육에 대해 오랫동안 반대의 목소리를 높여왔고, 객관적인 태도로 조기교육 사례를 들어 그 불필요성과 해로움을 지적했다. 또한 그러한 사례에 "온실 교육"의 결과물이라는 낙인을 찍기도 했다.

나는 이 학자들의 교육관을 믿고 따랐기 때문에 조기교육 문제에 관해서도 이들과 의견을 함께했다는 점을 기꺼이 인정한다. 그리고 내가 두려워했던 사태가 나 자신의 주도로 일어나는 모습을 보며 불안을 느꼈다는 점도 인정한다.

사람들의 편견 때문에 칼의 소식을 처음으로 다룬 신문 기사는 터무니없는 거짓투성이였다. (함부르거 통신은 익명의 인물이 보낸 편지를 인용하며 칼이 메르제부르크[Merseburg]에서 공적으로, 또 사적으로 테스트 받았던 내용을 상세히 보도했다.) 심지어 어느 덴마크 출신 학자는 내 아들에 대한 사실을 전부 부정했으며 감정적인 이유에서라도 이 사실을 부정해야 한다고 생각했다. 하지만 사람들이 믿을 수 없었던 사실은 신빙성을 얻어 갔다. 내 아들에 대한 테스트가 몇 번이고 반복되면서 쉬츠(Schütz), 티프트룽크(Tieftrunk), 케자르(Cäsar), 벡(Bek), 말만(Mahlmann), 로스트(Rost)와 같은 뛰어난 전문가들이 직접 서명한 추천서가 쏟아지고 사교계와 학계의 증언이 이어졌기 때문이다. 곧이어 각계각층의 인사들이 호의적인 의견을 표명하면서 내 아들의 뛰어난 능력은 명백한 사실로 인정받았다.

당시에는 전쟁이 불러온 비참한 결과로 모든 것이 불안했기에 상황이 특히 좋지 못했다. 프로이센 왕국은 완전히 무너진 것처럼 보였다. 왕국의 주민들은 날이 갈수록 지쳐 갔고, 나 역시 거주하는 마을이 작센(Sachsen) 왕국에 완전히 둘러싸여 있었기에 왕국의 존립이 위태위태한 곳에 살고 있는 셈이었다. (1806년에 프랑스 황제 나폴레옹은 라인 강 유역에 있는 독일 연방국들을 일부 점령하면서 라인동맹을 설립했다. 라인동맹은 베스트팔렌, 작센, 바덴, 바이에른 등의 왕국과 공국들로 이루어졌으며, 나폴레옹이 러시아 원정에 실패하면서 1813년에 붕괴되었다_옮긴이) 나는 외부의 도움을 받을 생각은 전혀 없었지만 어쨌든 마을을 떠나야만 하는 상황이었다. 칼의 실력이 더 발전하지 못하고 퇴보하는 사태가 벌어질 수 있었기 때문이다.

프로이센 왕국의 지원을 기대할 수는 없었다. 프랑스 정부는 자금이 부족했으니 후원금을 주지 않을 테고, 작센 왕국은 물리적으로 나와 아무런 연관이 없으니 어떤 도움도 줄 리가 없었다. 그래도 나는 환경이 좋은 교구를 맡고 있던 데다가, 더욱 좋은 교구를 보장하겠노라는 서면도 갖고 있었다. 게다가 꽤 편안한 생활을 하고 있었고 가족과 함께 쾌적한 환경을 누리고 있던 상태였다. 물론 나중에 옮긴 라이프치히(Leipzig)에서의 삶도 좋았지만 말이다.

하지만 당시 칼의 교육은 아직 초기 단계에 머물러 있었다. 그렇기에 수많은 사람들이 안 좋은 결과가 나오지 않을까 우려를 표했다. "저 불쌍한 아이는 열 살이나 열두어 살이 되면 몸이 아프든지 죽든지 할 거야." 그들은 매우 걱정스럽다는 어투로 이렇게 말했다.

이런 와중에 뜻밖에도 라이프치히 시와 대학이 힘을 모아 상당한 액수의 지원금과 사려 깊고도 유리한 조건을 제시했다. 그 덕분에 나는 교구를 떠나 라이프치히에 가서 살겠다는 결단을 내릴 수 있었다. 물론 누구나 추측할 수 있겠지만 이 모든 것은 칼이 면밀한 조사와 몇 번의 테스트를 받고 나서야 이루어졌다.

프랑스가 관할하던 베스트팔렌(Westfalen) 정부도 마찬가지 방식으로 조사를 진행했다. 아들의 능력을 몇 번이고 시험한 결과, 의심을 버리지 못하면서도 정기적인 지원금을 제공하기로 했다. 러시아 군대가 카셀(Kassel)을 공격하고 있던 상황에서도 말이다. (카셀은 프랑스가 당시 지배하고 있던 헤센 왕국의 수도이다_옮긴이)

베스트팔렌이 무너지다시피 하자 후견인과 지인들이 우리 가족의 뒤를 봐주었다. 프로이센이 칠 년 동안 완전히 황폐화되었고 자금이 바닥난 데다가 승리를 확신하지도 못할 전쟁까지 치르고 있었기 때문이었다. 더욱이 하노버(Hannover)와 브라운슈바이크(Braunschweig), 헤센(Hessen) 지방 정부도 다른 지역에서 온 이방인은 모두 거주지 복원 작업에 참여해야 하고, 베스트팔렌 정부의 방침에 따라 이방인의 요청은 단호히 거절하겠다고 서둘러 공표한 상황이었다. 그럼에도 불구하고 세 지방 정부는 모두 내가 요청한 지원금을 선뜻 내주었다. 자금이 쪼들리는 상황이었지만 내가 요청한 지원금이 온당하게 쓰일 것이라고 확신했기 때문이다.

하지만 상류층 인사 여럿이 프로이센 왕가에 도움을 요청하라고 나를 설득했다. 상황이 워낙 안 좋았던 터라 나는 감히 그런 요청을 하지 못했다. 그러나 그들의 충고가 다시금 이어지면서 결국 나는 신중한 태도로 도움을 문의했고, 그 결과 매우 너그럽고도 긍정적인 답을 받았다. 사안에 대해 철저한 조사를 받은 후에 내가 물어볼 엄두도 내지 못한 큰 금액을 지원받았던 것이다. 지난 2년 간 베를린에 머물면서 우리는 왕가의 후한 배려와 호의를 분에 넘치도록 누렸다.

이 모든 지원이 10년이라는 세월 동안 끊임없이 이어졌다. 서로 입장이 다른 각양각색의 학자와 정부 관계자, 왕가 쪽 인사들까지 모두 흔쾌히 적극적인 도움을 주었고 호의적인 태도로 자금을 지원해 주었으므로, 나의 교육 목적은 타당해야 했고 반드시 성공을 거두어야만 했다.

많은 사람들이 축하 편지와 애정 어린 관심을 전해 왔는데 이들 중에서 상당수는 내가 개인적으로 모르는 사람들이었다. 게다가 도처에서 수많은 이들이 친절하게도 성공을 기원하는 마음과 진심 어린 지지를 표현해 왔다. 우리나라뿐만 아니라 타국의 높은 귀족들도 엄청난 호의를 베풀었기에 나는 내 눈과 귀를 의심할 수밖에 없었다. 머리로나 가슴으로나 이 상황이 이해되지 않을 정도였다.

4장
아이 교육에서
손을 뗀 상태인가

　내가 판단하기로는 그런 것 같다. 교육을 마무리할 단계라는 다른 사람들의 의견에 나는 아니라고 부인해 왔지만, 이제 그 의견을 받아들여야 할 듯하다. 칼이 열한 살이 되었을 때 괴팅엔(Göttingen)에서 여러 교수들은 칼이 강의를 듣는 데 내가 더 이상 따라다닐 필요가 없다고 말했다. 칼이 예의 바르게 행동하고 수업을 열심히 들을 뿐만 아니라 필기도 잘 하고 있으니 걱정하지 않아도 된다는 것이다. 그래도 나는 계속 칼을 데리고 다녔고 칼과 함께 수업 내용에 대한 예습과 복습을 했다. 얼마 후 괴팅엔과 하이델베르크(Heidelberg)에 머물던 무렵 나는 이 모두를 중단하기로 했다. 물론 칼이 눈치채지 못할 정도로 조금씩 거리를 두다가 칼이 모든 일을 스스로 하게끔 했다.
　칼이 어려운 주제를 다룬 글을 여러 번 발표하여 실력 있는 원로 학자들의 인정을 받고, 이 년 간 국비로 연구 여행을 떠나도 좋다고 폐하와 왕실 각료들의 승인을 받은 후에야 나는 아들 교육에서 손을 떼기로 결정했다. 즉 아들이 열여섯 살이 되어 자기 자신을 완전히 책임질 수 있다고 판단했기 때문에 그제야 나의 건강만 신경 쓰기로 한 것이었다.

그러나 나는 일을 너무 성급하게 진행하지 않으려고 일 년 더 칼을 데리고 다니고 싶다는 편지를 왕실에 전했다. 칼의 교육 활동에 중대한 변화가 생길 때마다 준비를 시켜 왔듯이, 칼이 완전히 준비된 상태로 자신에게 주어진 이 명예로운 임무에 임했으면 좋겠다는 생각에서였다. 황제 폐하는 올바른 판단력과 자비로운 마음을 가진 분이었기에 나의 청을 들어주었다. 이후에 나는 후견인과 지인들의 지지를 받고 나서야 칼이 살고 있는 도시를 떠나게 되었다.

현재 내가 칼을 떠난 지 열일곱 달이 된 상태이다. 그 동안에는 칼이 스위스와 이탈리아를 여행하기 전, 오스트리아 빈(Wien)에서 딱 한 번 만났을 뿐이다.

나는 아직 어린아이를 섣불리 세상 밖으로 내몰지 않으려고 했다. 칼이 부모의 헌신적인 보살핌을 받는 상태에서 벗어나 갑자기 낯선 이들 속에서 완전한 독립을 이루어야 하는 사태가 발생하지 않도록, 나는 자리에 없을 때면 칼을 아내에게 맡기거나 점잖은 친구들과 어울리도록 했다. 운 좋게도 칼은 계급이나 나이 구분 없이 여러 사람을 만날 수 있었다. 또한 나는 칼에게 날씨가 좋은 계절이 오면 라이프치히와 드레스덴(Dresden)을 여행하고, 그 주변의 아름다운 도시인 프라이베르크(Freiberg)나 켐니츠(Chemnitz), 나움부르크(Naumburg), 예나(Iena), 바이마르(Weimar), 에르푸르트(Erfurt), 고타(Gotha), 라이벤슈타인(Liebenstein), 아이제나흐(Eisenach), 카셀, 괴팅엔, 브라운슈바이크, 마그데부르크, 잘츠베델(Salzwedel) 등지도 둘러보라고 권했다. 여행지에서 그곳의 자연이나 예술품을 두루두루 구경하고 도서관에 가보거나 학자들과 친분도 쌓으라고 조언해 주었다. 한마디로 칼이 이 여행을 통해 앞으로 있을 먼 여정을 실질적으로 준비한 다음, 네다섯 달 후에 베를린이 있는 아내에게 돌아가 다시 한 번 학업에 대한 준비를 이어 가기 시작하라는 것이었다. 칼은 이 모든 기회를 잘 활용했고 올해 오월에 정말로 머나먼 여정을 떠났다. 빈에서 두 달 동안 함께 시간을 보낸 후에 나는 아들에게 완전히 작별을 고했고, 이제 아들은 알프스 산맥 너머에 살고 있다. 정말로 나의 지도를 더 이상 받지 않게 된 것이다. 이제 칼은 하나님의 보살핌 아래 홀로서기를 하여 자신의 양심에 따라 살아가고 있다. 그러므로 칼의 교육은 완료되었다고 할 수 있다.

하지만 우리는 죽는 순간까지 온갖 것을 배운다. 그 배움은 주위 환경에 영향을 받고 우여곡절을 겪으며 현재나 과거 시대 사람들과 교류함으로써 완성된다. 즉 교육은 당연히 끝나지 않으며 끝날 수도 없는 것이다.

내가 열일곱 달이 걸리는 여행을 떠날 무렵 칼은 몸과 마음이 건강했으며 태도가 긍정적이고도 올곧은 상태였다. 또한 만족스러운 태도로 학업에 임하고 있었다. 물론 칼은 예전에 아팠던 적이 한 번도 없었고 갓난아이 시절에도 병치레한 적이 없던 아이였다.

5장
평범한 아이라도 뛰어난 사람이 될 수 있다

　이 명제는 내가 마그데부르크에서 많은 교육자들에게 강조했던 말이자, 계속해서 그 타당성을 입증하려고 했던 내용이다. 이는 엘베시우스의 말을 인용한 것이다. "아무리 평범한 아이라도 제대로 교육받는다면 뛰어난 사람이 될 수 있다."

　알다시피 연주자의 실력이 아무리 뛰어나더라도 피아노 건반에 줄이 연결되어 있지 않다면 소리를 낼 수 없다. 마찬가지로 형편없는 소리를 내는 악기라도 전문 연주자의 손길을 거칠 경우, 불협화음 없이 듣기 좋은 선율을 내게 된다. 그 악기가 다른 악기에 비해 온전하지 못한 상태일 수도 있다. 그래도 형편없는 악기가 알맞게 조율되는 반면에 원래 상태가 좋았던 악기가 조금씩 망가지게 된다면, 전자는 후자보다 더 듣기 좋은 소리를 내게 될 것이다.

　이번에는 비유를 들지 않고 설명해 보겠다. 아이의 신체 기관이나 정신에 문제가 있다면 아무리 대단한 교육자인들 아이의 능력을 발전시키지 못할 것이다. 그러나 사지육신만 모두 멀쩡히 붙어 있다면 조금 허약한 상태에 아주 건강하지는 못하거나 신체적, 정신적 기능이 남보다 약간 떨어진다 할지라도, 지혜로운 교육자는 이러한 결함을 단계적으로 극복할 수 있을 것이다. 아니면 적어도 아이의 예전 상태를 아는 사람들을 놀라게 할 만한 결과를 끌어낼 수도 있다. 이들이 아이가 많이 호전되었음을 인정할 정도로 말이다.

그러한 교육자는 세심한 교육법을 통해 아이의 평범한 능력을 향상시킬 수 있을 것이다. 아무리 자질이 뛰어난 아이라도 부주의하거나 잘못된 교육을 받을 경우에는 그러한 결과를 끌어내지 못하는 법이다. 따라서 평범한 아이도 능력 있고 신중한 교육자가 많은 사랑과 관심, 열정을 퍼부으며 현명한 교육법으로 가르친다면, 결국 영재보다 더 높은 능력을 발휘할 수 있다. 반면 아무리 재능이 뛰어나다 해도 경솔하고 경험도 부족한 선생에게 잘못된 교육을 받는다면 평범한 아이보다 뒤떨어지게 될 것이다. 하지만 당연히 영재는 이 보통 아이가 받은 만큼 지혜롭고 세심한 교육을 받을 때 더 높은 성과를 보일 것이다. 물론 이러한 결과는 불완전한 우리네 세상에서 일어나지 못하는 경우가 많으며 사실 요즘 세상에서 실현되기 힘든 일이다. 그러므로 분명한 사실은 많은 영재들이 뒤떨어진 능력을 보이거나 사리 판단을 못하고 무지하며 형편없는 수준까지 떨어지기도 하는 반면, 드물기는 하지만 좋은 환경에서 자란 평범한 아이들 중에서 일부는 뛰어난 수준에 오른다는 점이다.

단언하건대 뛰어난 재능을 지닌 행운아들이 매우 적절한 교육을 받을 때 어떤 결실을 맺을지는 누구도 알 수 없다. 알렉산더(Alexander) 대왕이나 카이사르(Caesar) 황제, 샤를마뉴(Charlemagne) 대제, 독일의 하인리히(Heinrich) 왕과 프리드리히(Friedrich) 왕조차 약점이 있었으며, 정확히 꼬집어 말해 나쁜 면이 있었기 때문이다. 우리 세상이 불완전하다 할지라도 이상적인 인물은 충분히 나올 수 있지만, 이 위인들은 그 이상에 전혀 미치지 못했다. 그럼에도 불구하고 확실한 점은 남달리 뛰어난 교육 받은 사람이 훨씬 더 위대하고 강건하며 아름다울 뿐만 아니라 온화하면서도 담대하다는 사실이다. 관대하고 고귀한 데다가 용기와 지혜, 재치, 성실함, 학식에 분별력과 적절한 절제력까지 갖추었을 것이다. (당연히 모든 면에서 균형이 잡혀 있을 것이다!) 한 마디로 뛰어난 인재는 비교가 불가능할 정도로 높은 수준에 도달한 사람일 것이다.

우리 교육법이 백 년은 앞서게 될 때, 어쩌면 내가 믿는 명제는 잘못된 것이 될지도 모른다. 아이의 숨은 잠재력을 일깨우고 키워 주는 방식이 계발되어 일반적인 효과를 거둘 수 있는지, 또 어린 시절부터 교육이 완성되는 순간까지 아이를 성심성의껏 돌보고 발전시키는 부모와 교육자들이 많은지, 이러한 문제들은 여전히 의문으로 남아 있기 때문이다. 그래도 단언할 수 있는 점은 아이를 평범하게 키운 아버지 한 명은 아이를 비범하게 키운 아버지 열 명을 당해낼 수 없을 뿐더러, 아이의 능력을 더 많이 끌어낼 수도 없으며 오히려 뒤떨어진 결과를 낼 것이라는 사실이다.

그러나 이 사실도 완전히 장담할 수 있는 것은 아니다. 영재의 아버지가 더 큰 성과를 내리라는 보장이 없기 때문이다. 사실 경험 많고 분별력 있는 아버지는 극소수에 불과하며, 아이에게 해로운 실수를 저질러 더 잘 발휘될 수 있는 아이의 능력을 완전히 끌어내지 못하는 경우가 많다.

여기서 분명히 말할 수 있는 점은 한 아버지의 교육 방식이 일반적인 교육법이나 지도법보다 훨씬 더 효과적일 수 있다는 것이다. 아버지는 좋은 결과를 이끌어내기 위해 온힘을 다하기 때문이다. 그런 아버지는 영재를 가르치는 일반적인 요즘 방식보다 더 능숙한 방식으로 평범한 아이를 가르칠 것이므로, 결국 그 아이는 뛰어난 능력을 발휘할 수 있을 것이다.

소수의 사람들이 내가 경험을 통해 믿게 된 명제의 뜻을 정확히 포착하고 주목한 것에 반해, 대다수가 이 명제에 대해 반론을 제기했다. 이 사람들은 명제를 이해했다고는 하지만 내 생각에는 그 내용을 오해했다고밖에 볼 수 없다. 이들의 주장이 서로 상반될 때가 많으며 가만히 살펴보면 말이 되지 않을 정도로 설득력이 없기 때문이다.

그래서 나는 지난 27년 동안 이 주제로 나눈 대화 중 하나를 최대한 상세하게 옮겨 보겠다.

질문자(이하 그). "목사님은 저를 설득하실 수 없어요. 모든 사람이 똑같은 재능을 타고난다고 하셨는데 어떻게 그런 주장을 하실 수 있습니까? 인간의 재능은 제각기 다른 것이 당연한데 말입니다."

나. "저도 그렇게 생각합니다. 제 주장에서 그런 결론을 끌어내시다니 잘못 판단하신 거예요."

그. "뭐라고요? 제 판단이 잘못되었다고요? 아이들을 모두 뛰어난 사람으로 교육시키려면 아이들 하나하나의 재능이 다 똑같아야 하는 것 아닙니까?"

나. "우선 저는 아이들 전부를 그렇게 교육시킬 수 있다고 말하지 않았습니다. 그중에는 덜떨어진 아이도 있을 테니까요. 또 아이의 재능은 모자란 둔재에서 정말로 뛰어난 천재까지 천차만별인데 그 모든 재능을 구분 짓기란 불가능해요."

그. "그 주장이 목사님 생각이 아니었다는 겁니까? 그렇다면 제가 완전히 오해했군요."

나. "그렇습니다. 저는 '건강한 아이'라는 조건을 반복해서 덧붙였고 그 조건이 정말 중요하거든요."

그. "저는 그렇게 생각하지 않는데요. 아니면 제가 잘못 이해한 건가요?"

나. "아마 잘못 이해하셨을 겁니다. 제가 명확히 설명 드리죠. 인간의 재

능은 매우 다양하다고 말씀드렸습니다. 신체적, 정신적, 도덕적 자질을 하나하나 따져보고 세 가지 요소의 상호작용을 고려할 때, 거기에서 나오는 차이를 구분하기란 불가능합니다. 그래도 논의를 명확히 하기 위해서는 구분이 가능하다고 간주해야겠지요. 일단 재능의 수준이 1에서 100에 이른다고 가정해 봅시다. 앞서 말한 덜떨어진 아이는 1의 재능을, 뛰어난 아이는 100의 재능을 타고났다고 할 수 있습니다. 평범한 아이는 아마도……."

그. "50의 재능을 타고났겠죠. 잘 알겠습니다. 그런데 그게 무슨 의미가 있습니까?"

나. "곧 아시게 될 겁니다. 어쨌든 평범한 아이들의 수가 가장 많을 테니 대다수가 50의 재능을 지니고 태어났다고 볼 수 있죠. 제 아들이나 선생의 아들을 비롯해 수많은 아이들이 이 대다수에 들어갈 것이고요."

그. "전혀 그렇지 않습니다. 제 아들은 다수에 속하겠지만 목사님 아들은 아니죠."

나. "알겠어요. 그리 생각하기를 원하시니 지금은 아무 말도 하지 않겠습니다. 그럼 논의를 이어 나가죠. 열에서 열두어 명의 아이들이 50의 재능을 타고났으며, 제각기 다른 환경에 산다고 생각해 봅시다. 그중에 둘은 시골에서 어떤 교육도 받지 못한 채 컸고, 둘은 도시에서 별 교육을 받지 못한 채 아주 어린 시절부터 공장 견습생으로 일했으며, 둘은 질 낮은 학교에서, 둘은 그보다는 좋은 학교에서 교육을 받았다고 합시다. 또 둘은 가정에서 세심한 교육을 잘 받았고, 나머지 둘은 형편없는 교육을 받았다고 하죠. 재능이 모든 것을 좌지우지하고 교육은 별 도움이 되지 못하거나 아무런 영향도 끼칠 수 없다면, 이 아이들은 교육을 마친 후 똑같은 수준의 능력을 발휘하겠지요. 그러나 이들 중 어떤 아이는 왕자나 장관, 학자가 되기도 하며, 어떤 아이는 상인이나

거지, 도둑이 되기도 합니다. 이런 상황에서 아이들이 모두 같은 수준에 있다고 볼 수 있을까요?"

그. "당연히 아니죠. 교육을 잘 받은 아이가 있는 반면 조금이나마 교육받은 아이도 있고 아무것도 배우지 못한 아이도 있으니, 각각 뛰어난 사람과 평범한 사람, 멍청한 사람이 되겠죠."

나. "여기서 교육이 얼마나 큰 역할을 하는지 잘 아시겠지요. 허나 이 부분도 깊이 논하진 않겠습니다. 아이들의 타고난 재능이 원래부터 다 똑같다면, 20년이 지난 후에도 모두 같은 수준에 있을까요?"

그. "무슨 뜻이신가요?"

나. "예를 들자면, 20년이 흐른 후에도 아이들 각각의 신체적 능력이 모두 같겠냐는 말입니다."

그. "그게 어떻게 가능하겠습니까? 우리는 사람들이 말하는 소위 평범한 천성만을 논의하고 있는 게 아닙니까. 아무튼 도둑이나 노동자, 농부의 아들은 당연히 예술가나 학자, 장관의 아들보다 더 힘이 좋겠지요."

나. "맞습니다! 그런데 왜 그럴까요?"

그. "뻔하지 않습니까. 도둑과 노동자, 농부의 아들은 자연스레 신체적 능력을 계속 키웠을 테고, 또 그 능력을 키워야 하는 환경에서 자랐을 테니까요. 나머지 세 직업군의 아들은 신체 능력을 조금만 기르거나 전혀 기르지 않을 것이 분명하니, 결국 그 능력은 발현되지 못하거나 완전히 사라져 버리겠지요."

나. "그러면 능력, 그러니까 체력은 활용하는 만큼 발전한다는 사실을 인정하시는 겁니까?"

그. "당연하죠! 그건 자석과 같은 이치예요. 자석의 끄는 힘을 최대한도가 넘지 않는 선에서 늘이면 늘일수록 자석은 더 많은 사물을 끌어당길 수 있습니다."

나. "자, 이로써 저는 큰 수확을 얻었습니다. 인간의 타고난 능력, 즉 재능이 교육자에 의해 발휘되고 활용되는 만큼 향상된다는 사실을 인정하셨으니 말이죠."

그. "그걸 누가 부인하겠습니까? 그게 어째서 제 의견에 대한 반론이 된다는 거죠?"

나. "이게 반론이 되진 못하지만 제 명제의 타당성을 밝히는 데 도움이 됩니다. 제 명제는 다음의 사실에 기반하고 있거든요. 즉 타고난 재능이 똑같은 사람들 중에서 뛰어난 인재를 만들어내려면, 그저 유년시절부터 신중하고도 일관성 있는 방식으로 아이의 재능을 길러 주면 된다는 겁니다."

그. "목사님은 잘못 생각하고 있으세요. 그런 조건이 일어날 수는 있죠. 하지만 가능하다고 해서 다 현실로 이루어지지는 않아요."

나. "죄송하지만 당신이야말로 잘못 생각하고 있습니다. 우린 지금 현실 이야기를 하고 있는 게 아니에요. 어쨌든 당신이 가능성을 이미 인정한 것만으로 전 충분합니다."

그. "목사님은 존재하지도 않는 투명 실로 절 꽁꽁 묶으시고는 난데없이 '잡았다!'라고 소리치시는 것 같군요. 하지만 그런 방식은 통하지 않아요! 목사님 주장에 어떤 속뜻이 있다면 그걸 터놓고 설명해 주셔야지요."

나. "그 작업을 제가 지금껏 해 온 것이니 계속하도록 하죠. 이제 제 주장의 타당성을 밝힐 증거를 대 보겠습니다. 우리의 논의는 선생님이 다음 명제를 부정한 것에서 시작되었지요. 즉 건강한 아이라면 누구나 제대로 된 교육을 받을 경우에 뛰어난 사람이 될 수 있다는 명제 말입니다."

그. "맞습니다. 그 명제를 전 아직도 인정하지 않고요!"

나. "세상에는 신체적, 정신적, 감정적 재능이 각양각색으로 존재한다는 사실을 우리 모두 인정했습니다. 재능이 아주 뛰어난 아이들과 매우 떨어지는 아이들이 소수에 달하는 반면, 평범한 아이들은 대다수를 차지하죠. 우리는 재능의 수준을 1에서 100에 이른다고 가정한 다음에 재능이 제일 떨어지는 아이는 1로, 제일 우수한 아이는 100로, 대다수 평범한 아이는 50으로 구분했습니다. 그리고 이 평범한 아이 열 명의 재능은 이런저런 양육을 거치고 나서 매우 다양한 수준으로 나타난다는 점을 사실로 받아들이셨죠. 몇몇 아이의 능력이 활용되고 계발되지 못하거나 억압될 경우에 완전히 못쓰게 되어버린다고요. 맞죠?"

그. "예, 인정합니다! 하지만 거기서 어떤 결론을 이끌어낼 수 있단 말입니까?"

나. "제가 끌어낼 수 있는 결론은 바로 이겁니다. 아이의 타고난 재능을 뛰어난 수준으로 올리려면 세심하고도 한결같은 교육이 필요할 뿐이라는 거죠."

그. "그건 잘 알겠습니다! 그런 아이는 똑같은 재능을 타고났지만 질 낮은 교육을 받은 아이보다 결국 더 높은 수준에 도달하겠지요. 그런데 그게 어떻게 제 의견이 틀렸다는 증거가 된다는 겁니까? 아이 열 명 중에서 다섯 명이 우수한 교육을 받는다면 어떻겠습니까. 그런 일이 가능하다는 점은 부인하실 수 없겠지요."

나. "저라면 부인하겠습니다. 아이가 정말 질 좋은 교육을 받는다는 것은 드문 일이니까요. 물론 이론적인 수준에서는 선생의 말을 인정합니다. 허나 우수한 교육은 다음의 조건을 충족시켜야 한다고 생각하기 때문에 현실적으로는 받아들이지 못하겠어요. 우선 그 아이의 아버지가 운이 좋거나 부모

를 잘 만나서 상당히 좋은 교육을 이미 받은 상태여야 하고, 또 아이를 뛰어나게 교육시킬 만큼의 체력과 시간, 지식, 경험을 갖추어야 합니다. 게다가 아이를 교육시키려는 깊은 욕구와 강철 같은 의지가 필요하죠. 또 아버지는 직업과 거처, 배우자를 적절히 선택하고 업무의 일순위와 이순위도 정해야 하며 사귈 친구와 지인들, 고용할 하인들까지도 제대로 골라내야 합니다. 어떤 때는 은자처럼 세상을 등져야 하고 어떤 때는 넓은 세상으로 나가 여행해야 하는데다가 시골과 지방의 작은 마을, 대도시, 대학가 등지를 옮겨 다닐 여력이 있어야 하고, 또 그런 생활을 감수해야 합니다. 이런 조건이 모두 맞아떨어져야 제가 생각하는 모든 면에서 우수한 교육이 가능할 테고 아이의 모든 능력이 폭넓고도 고른 수준으로 발전할 수 있지요.

저는 상황에 따라 교육 환경을 언제든지 바꿀 수 있는 것을 이상적인 조건으로 여겼고, 제 목적을 이룰 기회를 적게나마 갖게 되어 하나님께 감사드립니다. 어쨌든 전 변화가 필요할 때마다 최대한 신속하게 환경을 바꿔주면서 아들을 교육시키려고 합니다. 그것이 제 권한이나 능력으로 감당하기에 버거운 일이라고 생각하실 테지만, 그렇게 해야 아이의 재능을 모든 면에서 최대한 완벽한 수준까지 끌어올릴 수 있으니까요."

그. "잘 알겠습니다. 그렇지만 그 누가 그 일을 해낼 수 있겠습니까?"

나. "그것이 꼭 불가능하지 않다는 점을 아시게 될 겁니다. 이런 방식으로 교육 받는다면 아이는 분명 같은 수준의 재능을 타고난 아이들을 뛰어넘겠지요."

그. "물론 그처럼 학식과 능력, 지혜에 다정한 마음씨와 강한 의지까지 갖춘 아버지가 존재한다면, 목사님의 말이 맞겠지요. 그런 아버지에게 교육받은 아이는 본래 같은 수준에 있었던 아이들을 넘어설 겁니다. 하지만 그 사실에서 목사님이 얻을 내용은 별로 없어요. 목사님의 명제는 더 큰 주장을 담고 있거든요. 그 명제에 따르면 그처럼 교육 받은 아이는 60이나 70, 80, 90 수준의 재능을 타고난 아이들까지 뛰어넘어야 합니다. 게다가 저는 후하게 쳐서 목사님 아들의 재능이 100까지 된다고 보거든요."

나. "그러지 마셨으면 합니다! 말씀하신 내용 중에서 저는 진실만을 옳다고 인정하겠어요. 선생의 말이 어디까지 맞는지는 곧 밝혀지겠죠. 저는 이렇게 말했습니다. '아무리 평범한 아이라도 제대로 교육받는다면 뛰어난 사람이 될 수 있다'고요. 뛰어난 사람이라고 해서 꼭 전국 일등이나 이등, 삼등을 뜻하는 것은 아닙니다. 그 사람의 능력이 다른 사람 천 명을 확실히 뛰어넘는 정도면 충분할 거예요. 1에서 25 수준의 재능을 지닌 지진아들이 드문 만큼, 80에서 100 수준의 재능을 타고난 영재들도 얼마 되지 않을 것이 분명하니까요. 더구나 탁월한 재능이 제대로 활용되지 못하고 오히려 아이에게 해를 입히는 경우가 얼마나 많은지 잘 생각해 보세요."

그. "무슨 말씀이시죠?"

나. "우수한 지적 능력은 가난한 노동자나 거지, 도둑의 아들에게 도움보다는 해를 줄 가능성이 더 높습니다. 그 아이들이 사는 불운한 환경을 고려할 때 지적 능력은 제대로 계발되기가 어렵기 때문이죠. 씨앗이 앞을 가로막는 돌을 피해 싹을 틔울 틈새를 찾듯이, 아이는 샛길로 빠지겠지요. 그리고 그 샛길은 나쁜 길이 될 때가 많습니다. 지적 재능이 높으면 높을수록 아이는 잔꾀나 사기, 비열한 짓에 쉽게 빠져들겠죠. 그 재능이 다른 환경에서 나왔을 때 얼마나 나라를 명예롭게 하고 왕실을 드높일지 생각하면 저는 안타까워서 몸서리가 날 정도예요. 아이는 정신적 버팀목이 되어줄 종교나 내재적 도덕성, 외재적 도덕성이 부족할 테니 그 재능 때문에 틀림없이 더욱 심각한 수준으로 빠르게 망가질 겁니다. 스스로 욕심을 버릴 줄도, 하나님의 말씀을 따르며

만족할 줄도, 지혜롭게 인내할 줄도 모르겠지요. 체력이 좋은 아이라면 분명 주변 환경을 다 때려 부수려고 할 겁니다. 월계관을 쓴 운동선수나 장군이 될 만한 아이가 형벌을 받거나 사형대로 끌려가겠지요. 따라서 좋은 재능을 지녔지만 이와 비슷한 환경에서 태어난 아이는 논의 대상에서 제외시켜야 합니다. 왜냐하면 이들은 50의 재능을 타고났지만 최고의 교육을 받은 아이들을 당해 내지 못할 테니까요.

이제 상류층의 경우를 살펴봅시다. 아주 높은 사회 계급에 속한 사람일수록 논하기가 좋겠지요. 상류층 아이들은 단연코 최고 교육을 받는다고 보는 게 맞겠지만, 실제로도 그런가요? 일단 저는 그렇다고 말하겠습니다. 상류층은 여러모로 그런 교육을 제공할 만한 능력이 있으니까요. 그 능력이란 외적 수단을 동원하여 아이가 흥미로운 것들을 보고 듣거나 뛰어난 사람들과 이야기를 나누도록 해줄 기회, 그리고 정신적 능력을 키워주기 위해 무엇이든 활용할 만한 재력을 말하는 겁니다. 거기에 부모가 내적 능력까지 갖춰 아이를 제대로 교육시킨다면, 그 아이는 당연히 최고가 되겠지요. 설령 재력과 품위를 갖춘 아버지가 아들을 잘 교육시킬 의지나 능력이 없다 해도, 현명한 판단력만 있다면 중산층 출신의 우수한 교육자를 선택할 겁니다. 그리고 운 좋게 아버지의 마음으로 아이에게 최상의 지식을 가르칠 교사를 찾아낸다면, 자신의 재력이 허락하는 선에서 교사에게 비용을 지불하겠지요. 무엇보다 가장 중요한 점은 아버지가 교사에게 아이의 교육을 일임하고 교사는 자신의 의무를 다해야 한다는 것입니다. 아이의 재능이 탁월하면 탁월할수록 교육은 더 큰 효과를 내겠지요. 그와 같은 교육은 평범한 아이라면 더욱 더 받아야겠고, 덜떨어지는 아이라면 반드시 받아야 할 겁니다. 하지만 그런 교육적 문제가 등한시되는 경우를 어찌나 많이 봤는지요!

교사를 선택할 때 실력보다는 비용을 따지는 경우가 많습니다. 행실이 세련됐는가를 따지거나 심지어 어느 지방 출신인가, 신분이 무엇인가를 따집니다. 어떤 부모는 교사의 가르칠 권한을 제한해 버리거나 교사가 마땅히 받아야 할 존경과 예의를 보이지 않기도 하죠. 이 모든 행동으로 인해 아이는 아무런 소득 없이 망가지게 됩니다.

상류층 부모 중에서 그 누가 자신의 편견을 버리고 인간관계나 취미생활, 안락함을 기꺼이 희생하면서 매일 같이 다른 형태로 제공되는 즐거운 오락거리를 포기하겠습니까? 과연 아이를 위해 이 모두를 단호히 버릴 부모가 있느냐는 말입니다. 상류층 아이는 대부분 아주 어린 나이부터 이런 종류의 유흥을 즐기지 않습니까? 만약 부모가 순수 귀족 혈통이라면 그 자식은 아주 어린 나이부터 응석받이로 자라고 몸은 허약해질 겁니다. 창백하고 비실비실한 인형이 되어버려 거친 북부인이라면 손쉽게 패대기칠 수 있을 정도겠지요. 하지만 상류층의 교육적 환경에서라면 헤라클레스의 체력에 아폴로의 지력까지 겸비한 아이가 나와야 하는 것 아닙니까?

사실 이렇게 뛰어난 아이는 상류층 사회에서 별로 만나지 못했습니다. 그럼에도 불구하고 그런 아이가 많이 나와야 하며, 시간이 흐를수록 정신적인 면에서 눈부신 발전을 보여야 할 것입니다. 매일같이 여러 가지를 보고 듣고 겪을 기회가 널려 있으니 정신을 훈련시킬 수 있기 때문이지요. 또 이들은 나중에 공직에 오를 것이니 자기 계발에 좋은 활동에 참여하면서 지적 능력과 통찰력을 키우고 많은 것들을 몸소 경험해야 할 것입니다.

여기서 제가 상류층 아이의 미래를 염려한다고 생각하실지 모르겠지만, 실제로는 걱정할 일이 별로 없습니다. 사실 상류층 출신 청년이나 아이들 중에서 자신의 뛰어난 재능을 망가뜨리는 이는 드물거든요. 그 재능이 신체적이든 정신적이든 정서적인 것이든 말이죠. 이에 대해 다른 의견이 있으십니까?"

그. "유감스럽게도 없습니다. 그런데 그게 우리 논의와 무슨 상관이 있습니까?"

나. "이 논의를 통해 50의 재능을 타고난 아이가 최대한 질 좋은 교육을 받는다면 언젠가 상류층 아이를 뛰어넘는다는 점을 보여 드릴 수 있기 때문이죠. 설사 상류층 아이가 80이나 90, 100의 재능을 타고났다 하더라도 말이지요."

그. "정말이지 매우 불편한 말씀을 하시는군요. 제가 딱히 잘못된 점을 지적하지는 못하겠지만요."

나. "그렇다면 이제 부유한 중산층 아이를 살펴보는 일만 남았군요. 이 계층은 나라의 중심이 되는 존재이니 조금 더 자세히 논의하도록 하겠습니다. 잘사는 중산층 가정에서 자란 아이들은 더욱 수월하게 자신의 재능을 발전시킬 가능성이 높아요. 하지만 여기서도 제가 조금 전에 언급한 문제가 생길 수 있습니다. 즉 교육법이 정말로 많은 발전을 이뤄 부모나 교육자들이 인간의 능력을 모두 끌어내는 것이 가능하다면, 제 의견은 잘못된 것이겠지요. 하지만 엄밀히 말해 이런 일은 일어날 확률이 매우 낮으며 교육자들은 처참한 실패를 수없이 반복합니다. 똑똑한 부모들이 어쩌면 그렇게 잘못된 행동을 할 수 있는지 놀란 적도 많은데다가 사실 그런 잘못은 일상다반사로 일어나죠. 제가 아무리 부모들에게 잘못을 지적해 주어도 부모들은 제 말을 듣지 않습니다. 귀담아듣고 잘못을 인식하더라도 행동을 고치려 들지 않아요.

부모가 한 아이만 편애한다든지, 인간답게 이성적으로 판단하지 못하고 동물처럼 감정적인 사랑을 퍼붓는다든지, 자신의 아이보다 재물이나 공적인 명예, 쾌락, 친분 관계를 더 소중히 여긴다면 절대 아이의 모든 능력을 최상으로 끌어올리지 못할 겁니다. 반면에 아이가 최대한 모든 것이 갖춰진 환경에서 교육받는다면, 아이의 타고난 재능이 조금 떨어지더라도 자신보다 재능이 뛰어난 아이들을 넘어설 것이 분명하지요.

한 가지 덧붙이자면 의욕적인 사람은 소극적인 사람보다 더 실패할 확률이 높지만, 도전을 거듭하고 고난을 겪음으로써 발전해 나갈 겁니다. 또 잘 아시다시피 그런 식으로 좋은 선생에게 이상적인 가르침을 받은 인재를 뛰어넘기란 힘든 일이죠."

그. "물론입니다. 허나 더 뛰어난 재능을 타고난 사람이 똑같은 수준의 교육을 받을 때, 훨씬 더 많이 발전하리라는 점은 부인하지 못하시겠지요."

나. "그거야 당연합니다!"

그. "그럼 그런 천재는 얼마나 많은 발전을 보일까요?"

나. "어느 수준까지 발전할지는 아직 알지 못합니다. 천재는 우리가 한참 따져봐야 하는 복잡한 문제도 순식간에 풀어내겠지요. 우리에게는 너무 어려운 작업을 즐거운 놀이처럼 쉽게 해낼 겁니다. 인간의 태생적 한계를 제외하고는 별다른 어려움을 겪지 않겠죠."

그. "인간이 교육을 통해 그 수준까지 올라설 수 있다고 믿으십니까?"

나. "믿지 못할 이유라도 있습니까? 제가 믿지 못한다면 지혜롭고 자비로우신 하나님을 부인하는 격이 되겠지요. 저는 교육의 힘을 그저 믿는 정도가 아니라 완전히 신뢰한답니다."

그. "저는 믿지 않습니다. 교육으로 인해 큰 불행이 생길 수 있으니까요."

나. "불행이요? 어떤 불행 말입니까?"

그. "너무나 비참한 불행이 생길 겁니다! 상류층뿐만 아니라 신분이 아주 낮은 계층에게도 좋지 않은 불행이요."

나. "무슨 말씀이신지 궁금하군요. 저는 전혀 이해가 가지 않아요."

그. "너무나 자명한 일을 모르시겠다니 놀라울 따름입니다."

나. "제게 툭 터놓고 말씀해 주시지요."

그. "기꺼이요. 목사님께선 천사처럼 아무런 편견 없이 진실을 알아보는 사람들이 있을 거라고 하셨습니다. 그런 사람들은 자신의 의무를 다하면서도 참되고 바르며 아름답고 선한 것만을 추구할 뿐만 아니라 도리에 어긋나지 않고 예의를 지킬 것이라고요. 게다가 우리가 힘들어 하는 일을 놀이처럼 여기면서도 훨씬 더 잘 해낼 것이라고 말씀하셨죠. 또 이것이 가능하다고 생각하십니다. 그렇죠?"

나. "충분히 가능합니다. 저는 백 년 후에는 그런 사람들이 많이 나오리라 진심으로 믿습니다. 보편적인 지도 방식, 특히 교육법이 올바른 방향으로 끊임없이 발전한다면 말이죠."

그. "그렇다면 저는 인류의 가여운 운명에 연민을 느낍니다. 또 다른 혁명을 겪어야 할 테니까요."

나. "어째서죠?"

그. "그리 되는 게 당연하니까요. 목사님 의견에 따르면 모든 사람들을 월등히 뛰어넘는 인재들이 나올 것이고……"

나. "잠시 말씀을 끊겠습니다. 그 인재들이 그리 엄청나게 뛰어나지는 않을 거예요! 우수한 교육을 받아 남달리 실력이 좋은 요즘 인재들과 비슷한 수준이겠지요. 또 제가 다음의 조건을 덧붙였음을 잊지 마세요. 바로 보편적인 교육법이 올바른 방향으로 끊임없이 발전한다는 조건 말입니다. 이 조건이 성립한다면 모든 이의 교육 수준이 균형을 이룰 겁니다. 물론 질 좋은 교육을 받은 미래의 인재는 우수한 교육을 받은 지금의 인재를 뛰어넘겠지만, 미래

에는 인류의 전체적 수준도 보다 더 높아지겠지요. 그러니 오늘날 인류가 이 시대 최고 지성인과 능력 차이를 보이듯이, 미래의 인류도 그 정도만큼만 동시대 인재와 차이를 보일 겁니다."

그. "제 반론에 대해 어느 정도의 설명은 해주셨지만, 그것만으로 저를 완전히 설득하실 수는 없습니다. 어쨌든 그런 인재는 다른 사람들보다 놀랄 만큼 뛰어난 능력을 가지고 있을 테니 인류를 자신의 수준까지 끌어올리고 싶겠죠. 다시 말해 그 인재는 높은 수준의 정의나 진실, 아름다움, 선함, 이성, 평등, 의무를 도입하고자 할 겁니다. 그런 시도가 반대에 부딪힌다면 혁명을 일으키든지, 아니면 정신병원에 끌려가겠지요."

나. "어찌 되었든 현재 수준이나 이제까지 그래 왔던 수준으로만 변화가 일어날 겁니다. 사실 뛰어난 인재들은 몇 번이나 세상의 도덕을 뒤흔들었습니다. 하나님의 뜻을 따른다면 이런 일이 결국 인류를 좋은 방향으로 발전시키기 위한 것임을 믿어야겠지요. 또 제가 말씀드렸다시피 탁월한 교육은 모든 재능을 고른 수준까지 끌어올리는 식으로 이루어져야 한다는 겁니다. 이런 교육이 이뤄진다면 그 인재는 분명 선하면서도 온유한 마음씨에 인내까지 갖추게 됩니다. 주변 사람들을 사랑하고 아끼는 마음으로 인해 자신의 욕심을 누르고 남을 배려하며 행동하겠지요."

그. "만일 그런 일이 일어나지 않는다면요?"

나. "우리는 탁월한 교육체계에서 모든 능력은 고르게 길러진다고 가정했고 그런 가정 하에 논의를 진행시켰으므로 선생의 반론은 설득력이 없습니다. 그 가능성은 인정하겠지만 그것만으로 제 주장이 흔들리지는 않는다는 겁니다."

그. "그렇습니까?"

나. "네. 날카로운 칼은 식사와 같이 좋은 용도로 쓰이지만, 살인처럼 나쁜 용도로도 쓰이지 않습니까? 칼이 잘못 사용될 수 있다는 점 때문에 그 칼을 만든 사람의 수고를 깎아내리시겠습니까?"

그. "당연히 아니지요."

나. "저는 칼에게 먼 길을 다녀온다든지 힘든 일을 하는 중간 중간에 포도주를 마시라고 했습니다. 제가 강하게 권했는데도 칼은 잘 마시지 않더군요. 만약 유감스럽게도 칼이 주정뱅이가 되어 몸과 마음을 망가뜨렸다고 가정해 봅시다. 포도주를 약으로 주려 했던 제가 비난을 받아야 할까요?"

그. "천만에요!"

나. "저작술이나 인쇄술, 폭약, 신대륙 발견 등 새롭게 발견된 것들은 모두 좋은 결과를 불러왔지만 동시에 나쁜 결과도 불러왔습니다. 그렇다고 해서 그것들을 폄하하거나 무시해야 할까요?"

그. "그러면 안 되겠지요."

나. "삼사십 년 전만해도 우리 부모들은 일부러 딸이 글을 배우지 못하게 했습니다. 연애편지를 쓸 줄 알면 저속한 사랑 놀음이나 간통, 매춘에 빠질 수 있다며 배우지 못하게 했는데, 우리도 그렇게 해야 할까요?"

그. "말도 안 돼요!"

나. "그렇다면 우리는 성실하게 옳은 일을 행하면서 하나님께서 나쁜 일은 막아주시고 좋은 길로 우리를 이끌어 주실 것이라고 믿어야 합니다. 예를 들어 미국 독립에 중요한 역할을 한 조지 워싱턴 대통령과 벤저민 프랭클린은 영국 귀족들을 몰아내 미국을 건국했으며, 미국은 앞으로 디옥 번성할 것입니다. 그렇다면 다음의 가정 때문에 두 인물이 존재하지 않았기를 바라야 할까요? '만약 미국을 통치했던 영국이 우호적인 태도로 식민지와 타협을 보

왔다면 혁명은 일어나지 않았을 것이고 신께서 예비하셨던 행운이 이루어졌을 것이다.' 이 말에 제가 하고자 하는 뜻이 모두 담겨 있습니다. 선생이 생각하시는 것 이상으로 말이지요."

그. "아, 이제 이해하겠습니다. 목사님 말이 전적으로 맞아요. 그와 같은 사건들이 좋은 결과를 불러올 수 있으며 또 반드시 그럴 것이라고 믿을 수밖에요!"

나. "저 또한 그러기를 바랍니다. 인류는 진보에 진보를 거듭하며 그 진보가 좋은 방향으로 이루어진다고요. 저는 지난 40년의 세월을 돌아볼 수 있을 뿐이지만 마치 4백 년의 역사를 흘려보낸 기분이에요. 살면서 엄청난 격변을 목격했고 몇 번이나 지독한 아픔을 겪었지요. 그래도 저는 현재 세상이 과거보다 훨씬 더 나아졌다고 주저 없이 말하겠어요. 물론 수년 간 성장하면서 과거의 편견을 반복해 왔을 테고, 여러 경험을 통해 세상에 수많은 악행이 저질러졌음을 알고 있습니다. 그럼에도 불구하고 진실과 이성이 치열한 싸움을 거듭하며 더욱 빛을 발하고 있기 때문에 지금껏 살아온 운명을 감사히 여긴답니다. 분노로 행해지는 일도 있었지만 결국 사람들은 인간의 권리를 인식하게 되었지요. 한때 법의 이름으로 특정 사회층을 짐승의 무리처럼 취급하며 제멋대로 짓밟기도 했어요. 하지만 사회가 관심을 쏟았고 힘을 북돋아주었기에 이들은 용기 내어 맞서 싸우게 되었습니다."

그. "맞습니다! 지당하신 말씀이에요! 이 시점에서 제가 제기했던 또 다른 의문이 떠오르는군요. 목사님께서 그 의문도 해소해 주실 수 있을까요?"

나. "물론이죠! 그전에 먼저 묻겠습니다. 사람들이 보통 대단하다고 인정하는 성과는 누가 이루었겠습니까? 그런 성과는 현명한 사람이 냈을까요, 어리석은 사람이 냈을까요?

그. "어떤 뜻에서 그런 말씀을 하시는지요?"

나. "제가 말하려는 뜻은 아직 나오지 않았습니다. 우선 앞서 한 말을 이어가도록 하죠. 그럼 다시 묻겠습니다. 특별한 교육을 받은 사람이 일궈 낸 멋진 결과물은 좋은 영향을 줄까요, 나쁜 영향을 줄까요? 여기서 제가 말하는 교육에는 시간과 장소, 환경, 인간관계, 일상사, 우여곡절 등등 도움이 될 만한 모든 요소가 포함되었음을 명심하세요."

그. "이제야 무슨 말씀이신지 알겠습니다. 최고 교육을 받은 교양인이 그런 성과를 이루겠지요. 프랑스 교양인들이 극악무도한 행위를 저지르기도 했지만, 그것을 반대 사례로 드는 어리석은 짓은 하지 않겠습니다."

나. "진실과 정의, 평등에 초점을 맞추고 싶다면 그러시지 않는 게 좋겠지요. 적대적 세력의 오만과 아집, 결함이 그런 혐오스러운 결과를 만들어 냈습니다. 그와 같은 세력이 권력을 손에 넣는다 하더라도, 곧바로 현명하고 의로운 사람들의 반대에 부딪힐 겁니다. 의로운 사람들은 악인의 잔혹함과 부조리에 굴하지 않는 법이니까요. 포악한 용에 대해 논하려면 어두운 습지나 동물처럼 용을 만들어낸 환경과 원인도 함께 언급해야 합니다. 두 요소를 애초에 제거한다면 사악한 용은 존재하지 않겠죠! 두 요소를 나중에라도 제거한다면 용이 행한 악독한 행위와 용의 존재 자체는 곧 사라질 겁니다. 적어도 앞으로 저지를 악은 막을 수 있을 테니까요."

그. "목사님 말씀이 맞습니다. 이제 다른 의문을 제기하겠습니다. 이게 처음 제기한 의문보다 더 중요한 문제이니 목사님께서 명확히 설명해 주셨으면 합니다."

나. "아마 15분 전이었다면 이런 말씀은 하지 않으셨겠지요. 어쨌든 말씀을 들어 보죠!"

그. "목사님은 미래에는 뛰어난 인재들의 수준이 높아지는 만큼, 사람들 개개인의 능력도 높아질 것이라 단언하셨지요. 온 나라 사람들, 나아가 전 세계 인류의 문화 수준이 훨씬 더 발전할 것이라고요."

나. "물론이지요! 한 인간으로서 그렇게 되기를 바랍니다. 인생의 쓴맛 단맛을 경험한 사람으로서도 그런 믿음을 갖고 있지요. 더구나 저는 주님의 지혜와 선의, 위대함을 믿는 합리적인 사람이기에 그런 미래가 오리라고 확신합니다."

그. "잘 알겠습니다! 생각만 해도 아름답고 기분 좋아지는 미래이니 그 가능성을 부인하지는 않겠습니다. 하지만 그렇게 된다면 우리 일을 해 줄 일벌들은 어디서 구합니까? 요즘 시대의 일벌들, 즉 하층민들이 교육으로 지적 수준이 매우 높아진다면 잡일을 하려고 들지 않을 텐데요."

나. "그건 잘못된 생각이에요! 요즘 흔히 말하는 계몽운동처럼 편파적인 교육이라면 모를까, 제가 말하는 전방위 교육으로는 그런 일이 절대 일어날 수 없습니다. 전방위 교육은 인간의 여러 재능을 골고루 길러 주기 때문에 정신과 인성, 성격이 좋은 방향으로 자라고 도덕관이나 종교관도 높은 수준으로 고르게 발전하게 되지요. 또 이렇게 우수한 교육을 받은 사람들은 미덕을 실천하고 하나님을 경외하며 인간을 사랑할 뿐만 아니라 자신의 의무를 다하는 등 고귀한 경지에 오를 것입니다. 따라서 소명 의식을 가지고 높은 계급의 사람들을 위해 기꺼이 자신의 직무를 수행하겠죠."

그. "친애하는 목사님! 그 말은 믿을 수가 없습니다. 말이 됩니까? 좋은 교육을 받은 교양인이 땅을 파고 풀을 베며 경작이나 타작 같은 일을 기꺼이 할 거라고요? 절대 불가능합니다!"

나. "아닙니다. 많은 목자들이 쥐꼬리만한 돈을 벌지만 진심으로 자신의

일을 사랑하기 때문에 성실하고도 신의 있는 자세로 미천한 직분을 수행하고 있는걸요. 사실 그분들의 교양 수준은 장군이나 장관, 왕자보다 더 높은 위치에 있는데도 말이죠."

그. "그런 분이 정말로 있긴 한가요?"

나. "아마 들어 보셨을 겁니다. 할버슈타트(Halberstadt)에서 목자로 활동한 다비트 클라우스(David Klaus)라고, 그분의 인생을 슈트라이트호르스트(Streithorst) 장로가 책으로 낸 바 있으니 한번 읽어 보세요.

비슷한 삶을 산 농부로는 클라인요크(Kleinjogg)가 있습니다. 제가 알기로는 그 외에도 많은 노동자와 장인들이 신분에 비해 폭넓은 견문을 갖추었음에도 불구하고 성심을 다해 자신의 의무를 수행하고 있습니다. 올바른 교육을 받았다면 이는 당연한 일이지요. 학교 선생이나 교구 전도사들이 이 교육의 의무를 성실히 수행하려면 물론 힘이 듭니다. 이들은 해야 할 업무나 잔일도 많고 달갑지 않은 사건도 많이 해결해야 하니까요. 교구 전도사들은 이런 직분을 수행하다가 건강을 망치기까지 해요. 장로회와 대학, 두 곳에서 교육을 맡고 있는 분들을 알고 있는데 그분들은 자신의 욕구를 억누르면서도 하나님의 소명을 받들어 모든 일을 기쁜 마음으로 수행하고 계세요. 큰 우주를 품에 안고 계신 주님을 따르기에 주님이 다스리시는 광대한 영역 안에서 작은 역할에 정성을 다하는 겁니다. 이런 말씀을 염두에 두고 말이죠. '네가 아주 작은 일에 충실하였으니 네게 열 도시를 다스릴 권한을 주겠다.'(누가복음 19장 17절 인용문_옮긴이)

그렇기 때문에 참된 교육에 관해서라면 미리 염려할 필요가 없습니다. 일벌들은 하나님의 품 안에서 자유롭게 날아다니며 전과 다름없이 자신의 직분을 즐겁게 수행할 테니까요. 꽃을 찾아다니며 성실히 꿀을 모으고 밀랍을 만들어 내겠지요. 예전과 마찬가지로 자부심을 가지고 기쁜 마음으로 자기 자신과 공공의 행복을 위해 일할 겁니다. 이런 일이 일어나지 않는다면 그 잘못은 교육을 맡은 사람들에 있습니다.

하층민들 중에서 상위 계층으로 올라가는 사람도 있을 수 있겠습니다. 목자 출신이 작가가 되거나 밭을 가는 농부가 화가가 될 수도 있는데요, 그렇다고 해서 나쁠 게 있겠습니까?"

그. "바로 그 이야기가 나오길 기다렸습니다. 교육으로 인해 육체노동을 하는 일꾼들이 사라질 테니 손해가 발생한다는 거지요. 우리를 위해 생활에 필수적인 것들을 생산하고 준비해 주는 노동자가 부족할 거란 말입니다. 그러면 우리는 추위에 떨며 굶주리겠지요. 하층민들이 지나치게 좋은 교육을 받아 교양과 품위를 갖추고 정신이 예민해질 것이므로 땅 파먹고 살려 들지 않을 테니까요."

나. "진정하세요! 육체노동을 계속 하려는 사람들은 늘 많을 겁니다. 선천적 재능은 이 세상이 끝나는 날까지 다양한 형태로 존재할 것이기 때문에 그 문제에 대해서라면 안심하셔도 됩니다. 인간은 원래 나약한 존재인 데다가 게으른 천성을 타고나 쉬운 일을 하려고 들죠. 또 대다수가 야외에서 활발히 움직이고 싶어 하고요. 세상에서 높은 위치에 있는 사람도 사냥이나 낚시 같은 노동이라면 몸을 사리지 않고 열정적으로 즐길 걸요. 저 역시 밭을 갈고 풀을 베거나 타작하는 일을 꺼리지 않습니다. 게다가 나무를 베거나 땅 파는 일은 학자들이 우울증을 예방하는 데 좋거든요. 이런 노동을 하려는 사람들은 언제나 있는 법이에요. 오히려 저는 지식수준이 높아지면 실업자가 너무 많이 생길까 걱정입니다."

그. "이상하군요! 목사님께서 이제껏 논하셨던 내용과는 관련이 없는 말쓸인 것 같은데요."

나. "직접적으로는 아니지만 간접적으로는 분명 관련이 있습니다. 현재에도 여러 국가에서 실업자들이 지나치게 많아지고 있어요. 지식수준이 높아지면서 물이나 불, 공기를 노동력으로 이용하기 때문이지요."

그. "영국 말씀이신가요?"

나. "맞습니다. 마찬가지 사태가 수백여 개의 국가에서 일어나고 있지요. 엊그제만 해도 제가 방문한 공장에서 작은 증기기관을 봤는데, 증기기관 하나가 인간 삼사백 명의 작업을 하면서도 그 일을 더 잘 해내더라고요. 공장에서 벌써 두 번째 증기기관을 들여놓았으니 노동자 백여 명 이상이 쫓겨날 겁니다. 백오십 년 후에는 채굴이나 써레질, 경작, 풀베기, 묶기, 운송 같은 작업은 기계가 다 도맡게 될지 누가 압니까. 노를 젓거나 도로를 포장하는 일만 해도 지금 기계가 하고 있잖아요."

그. "마침 논쟁의 여지가 있는 문제를 제기하셨으니 제가 묻겠습니다. 이렇게 넘쳐나는 인력을 어떻게 해결해야 할까요? 지금도 여기저기에서 인력이 필요 이상으로 남아돕니다. 또 인류 문화는 계속 발전할 테고 인구도 해가 갈수록 늘어나겠지요. 예를 들어 천연두 예방접종으로 수백의 목숨들이 죽지 않고 살아남았습니다."

나. "그 문제는 하나님께 맡길 일입니다. 우리에게 더 높은 위치로 올라갈 능력과 의지를 주셨다면 우리는 응당 그래야겠지요. 주께서 온 세상이 균형을 잃지 않도록 돌봐 주실 것이고 또 그렇게 될 테니까요. 백 년 전만 해도 우리가 살아온 환경에서 행복해지는 것은 불가능하다고 여겼습니다. 그러니 백년 후에 무슨 일이 일어날지 걱정하는 것은 쓸데없는 짓이에요. 우리가 한치 앞도 보지 못하는 주제에 백 년 동안 쌓일 문제들을 예상하면서 무엇이 진보

에 도움이 되고 안 될지 판단한다면, 그것이야말로 비합리적인 짓이 아닙니까. 엄밀히 말해 하나님을 믿지 않는 불경을 저지르는 셈입니다. 생각해 보세요. 전 유럽의 토지를 일구고 가꾸려면 오랜 시간이 걸릴 겁니다. 아시아나 아프리카, 미국 땅을 남김없이 모두 경작하려면 더욱 기나긴 시간이 들 테지요. 지금으로서는 사람들이 태어난 곳에 대한 애착에 사로잡혀 게으름과 편견을 버리지 못하고 있기에 그런 미개척지로 가려고 하지 않지요. 하지만 하나님께서 사람들을 일깨워 그 지역들로 눈 돌리게끔 하실 것입니다. 인류의 정신을 높이심으로써 온 땅에 큰 은총을 내리실 것이고, 나중에 인간의 손길이 물질적으로나 정신적으로나 곳곳에 미친 흔적을 흐뭇하게 지켜보시겠지요.

현재 수많은 프랑스 이주민들이 미국에 정착하고 있습니다. 저는 이들을 움직인 것은 우연이 아니라 운명이라고 확신합니다. 프랑스인들의 이주가 몇 백 년 후에 어떤 중요한 결과를 불러올지 그 누가 알겠습니까? 리슐리외(Richelieu, 18세기 프랑스 정치인으로 러시아로 파견되어 흑해 연안을 발전시켰으며 프랑스 총리로 임명되기도 했다_옮긴이)는 흑해 연안을 단기간에 발전시켜 러시아 국민뿐만 아니라 인류 전체에 도움을 주지 않았습니까? 이 년 전에는 기근 때문에 스위스인들이 러시아와 미국으로 대대적인 이민을 가기도 했지요. 그들은 그곳에서 보다 편안하고 행복한 삶을 살 테니 더 잘된 일이 아닙니까."

그. "하지만 언젠가 이 땅에는 인간들이 발 디딜 틈도 없이 넘쳐날 겁니다. 그때는 어쩝니까?"

나. "그 문제는 주님만이 해결법을 아시는 비밀이자 수수께끼입니다. 남녀의 비율도 균형을 이루도록 하시는 분 아닙니까. 지금의 지식 수준에서 우리가 이 문제를 섣불리 판단하는 것은 어리석고 경솔한 짓입니다. 그것은 주님의 영역이니까요!"

6장
원래 아이를
어린 학자로 키우려 했는가

나는 아이를 학자로 키울 생각이 없었으며, 어린 나이부터 학자가 되게끔 할 생각은 더더욱 없었다. 이 말은 거짓 없는 진실이지만 이상하게 들릴 만도 하다. 독자 대다수에게는 도저히 믿기지 않는 소리일 수도 있겠다.

우선 내가 아이가 어떻게 자라기를 원했는지 이야기하겠다. 그러면 내가 아이에게 원하지 않았던 부분이 무엇인지 저절로 밝혀질 것이다.

나는 칼이 진정 고결한 사람이 되도록 교육시키고 싶었다. 내가 가장 중요하게 여긴 목표는 주변 환경이 허락하는 한에서 내 지식과 경험을 동원하여 아이를 건강하고 활동적이며 행복한 청년으로 키우는 것이었다. 그리고 모두가 알다시피 나는 이 목표를 이루었다.

나는 칼이 이런 귀중한 자산을 갖추고 성인이 되었으면 했다. 뇌 몸이 조화를 이루는 상태에서 체력을 최상으로 끌어올리고, 여기에 지력까지 겸비하기를 원했다. 칼이 라틴어나 그리스어, 수학 등의 분야들 중 하나에만 두각을 보였다면 나는 이를 달갑게 여기지 않았을 것이다. 그래서 칼이 너무 이른 시기부터 한 언어나 과학 분야에만 관심을 보인다고 판단될 때마다 그러지 않도록 곧바로 개입했다. 마찬가지로 나는 신중한 태도로 칼의 여러 감각을 가능한 고르게 길러주고 다듬어 주려고 했다.

또한 나는 아내의 도움을 받아 상식과 상상력, 섬세한 감수성 등 남들이 대부분 간과해 버리는 능력들도 키워 주었다. 지금껏 내가 말한 내용을 충분히 곱씹어 본 사람이라면 이해하겠지만, 우리 부부는 어린 영혼을 성숙하게 교육시키는 데 주안점을 두었다. 그리고 아이가 아내 품에서 크기 시작할 때부터 외재적, 내재적 도덕성을 길러 주었고, 특히 독실한 신앙 원칙에 따라 호불호를 가리도록 교육시켰다. 또 호불호를 가리는 과정에서 어떤 부분은 억제하고 어떤 부분은 장려하거나 북돋아 주었다.

내가 마음속에 그린 아들의 미래상은 20년 전에 존재하는 직업 학자와는 거리가 멀었다. 그 미래상은 오늘날 학자의 모습에 조금 더 가까웠으며, 20년이나 50년 후 학자의 모습에 가까우면 더욱 좋았다.

아들의 교육법을 고심하면서 나는 백면서생과 같은 요즘 학자의 모습은 염두에 두지 않았다. 학자들 대부분이 창백하고 나약해 보이며 활기 없이 지루한 일상을 보내는데다가 사회생활에서는 숫기 없이 어색한 모습이기 때문이다. 물론 나는 일반적인 이미지를 말하는 것이며 이들 중에는 존경할 만한 예외도 있음을 알고 있다. 어쨌든 학자들은 책 속에 파묻혀 외부 세계에 별 관심을 두지 않고 내면적 관심사도 자신의 연구 분야를 벗어나는 법이 없다. 그 결과로 이들은 학계 밖에 있는 외부인과 무미건조하고 지루한 대화를 나눌 수밖에 없으며, 일상적 주제에 대해 제대로 판단할 줄 모르기 때문에 세상 사람들의 반감과 조롱을 산다. 이들에 대해 다음과 같은 표현이 있을 정도다. '그는 학자처럼 옹졸하고 무능하다.' '학자는 열 걸음 밖에서도 알아볼 수 있다.' 이처럼 학자를 조롱거리로 삼는 표현들은 한도 끝도 없다. 그것들로 책 한 권은 너끈히 채울 수 있을 것이다.

이런 학자들은 재치 있게 사회생활을 하며 우아하면서도 세련된 감각을 가진 젊은이에 대해 회의적인 태도를 보일 것이다. 그 젊은이는 강의실에서 수없이 반복되는 흔한 구절은 혐오하는 반면, 독일어 표현 중에서 세련된 것을 엄선하여 베끼거나 암기함으로써 상상력을 고양시키기 때문이다. 이런 젊은이를 다음과 같이 비판하는 말을 몇 번이나 들었는지 모른다. "시 나부랭이나 쓰고 사회생활을 잘 하는 이런저런 잡배들은 아무것도 배울 수 없다."

이에 반해 과거의 복잡한 시대에 대해 길고 딱딱한 논문을 쓰는 학자는 오래된 고전을 유달리 자주 인용하며 이런 찬사를 보내곤 한다. "고대인의 지식을 쌓은 자는 높은 경지에 도달할 것이다!"

고대인의 지식이라니! 고대인이 자신을 집에만 처박혀 사는 책벌레 현대인과 똑같이 취급하는 이 말을 듣는다면 어이없어 하며 웃을 것이다! 하지만 고대인은 아침부터 저녁까지 분주하게 활기찬 삶을 살며, 시장에서든 도시 입구에서든 조국이나 고향의 문제에 대해 끊임없이 논했다.

이들은 너 나 할 것 없이 조국의 흥망성쇠에 대해 깊은 관심을 보였다는 점을 명심해야 할 것이다. 사실 숙련된 장인들은 현실적 문제 외에는 별다른 관심을 둘 필요가 없었는데도 말이다.

믿기 힘든 이야기지만 실력이 뛰어난 어느 학자가 학생들에게 이런 말을 종종 했다고 한다. 현명한 사람은 라틴어나 그리스어만 배워도 충분하며 이른바 과학(고대 유물을 연구하는 과학을 제외하고)이나 현대 언어라 불리는 것들은 차 마시는 자리에서 가볍게 논할 만한 유치한 장난에 불과하다는 것이다.

학자들의 인간성을 생각하며 나는 상투적인 표현으로 알려진 '학자들의 시기', '학자들의 오만', '대학 패거리 문화'를 떠올렸기 때문에 아이를 학자로 만들려는 의도는 전혀 없었다.

아이가 기어이 학자가 되고 싶어 한다 해도 어린 나이부터 학자가 되는 것은 가능하면 막으려 했다. 내 자신의 경험이나 내가 가르침을 받았던 선생님과 교육계 선구자들의 말씀으로 미루어 볼 때, 어린 학자는 온실 속 화초 혹은 병약한 아이, 산송장과 같은 아이와 다름없었기 때문이다. 아들이 어린 학자가 되도록 내버려 둔다면 하나님이나 내 아들에게 큰 죄를 저지르는 것이라 생각했다.

나는 그저 아이가 열일고여덟 살이 될 때쯤에는 대학에 갈 정도로 어른스러워지기를 바랐을 뿐이다. 또한 다방면에서 재주를 보이고 교육을 통해 사회에서 남들과 경쟁할 능력을 갖추면서 남들보다 앞서 나가기 위해 묵묵히 노력하는 사람이 되었으면 했다. 나는 아이가 그렇게 자라길 원했을 뿐 그 이상은 기대하지도 않았다.

7장
아이는 어떻게
어린 나이에 학자가 되었는가

칼은 자연스럽게 학자가 되었다. 상황을 누구보다 잘 아는 나의 지인 글라우비츠에 따르면 칼이 학자가 된 것은 당연했다. 사실 칼은 평범한 재능을 타고난 아이였을 뿐이고 나는 아이를 어린 나이부터 학자로 키우고 싶지 않았다. 하지만 아이가 받은 교육은 학자가 될 만한 기반을 마련해 주었기 때문에, 비탈길 위쪽에 떨어뜨린 공이 자연스레 아래로 굴러가듯이 칼은 학자가 될 수밖에 없었다.

아이를 키우던 당시에 나는 인간의 본성과 능력, 가능성에 대한 지식이 부족했으므로 이러한 사실을 깨닫지 못했다. 그저 내가 보고 이해한 것들을 토대로 상황을 판단할 뿐이었다. 그 결과 나는 어쩔 수 없이 잘못된 판단을 내렸고 이를 계기로 인간의 본성을 좀 더 깊이 연구하게 되었다.

인간의 본성은 매우 고결한 것이며 우리가 상상하는 것보다 훨씬 더 고귀하다. 이런 사실은 일상적인 교실에서 쉽게 간과되는 부분이다. 일반적인 교육법은 크고 무거운 짐을 끄는 마차와 같은 것이어서 판에 박힌 경로를 벗어나거나 속도를 빠르게 낼 수 없다. 평범한 아이나 덜떨어진 아이들은 그 틀 안에서 갇혀 버리게 되는 것이다.

이런 아이들은 나약하게 짐마차를 졸졸 따라다니며 짐마차 곁에 있어야 자신감을 갖는다. 짐마차와 같은 속도로 교육을 더디게 진행시켜야 겨우 발전을 보이는 것이다. 재치 없는 이 불쌍한 학생들은 짐마차가 속도를 내기 시작하면 지레 겁을 먹는다. 어떤 이들은 빠르게 달리는 짐마차를 쫓아가지 못해 힘없이 뒤처지게 된다.

반면 편안하고 안전하면서도 가벼운 마차라면 상황은 완전히 달라진다. 이 마차는 말을 여러 마리 쓸 필요가 없기 때문에 느릿느릿한 짐마차를 번개 같은 속도로 앞질러간다. 그러나 마차와 운전수가 서로를 멸시하고 손발을 맞추지 않는다면 터무니없는 상황이 벌어지게 된다. 두 요소가 같은 목표를 가지고 주변 환경을 조율해 가야 한다. 둘이 따로따로 놀면 마차 전체가 삐끗하게 되는 것이다. 아주 가끔은 둘이 속도를 조절해야 할 때도 있다. 경사가 완만한 곳에서 운전수는 마차를 보다 빠르게 몰 것이고, 마차를 탄 학생들은 여기에 보조를 맞출 줄 알아야 한다. 모래사장이나 늪지대, 돌투성이 도로에서 운전수는 마차의 속도를 줄일 것이다. 이 모두가 제대로 이루어지지 않는다면 우스꽝스러운 결과가 초래될 것이다.

칼은 아내와 나의 보살핌을 받으며 많은 것을 익혔고, 보통 아이라면 배우지 않을 것도 학습했다. 한 예로 칼은 방에 있는 모든 사물의 이름을 익히고 말했다. 또한 우리는 방뿐만 아니라 계단, 마당, 정원, 마구간, 헛간 등등 큰 사물이나 작은 사물 구분 없이 무엇이든 자주 보여 주었고 그 이름을 또렷하고 분명한 발음으로 알려 주었다. 그리고 칼이 사물의 이름을 최대한 분명하게 말하도록 장려했다. 칼은 정확히 발음할 때마다 포옹과 칭찬을 받았다. 하지만 발음이 정확하지 못하면 우리는 냉정한 어투로 이렇게 말했다. "여보, 칼은 이 단어를 아직 제대로 발음할 줄 모르네요!"

덕분에 칼은 모든 사물의 이름을 정확히 익히고 말하기 위해 많은 노력을 기울였다. 얼마 지나지 않아 우리가 원하던 대로 아이는 모든 단어를 발음할 줄 알게 되었다. 칼은 천천히 말해도 혼나지 않았기에 말을 더듬는 사태는 일어나지 않았다. 칼은 자유롭게 말하고 생각했지만 대신 깊이 생각하고 천천히 말해야 했다.

많은 부모와 보모들이 아이에게 처음 말을 가르칠 때 갓난아이 어투를 사용하지만 사실 잘 알아듣기는 힘들다. 그래서 우리는 그런 비합리적인 어투를 용인하지 않았다. 집안에서 그 누구도 '소' 대신에 '음매'라고 말하거나 '양' 대신 '메에', '개' 대신 '멍멍', '고양이' 대신 '야옹'이라고 말하지 못하도록 했다. '음매 소, 메에 양, 멍멍이, 야옹이'라는 말도 금했으며 '소, 양, 개, 고양이'라는 말만 허용했다. 이런 유아어(幼兒語)는 어리거나 작은 동물을 지칭할 때만 사용하도록 했다. 예를 들어 '강아지'라는 단어는 어리거나 아주 작은 개를 뜻하는 말로 정확히 사용하게끔 했다. 우선 우리는 의도적으로 이 단어를 '아주 어린 개'라는 말과 차별화시켰으며 '아주 어린 개'라는 말이 더 정확한 표현임을 알려 주었다. 동물이 조그맣지만 그다지 귀엽지 않거나 아주 어리지 않을 경우에는 '강아지' 대신 '작은 개'라는 말을 쓰도록 가르쳤다. 유아어는 대개 귀엽거나 애교스러운 느낌을 주거나 쓰다듬어 주고 싶은 존재를 가리킬 때 사용한다는 점을 인식시켰다.

우리는 칼에게 이렇게 말했다. "네가 하지 말아야 할 말과 행동을 하거나 아무리 버릇없이 군다 해도 우리가 너를 '꼬마 칼'이라고 부르진 않잖아. 네 진짜 이름은 '칼'이니까! 그렇지 않니?"

우리 부부는 세심한 주의를 기울여 이와 같은 언어적 차이에 주목했고, 아들이 있는 자리에서는 언제나 정확한 독일어를 구사했다. 즉 문법적으로 정확한 독일어 표현을 신중히 선택하되 이해하기 쉽게 말했고, 적당히 느린 속도로 크고 또렷하게 발음해 주었다. 또한 잘못된 억양은 절대 사용하지 않으려 했다. 우리는 단어 하나하나의 의미를 되도록 정확히 살려 말했다. 의미가 잘 전달되지 않는 복잡한 문장이나 표현들은 피하도록 세심한 주의를 기울였다.

칼은 잘 알아들을 수 없는 어린애 말투를 전혀 듣거나 말하지도 않았으므로, 나중에 정확한 화법을 습득하기 위해 버려야 할 버릇 따위는 없었다.

나는 칼이 자기 자신을 삼인칭으로 지칭해도 한동안 내버려 두었다. 아직 교육받지 못한 아이가 '나'와 '당신', '그'와 같은 추상적인 대명사를 사용하기란 쉽지 않기 때문이다. 하지만 대명사를 불가피하게 사용해야 할 때마다 우리는 아이가 잘 알아들을 수 있도록 설명해 주었다. 얼마 지나지 않아 우리는 '아버지, 어머니, 칼' 대신에 '나, 당신, 그, 그녀' 같은 대명사를 이따금씩 사용하여 변화를 주기 시작했고, 대명사를 하나하나씩 설명해 주어 보다 정확한 방식으로 사용할 수 있도록 했다. 나중에는 농담조로 이런 말을 덧붙였다. "네가 좀 더 똑똑하다면 '당신'(혹은 '나')이라는 말을 썼을 텐데."

이처럼 모르는 부분을 장난스럽고도 다정한 태도로 꼬집고 지적 욕구를 부추겨 주면 아이는 자신이 아직 알지 못하는 것을 배우려고 노력하게 된다.

이런 방식으로 칼은 어린 나이부터 주변의 모든 사물을 정확히 익히고 말하는 법을 배웠으며 언제나 정확한 발음을 구사할 수 있었다. 재미있는 아동 도서로 올바른 독일어 문장을 읽었던 데다가 잘못된 표현은 들은 적이 없기 때문이었다. 칼은 정확하고도 듣기 좋은 발음으로 말했다. 이 조그만 아이

입에서 나오는 소리로 인해 우리 부부는 종종 미소를 지었으며 낯선 사람은 감탄을 금치 못할 정도였다.

칼은 모국어를 정확히 습득함으로써 집중력과 여러 정신적 능력을 지속적으로 발휘한 덕에 어린 나이에도 판단력이 뛰어났다. 우리의 격려로 칼은 항상 말할 단어를 탐색하고 구분하며 비교했고 취사선택했다. 다시 말해 머리를 굴리고 생각할 줄 알았던 것이다. 이 작업을 정확히 실행할 때 칼은 칭찬을 받았다. 실수를 할 때는 가벼운 지적을 받거나 도움이 되는 조언을 받았다. 그러면 칼은 다시 정신력을 동원하여 이해하려고 노력했고, 성공을 거두어 우리 부부의 칭찬을 받았다.

게다가 이런 과정은 기억력을 높이는 데도 도움을 주었다. 위에서 언급한 활동을 하려면 단어들을 많이 사용해야 하고, 또 그것들을 이해하고 암기하려면 기억력이 왕성해야 한다. 아이가 대여섯 살이 될 때까지 삼천 단어만 욀 수 있다고 가정해보자. 이는 아이가 우수한 교육을 받는다면 능히 해낼 수 있는 일이다. 그 과정에서 부모는 아이의 기억력을 훈련하고 강화시킬 수 있다. 동시에 아이가 암기하는 습관을 들이면서 평상시 충분히 생각하고 주의를 기울여 말하게끔 유도하는 것이다. 아주 약간의 도움만으로도 아이는 자신만의 문법을 구성할 것이고, 또 이 능력을 바탕으로 명사나 동사를 다양하게 구사하려고 애쓸 것이다. 그런 다음에 아이는 아버지의 가르침을 받아 실질적인 문법을 배우면 된다. 평소 책 읽기를 좋아하는 아이라면 문법책의 도움을 받으면 좋다.

이 모든 과정이 막연하게 느껴진다는 이유로 우리는 아이에게 고대 언어부터 가르치기 시작하는 것이다. 언어를 습득하는 과정이 모호하게 다가오기 때문에 모국어를 무시하고 딱딱한 죽은 언어를 섣불리 가르치는 것이다. 이로 인해 아이는 지레 겁을 먹고 이제 막 싹트려는 지적 능력을 발휘하지 못하게 된다.

칼은 어렸을 때부터 모국어를 매일 조금씩 익혔고 이런 준비 과정을 통해 외국어를 수월하게 배울 수 있었다.

칼이 외국어부터 배웠다면 겁을 먹거나 거부감을 느꼈겠지만, 모국어를 제대로 배운 후였기에 외국어를 완전히 낯설지만은 않은 것으로 받아들였다. 그 비슷한 내용을 모국어 습득 과정을 통해 익힌 터라 외국어를 자신의 것으로 만들 수 있었던 것이다. 칼은 그저 자신이 알고 있는 내용을 변형시킴으로써 외국어를 이해하기 쉬운 형태로 받아들였다. 머리를 쓰는 습관을 들인 칼로서는 이런 과정이 즐거웠다. 배우려고 노력한 내용은 언젠가 자신의 것으로 만들어낼 수 있으며 그렇게 얻는 지식이 얼마나 만족스러운 것인지 잘 알았던 것이다.

그 결과로 칼은 큰 어려움 없이 호메로스(Homeros)와 플루타르코스(Plutarchos), 베르길리우스(Vergilius), 키케로(Cicero), 오시안(Ossian), 페늘롱(Fénelon), 플로리앙(Florian), 메타스타시오(Metastasio), 실러(Schiller)의 작품들을 원어로 접했으며 불과 여덟 살의 나이에 이 작품들을 즐거운 마음으로 열심히 읽었다. (호메로스와 플루타르코스는 고대 그리스 시인, 베르길리우스와 키케로는 로마 작가, 오시안은 고대 켈트족 시인, 페늘롱과 플로리앙은 프랑스 작가, 메타스타시오와 실러는 각각 이탈리아와 독일 출신 작가다_옮긴이) 괴팅엔의 저명한 언어학자인 하이네(Heyne) 박사가 열여섯 달 전에 보낸 편지에 따르면, 칼은 총명함을 발휘하여 자신이 모르는 내용을 정확히 파악해 냈다. 박사는 칼의 능력을 꼼꼼히 테스트했으며 이미 수천 명의 영재들의 능력을 검증한 바 있기에 그의 평가는 의심의 여지가 없었다. 그의 평가가 잘못된 것이었다면 나의 교육법은 성공하지 못했을 것이다. 하이네 박사가 빌란트(Wieland) 박사에게 보낸 편지는 다음과 같다.

1810년 7월 25일, 괴팅엔에서
존경하는 박사님께,

비테 목사님은 박사님의 호의에 감사한다는 말을 전하며 아들 교육에 대한 추후 계획도 알려 주셨습니다.
저는 자연의 보편적인 법칙을 존중하는 사람이기에 조기교육을 신뢰하지 않지만, 자연의 법칙에도 예외가 있다는 사실을 알고 있습니다. 자연이 특별히 허락한 뛰어난 재능을 알아보고 그 재능을 어릴 때부터 길러 주는 것이 우리의 의무겠지요. 그렇기 때문에 저는 어린아이의 선천적인 능력과 소질이 더 크게 발전할 수 있는지, 또 이 가능성이 아이의 미래에 이롭게 작용할지 살펴봅니다. 이를 위해 아이를 최대한 면밀히 관찰함으로써 아이의 재능을 무작정 찬양하는 사람의 판단에 휘둘리지 않고 저만의 평가를 내리려고 노력합니다. 아이를 그저 자연의 소산이나 시험 대상으로 바라보는 것이 아니라, 아이가 재능 교육을 통해 얼마나 행복하고 인간적이며 사회에 도움이 되는 사람으로 자랄 수 있는지 판단하는 것이지요. 사실 아이를 그렇게 키우기란 쉽지 않은 일이지만요.
제가 살펴본 결과, 칼은 기대 이상으로 건강한 몸과 따뜻한 마음을 지닌 소년이었습니다. 호메로스와 베르길리우스의 작품으로 시험해 보았더니, 칼은 작품의 언어적 표현과 내용을 충분히 파악하면서 문장을 바로바로 번역하고 그 의미를 이해할 줄 알더군요. 이처럼 지적 능력이 뛰어난 인재는 문법적으로나 논리적으로 정확한 지식이 없어도 문맥을 명확히 파악할 수 있죠. 제가 가장 놀랐던 점은 칼이 감정과 분위기를 잘 살려 작품을 읽을 줄 안다는 거예요. 그런 면을 제외하고는 아이에게 뛰어난 다른 지적 능력이 있는 것도, 두드러진 재능이 있는 것도 아니었습니다. 기억력과 상상력, 지능이 모두 균형을 이루고 있었죠. 교육으로 훈련받지 못하는 다른 면도 살펴보았더니 다행히도 칼은 행복하고 건강할 뿐만 아니라 장난치기 좋아하는 아이였습니다. 서시시나 마음을 울리는 진지한 시와 글을 특히 좋아하는 것으로 보아 아버지에게 어떤 교육을 받았는지 충분히 짐작하겠더군요.

비테 목사님의 교육법이 어떤 결과를 거둘지 우리가 살아생전에 눈으로 확인하지는 못하겠지요. 그래도 저는 박사님과 마찬가지로 아이가 뛰어난 이 재능으로 나라에 기여하고 훗날 그에 걸맞은 행복을 누리기를 기원합니다. 아이의 역량과 가능성을 고려할 때 아이는 학자, 특히 역사학자가 될 것으로 기대합니다.

존경하는 박사님, 뜻하지 않게 장황한 설명을 늘어놓은 것 같아 죄송할 따름입니다. 언제 다시 박사님과 환담을 나눌 날을 고대합니다.

박사님의 충실한 벗,
하이네 올림.

칼은 어렸을 때 모국어를 충분히 익혔고, 네다섯 살이 되었을 쯤에는 이 모국어 지식에서 많은 이득을 얻었다. 아직도 많은 사람들이 아이에게 그리스어와 라틴어를 철저히 가르쳐야 한다고 생각하지만, 칼은 죽은 언어를 배우는 방식으로 언어를 습득하지는 않았다.

열여섯 살짜리 아이에게 매주 열여섯 시간씩 라틴어를 가르친다니! 그것도 1818년에 베를린의 유명한 학교에서 그런 불합리한 일이 일어나고 있는 것이다.

칼은 일상생활을 하고 남들과 어울리면서 실질적인 독일어를 배웠고 집이나 정원, 목초지, 들판, 숲에서, 또 길거나 짧은 여행을 통해 독일어를 배웠다. 다양한 환경에서 언어를 습득한 것이다. 칼이 한 살이 되던 해에 우리는 아이를 어디에나 데리고 다니기 시작했고, 아이가 어떤 사물에 관심을 보이면 자세히 설명해 주었다.

칼은 두 살이 될 때까지 메르제부르크와 할레, 라이프치히, 바이센펠스(Weissenfels), 나움부르크(Naumburg), 데사우(Dessau), 뵈를리츠(Wörlitz), 비텐베르크(Wittenberg) 등지를 가 보았고 집에서는 절대 보지 못할 것들을 많이 접했다.

서너 살이 되자 칼은 이 도시들을 더 자주 방문하면서 거기에서 보고 들은 것들을 머릿속에 새기고 명확히 이해함으로써 자신의 지식을 넓혀 나갔다. 세 살에는 라이프치히에서 여덟 주를 지내면서 더 흥미로운 것들을 자연스레 접했고, 네다섯 살에는 마그데부르크와 할버슈타트, 잘츠베델, 슈텐달(Stendal), 하르츠 산맥에 있는 만스펠트(Mannsfeld) 영지도 가 보았다. 우리는 칼이 각계각층의 사람들을 만나고 인상적인 것이면 무엇이든 접하도록 했다. 덕분에 칼은 콘서트와 드라마, 오페라에 대해 잘 알게 되었으니 물레방아와 풍차를 직접 보았고 사자와 타조, 코끼리뿐만 아니라 두더지와 박쥐의 생김새를 구별할 줄 알았다. 증기기관에 돌아가는 소금 광산이나 라이프치히 축

제가 열리는 마을 시장, 광산에서 벌어지는 발굴 작업, 가난한 일용직 노동자들이 오두막에서 갖는 즐거운 모임도 목격했으며 임종 자리에서 벌어지는 춤판을 구경하기까지 했다.

보통 아이들이라면 이 모든 것들을 눈으로 목격해도 잘 이해하지 못한다. 하지만 칼은 이것들의 의미를 충분히 이해했으며 오히려 어른보다 더 잘 이해하는 편이었다. 이는 우리 부부가 칼과 함께 그 문제를 논하거나, 일부러 칼이 옆에 있을 때 서로 이야기를 나누었기 때문이다. 그리고 우리는 칼이 이런저런 일에 대해 잘 이해했는지, 또 그 일이 마음에 드는지 종종 물어보았다. 얼마 지나지 않아 칼은 자신이 보고 들은 것을 설명하고 토론하는 데 익숙해졌고, 나중에는 스스로 나서서 우리에게 설명하고 질문을 던지거나 우리 의견에 반론을 제기하기도 했다.

칼이 다섯 살에 되던 해에는 포츠담(Potsdam)과 베를린(Berlin)으로 여행을 갔다. 그 후에는 프리그니츠(Priegnitz) 지역을 지나 메클렌부르크(Mecklenburg) 지역을 관통하는 여러 도로를 거쳐 북쪽 해안 도시인 로스토크(Rostock)와 바르네뮌데(Warnemünde), 도베란(Dobberan)까지 올라갔다. 그곳에서 바다로 나가 잔잔한 파도나 폭풍우를 바라보거나, 무역이 이루어지고 선박들이 항해하는 모습을 구경했다. 뒤이어 우리는 루드빅슬루스트(Ludwigslust)를 가로질러 알트마르크(Altmark)로 내려갔고, 몇 주 동안 교외 곳곳을 돌아다니며 이런저런 사람들을 만났다. 어디를 가든 사람들은 칼을 친자식처럼 다정하게 대했고, 조그만 입술이 종알거리며 질문하는 모습을 즐겁게 바라보며 칼이 알고 싶어 하는 것이면 무엇이든 바로 대답해 주었다. 덕분에 칼은 나이 든 사람도 얻기 힘든 정보와 보물 같은 지식을 얻게 되었다.

내가 여기서 특히 강조해야 할 점은 우리 부부가 정확한 정보를 바탕으로 아이에게 올바른 지식을 제공했으며 그 지식을 편견 없이 가르쳤다는 점이다. 잘 알지 못하는 내용이 있다면 우리 부부와 칼은 그 분야에 정통한 사람들에게 가르침을 받았다.

칼이 여섯 살 때에는 드레스덴(Dresden)으로 데려가 여섯 주 동안 그곳 도시와 인근 지역의 아름다운 풍경이나 예술품을 많이 구경하게끔 했다. 우리는 예술품을 지속적으로 감상하고 그것에 대해 논의함으로써 칼의 예술적 감각을 키워 주었다. 라이프치히와 포츠담, 베를린 등지에서 아름다운 작품을 감상할 때면, 색깔이 화려한 그림이나 구도가 부정확한 그림 등 어린아이 취향의 작품은 아예 보여 주지 않으려 했다. 이런 원칙을 고수하며 드레스덴 미술관을 찾았고, 주로 미술관 안쪽에 있는 이탈리아 예술품 전시관을 구경하거나 멩스(Anton Raphael Mengs, 초기 신고전주의 양식의 독일 화가_옮긴이)의 석고상과 같은 고전 작품을 감상하도록 했다. 그 덕에 칼은 예술품을 보는 안목을 제대로 키웠다. 다 큰 아이들도 감각이 어린아이 수준에 머무르는 경우가 많은데 말이다.

드레스덴에 머무는 동안 날씨가 좋아지자 우리는 플라우엔 골짜기(Plauenscher Grund)와 타란트(Tharandt) 마을 및 작센 스위스(Sächsische Schweiz, 독일 작센 지방의 산악 지대로, 스위스 산악 지대와 비견될 만큼 아름다운 풍경을 자랑한다는 점 때문에 이런 이름이 붙었다_옮긴이) 지방 일대를 보러 갔다. 관광책자를 손에서 놓지 않았던 데다가 관광 가이드까지 대동하고 다니며 그 지역 곳곳을 두세 번 구경한 적이 있던 터라 우리는 한 군데도 놓치지 않고 그곳 절경을 꼼꼼히 둘러보았다. 어른도 그 지역에서 가지각색으로 펼쳐지는 천혜의 자연에 매료될 정도이니 여섯 살 된 아이는 오죽했겠는가! 우리는 인근에 있는 샨다우(Schandau)와 로멘(Lohmen)의 아름다운 풍광도 즐겼으며 리베탈러(Liebethaler) 골짜기와 오토발 더(Ottowalder) 골짜기, 쿠스탈(Kuhstall) 바위 아치, 프레비슈토어(Prebischtor) 바위산, 바스티온(Bastion) 요새, 스톨페(Stolpe)에 있는 현무암 기둥, 빈터베르크(Winterberg) 고지도 구경했다. 그리고 마지막으로 쾨니그스타인(Königstein)과 릴리엔스타인(Lilienstein), 조넨스타인(Sonnenstein), 필니츠(Pillnitz) 지방도 둘러보았다.

칼은 위에서 언급한 모든 명칭뿐만 아니라 그 외 여러 이름을 정확히 발음할 줄 알았다. 또 우리는 관광지에서 본 것들에 대해 의견을 나누었고, 관광가이드와 친구, 지인들로부터 감상을 전해 듣기도 했다. 칼은 자신이 생각한 바를 모두 아내에게 말했을 뿐만 아니라 메르제부르크와 할레, 라이프치히에 있는 나이 어린 친구나 나이 든 인생 선배들에게 이야기했다. 먼 곳에 사는 지인들에게 편지를 쓰기도 했다. 그리하여 칼은 자신의 생각을 명확하고 효과적으로 표현할 수 있게 되었다.

이런 훈련은 생각보다 훨씬 더 많은 도움을 준다. 아이는 많은 사물에 대한 지식을 쌓고 그 사물의 이름과 특성을 정확히 파악함으로써 남에게 좋은 지식을 알려 줄 수 있다. 이를 통해 더 많은 지적 자산을 쌓고 응용하면서 스스로 연구하고 정보를 비교하며 구분하게 된다. 또 그렇게 얻은 정보는 사람들과 대화를 자주 나누면서 적절히 활용할 수 있다. 즉 사고하고 생각할 기회를 더 많이 갖는 것이다. 그런 기회를 많이 가지다 보면 생각하는 습관을 저절로 들이게 된다. 이처럼 아이가 무엇을 말하거나 행동하기 전에 먼저 생각하게끔 한다면 그 결과로 얻는 혜택은 헤아릴 수 없을 정도다.

생각하는 습관을 들인 아이는 매순간이 배움의 연속이다. 어떤 주제를 너무 어렵게 여길지라도 아이는 습관처럼 그것을 알고자 하기 때문에 어떻게든 이해해 보려고 노력한다. (제대로 교육받은 아이는 사물을 이해하는 것을 당연한 의무처럼 여긴다.) 아이는 그 주제와 관련 있는 내용을 찾아보고 연구한다. 그 과정에서 주제와 완전히 동떨어진 글을 읽을 수도 있지만 거기서 어떤 실마리나 해결책을 얻을 수도 있다. 그렇게 되면 이제 아이는 온 정신을 동원하여 그 주제에 파고든다. 관련 서적을 열심히 찾아 읽고 부모나 교사, 지인, 또래 친구들에게 자문을 구한다. 요컨대 아이는 완전한 인식에 도달할 때까지 쉬지 않고 자신이 알지 못하는 영역을 더듬어 가는 것이다.

아이가 어렸을 때부터 여러 사물을 접하면서 사물의 이름과 특징을 배우고 그 정보를 남에게 정확히 전달하는 습관을 들인다면, 어른들의 대화를 귀기울여 들을 것이다. 어른들의 대화를 들으며 지루한 나머지 하품을 한다거나, 어린 마음에 어리석고 경솔한 반응을 보이지는 않는다는 소리다. 아이는 대화 내용 중에서 많은 부분을 이해할 것이므로 대화 내용을 경청하게 된다. 만약 이해하지 못하는 부분이 있다면 더 큰 관심을 보일 것이다. 새로운 내용은 반드시 이해하고 싶어 하기 때문에 그 욕구가 해소될 때까지 끊임없이 노력하는 것이다.

아이가 이러한 배움의 과정을 10년 동안 지속한다면 얼마나 많은 소득을 얻겠는가! 10년이라면 이러한 배움이 3,650일 동안 이어질 테고, 하루를 열 시간이라 가정한다면 아이는 36,500시간 동안 대화나 가르침을 통해 무언가를 배울 것이다.

이 가정에 따라 나는 평범한 아이도 뛰어난 사람이 될 수 있다고 확신한다. 이런 교육법을 터득하고 그 방법을 실천할 의지와 능력만 있다면 말이다.

8장
자신이 아이를 학자로 키울 능력을 갖추었다고 자부하는가

절대로 아니다! 물론 나는 중고등학교와 대학에서 최상의 교육을 받았고, 졸업 후에도 더 높은 수준의 교육을 계속 받았다. 마그데부르크 장로회가 주관하는 여러 자격시험에 신중한 태도로 응시했고, 이후 베를린 상급 장로회의 승인을 받아 목사가 되었다. 게다가 다른 사람들을 가르치는 작업을 줄곧 하면서 홀로 지식을 쌓았다. 또한 부끄러운 소리지만 독일 당대 최고 교육자들인 게디케(Gedike)와 잘츠만(Salzmann), 페펠(Pfeffel), 카롤리네 루돌피(Karoline Rudolphi) 등이 운영하는 교육기관들로부터 교사직을 제안 받았다. 하지만 나는 보잘것없는 수입에 시골에 사는데다가 아이에게 필요한 교육을 즉각적으로 제공할 능력도 없었기 때문에, 빠르게 성장하는 여덟 살에서 열 살쯤의 아이를 가르친다는 것은 어불성설이라고 생각했다. 내가 판단하기에 그 나이대는 상급 학교로 올라가 한 단계 높은 수준의 교육을 받기 시작할 시기이기 때문이다.

그런 이유로 나는 칼이 태어날 무렵부터 게디케와 셰베(Schewe) 같은 교육자들에게 칼의 교육을 맡기기로 계획을 세웠다. 나 자신이 아이에게 적절한 교육을 더 이상 제공하지 못할 때를 대비한 것이다. 그들이 주관하는 교육기관에는 열 명 내지 열두 명의 교사가 상주하고 있으며 베를린의 그라우엔 클로스터(Grauen Kloster) 인문 학교에는 아마 훨씬 더 많은 수의 교사가 있을 것이다. 이런 교육기관은 실력 있는 여러 교사를 고용하여 각각 가장 적합한 분야에 교육을 맡길 수 있다. 이 사항들을 모두 고려할 때 나 자신이 이 교사들의 자리를 대신할 수 있으리라고는 감히 생각조차 못했다.

칼을 교육하는 과정에서 나쁜 마음을 먹은 몇몇 사람들이 나의 계획을 망치려 했다. 어떤 사람은 이런 말을 하기도 했다. "겸손은 가식일 뿐입니다! 분명 아이는 원하는 바를 해낼 능력이 있으며 훨씬 더 많은 것을 이룰 수 있어요."

이렇게 정당한 이유 없이 나쁜 짓을 능히 할 수 있는 사람들은 자신의 비열한 의도를 숨기고 보기 좋게 포장한다. 하지만 이들의 음흉한 악의는 언젠가 밝혀지기 마련이며 거들떠볼 가치도 없다. 이들이 쓰는 수법은 하인이나 선량한 친구, 후견인, 따르는 사람들을 동원하여 온갖 험담을 퍼뜨리는 것이다. 마을 사람들에게 입소문을 내고 외지인에게 편지를 보내거나 신문, 잡지 기사에 안 좋은 평을 싣기도 한다.

이 비겁한 사람들은 온갖 책략을 사용하여 칼에게 해를 끼치려 했다. 그럼에도 불구하고 칼은 사람들의 존경과 사랑을 끊임없이 받았기 때문에 이들은 결국 자신들의 목적을 이루지 못했다.

좋은 뜻은 사람들의 인정을 받기 마련이며 하나님의 지원을 받아 나날이 번성하게 된다. 나와 내 아들이 오늘 당장 죽는다 하더라도 우리의 흔적은 남아 교육이 전혀 해 끼치는 일 없이 사람을 얼마나 성장시킬 수 있는지 증명해 줄 것이다. 그리고 우리 교육이 과거 교육과 비교하여 얼마나 급속한 발전을 이루었는지도 보여 줄 것이다.

내가 분명한 확신을 갖고 지금의 성과를 이루었다는 반론이 있을 수 있지만 이에 나는 아니라고 답하겠다. 아이가 태어나기 전에 어떤 준비가 이루어졌는지 살펴보면 내가 진실을 말하고 있음이 밝혀질 것이다. 이후 나의 행동을 살펴보아도 이 사실은 더욱 명백히 드러난다.

아들이 라틴어를 어느 정도 익히고 그리스어를 배우기 시작하자, 나는 목표한 바를 이루기에는 내 능력이 딸린다는 생각이 들어 도움을 줄 선생을 물색했다.

할레와 라이프치히, 마그데부르크, 베를린 등 이곳저곳을 수소문하며 꽤 높은 연봉과 경비를 부담할 각오를 했지만 내가 원하는 선생을 끝내 구하지 못했다. 나의 요구에 부합하는 선생은 극소수에 불과한데다가 그런 선생은 이미 다른 곳에서 더 좋은 조건을 제안 받았기 때문이다.

내가 원하는 선생은 나 자신이 독일어나 라틴어, 이탈리아어, 프랑스어를 읽는 수준만큼 그리스어를 거리낌 없이 술술 읽을 줄 알아야 했다. 또한 모국어를 능수능란하게 구사할 줄 알아서 힘들이지 않고 그리스어를 독일어로 옮기면서, 동시에 독일어를 정확한 그리스어로 번역할 수 있어야 했다. 게다가 그리스 표준어뿐만 아니라 갖가지 방언과 관련된 문법 형식에도 정통하여 변형된 구문에서도 문법 구조를 파악할 수 있으면 했다. 요컨대 나는 학생과 함께 그리스어 문법의 윤곽을 간단하게나마 그릴 만한 선생을 원했다. 내가 더욱 중요시한 점은 선생이 그리스 문학과 작가들에 전반적으로 정통하면서도 그리스와 마그나 그라이키아(Magna Graecia, 고대 남이탈리아에 건설된 그리스의 식민지_옮긴이), 소아시아 및 인근 섬 지역을 비롯하여 여러 시대의 그리스 문화권 국가들을 모두 꿰뚫고 있어야 한다는 것이다. 또한 그리스의 제도와 행정, 풍습, 관례, 어법, 그리고 전쟁 중이거나 평화로운 시기의 생활상뿐만 아니라 교육, 도덕, 종교, 법률, 정치, 상업, 예술과 과학에 대한 지식도 갖추고 있으면 했다. 여기에 로마 시대 문화에 훤한 선생이라면 더할 나위 없이 좋았다.

나는 학교 동기인 B. 박사가 이 조건에 부합한다고 판단했으므로, 글라우비츠 목사를 통해 B. 박사에게 칼의 가정 교사직을 부탁하며 상당한 금액의 수업료를 제시했다. 그러나 박사는 이미 하기로 약속한 일이 있었고 괜찮은 조건을 제안 받았기 때문에 그 일을 포기할 생각이 없다고 밝혔다.

이후 나는 많은 선생들을 추천받았지만 자세히 살펴본 결과, 그들 중 대부분이 내 기준에는 부적합했다. 사실 두 언어에 대한 지식이 나보다도 못한 데다가 내가 요구하는 실력에 한참 떨어지는 경우가 많았다.

이와 관련하여 비슷한 사례가 여럿 있었는데 그중에서 하나를 소개해 보겠다.

우리 지역 출신인 W. 씨는 좋은 성적으로 대학을 졸업한 후에 고향으로 돌아왔다. 그는 자신이 당대 저명한 철학자에게 총애 받는 학생임을 자부했고 그의 부모와 친지들도 이 사실을 보증해 주었다. 그는 자신을 가정교사로 선택한다면 매우 만족할 것이라며 내게 장담하기까지 했다.

그가 호언장담하는 소리를 들으니 나는 오히려 믿음이 가지 않았다. 그래서 나는 지금으로서는 어떻게 할지 정하지 못했으니 일단 W. 씨가 한 주 동안 우리 집에 머물며 매일 30분씩 칼에게 그리스어를 가르쳐 보면 좋겠다고 대답했다. 여기에 나의 교육 방침을 따라 달라는 조건을 덧붙였다.

우선 나는 나의 방침을 W. 씨에게 자세히 설명해 주고 나서 일부러 그의 말을 듣기만 했다. 다음날 아침에 그는 본격적으로 수업을 시작했다. 나는 쉬운 읽기 교재로 수업을 시작해 달라고 부탁했지만, 그는 〈일리아드〉를 손에 들고 교실로 들어와서는 매우 전문적인 소개말을 대뜸 늘어놓았다. 그 내용은 단순히 암기했다고 볼 수밖에 없었는데, 그가 전후 맥락에 맞지 않는 말이나 실수를 하는 모습을 보면서 나는 그 생각을 굳히게 되었다.

칼은 때때로 한숨을 쉬며 불안한 눈빛으로 W. 씨를 바라보았다. 가끔 입을 열어 "무슨 말씀인지 전혀 알아듣지 못하겠어요!"라고 했지만 소용이 없었다. 곧바로 W. 씨가 한바탕 연설을 퍼부어 칼의 말문을 막아 버렸기 때문이다.

그래서 칼은 꾹 참고 그의 말을 들었으며 나 또한 그렇게 했다.

30분 후에도 W. 씨는 일장 연설을 멈출 줄 몰랐으므로, 나는 그에게 오늘은 그만하고 오 분 동안 번역 수업을 해 달라고 부탁했다. 나는 내가 구한 읽기 교재나 그가 가져온 〈일리아드〉로 수업을 진행했으면 했다.

W. 씨는 〈일리아드〉를 번역하기 시작했다. 한껏 격양된 목소리로 한 구절 한 구절을 읽으며 그 구절을 난해하거나 종종 알아들을 수 없는 독일어로 옮기자, 나는 아연실색할 수밖에 없었다. 가엾은 내 아들은 내가 이제껏 그래 왔듯이 들은 내용을 따라해 보라고 시키지는 않을까 불안에 떨고 있었다.

나는 아들의 불안을 잠재우기 위해 농담조로 이렇게 말했다. "칼, 저건 너무 어려운 내용이라 따라 말하기 힘들지. 네가 저 말을 따라할 수 있으려면 먼저 선생님과 함께 번역해야 할 테니까. 우리는 함께 사전이나 문법책을 함께 찾아봤지만 호메로스에 훤한 선생님은 그러실 필요가 없지. 나야 너를 아끼는 마음에 번역을 함께 한 거지만 선생님에게는 번거로운 일이지 않니."

이 말을 듣고 칼은 안정을 찾았지만 W. 씨는 별 영향을 받지 않았다. 그래서 나는 그와 단 둘이 있을 때 목소리를 높여 봤자 칼에게 도움이 되지 않으니 부드럽게 수업해 달라고 부탁했다. 하지만 그는 자신이 가르치는 방식은 저명한 스승의 교수법을 그대로 따른 것이니 당연히 적절하다고 주장했다.

나는 이렇게 대답했다. "죄송하지만 그래서 더 안 좋다는 겁니다. 그런 방식이 적절한지 의심스러울 뿐더러 일곱 살 된 아이에게는 전혀 효과적이지 못하다고 생각하거든요."

W. 씨는 자신이 옳다고 고집을 부렸다. 그는 내 손님이었기 때문에 나는 인내심을 발휘하여 내일은 그리스어 읽기 교재로 수업을 진행해 달라고 부탁할 수밖에 없었다. W. 씨는 마지못해 그러겠다고 약속했다. 하지만 다음날 호메로스 책을 들고 와서 우리를 경악하게 만들었다.

나는 15분쯤 W. 씨의 말을 듣고 있다가 진지한 태도로 수업을 잠시 중단시켰다.

"칼, 선생님이 어떤 내용을 가르치시는지 알아듣겠니? 선생님 말씀을 나한테 다시 설명할 수 있을 정도로 잘 이해하겠느냐는 말이다."

칼이 그렇게 당황스러워한 적은 처음이었을 것이다. 딱하게도 칼은 크게 한숨을 쉬며 이렇게 말했다.

"아니요, 아버지. 전혀 이해하지 못하겠어요! 대부분 알아듣지도 못하겠고 귀에 잘 들어오지도 않아요."

나는 다음과 같이 대답했다. "그렇구나. 선생님, 제발 부탁인데 〈일리아드〉는 그만두고 이 읽기 교재로 수업해 주시면 안 되겠습니까. 선생님의 성의는 감사합니다만, 아시다시피 칼이 호메로스를 이해하기에는 한참 부족하군요. 선생님께서 아이에게 도움이 되고 저도 만족할 만한 수업을 해 주시리라고 믿습니다."

W. 씨는 좋은 결과가 나올 거라는 둥 날이 갈수록 칼의 이해력이 나아질 거라는 둥 여러 반대 이유를 댔지만, 끝내 해야 할 일을 하기로 합의했다. 읽

기 교재에 있는 짧은 이야기를 칼과 함께 번역하기로 한 것이다.

그리하여 그 대단하고 어려운 강의는 바로 끝이 났다. 이후 W. 씨는 이야기를 읽으며 몇몇 단어나 문장 형식을 번역하는 데 애를 먹었다. 하지만 자존심 때문에 사전을 찾아보려 들지 않았다. 그는 단어의 뜻을 추측하며 이야기의 전체적인 내용을 최대한 정확하게 번역하려 했으나, 그렇게 옮긴 독일어 표현은 그다지 좋지 못했다.

모든 것이 내 의도와는 정반대로 흘러가자, 나는 선생에게 수업을 천천히 진행하면서 단어를 하나하나 꼼꼼하게 번역해 달라고 거듭 부탁했다. 칼도 마찬가지 부탁을 했지만 소용이 없었다. 나는 사태를 수습하기 위해 칼이 지금껏 읽은 이야기를 전혀 이해하지 못하고 있음을 알려 준 다음, 다른 이야기를 나만의 방식으로 번역해 주었다. 그러자 칼은 신이 나서 그 이야기를 어서 빨리 번역해 보고 싶어 했다. 그리고 자신의 차례가 오자 이야기를 능숙하게 독일어로 옮겼다. 내가 여러 번 지적을 하거나 질문을 던졌음에도 불구하고, 칼은 내가 처음 번역해 준 것과 거의 비슷하게 이야기를 번역했다.

선생이 그런 경험을 한다면 수치스러워할 법도 한데 W. 씨는 자신감이 넘친 나머지 자신의 실력과 교수법에 대해 의심할 줄 몰랐다. 나는 그의 교육 방식을 더 이상 바꾸려 하지 않았고, 며칠이 지나지 않아 그는 우리 집을 떠났다.

유감스럽게도 나는 이와 같은 경험을 몇 번 더 치렀고, 남들이 겪은 비슷한 사례를 많이 보고 듣기도 했다. 아이가 그런 선생 밑에서 공부해야 한다니 참으로 안타까울 뿐이다!

그렇게 교육 받은 아이는 아무것도 배우지 못하거니와 잘못된 지식이 머릿속에 가득 차 있어서 나중에는 정확한 지식을 습득하지도 못하게 된다. 반쯤 이해한 관념으로 추측하는 데 익숙해져 버리면서 모호한 관념을 가르쳐준 선생을 세상의 등불처럼 여기기 때문에 모든 문제를 명확히 따지고 드는 사람을 업신여긴다. 그 사람이 자신보다 더 뛰어난 사람일지라도 말이다. "그치는 학식이 없어! 누구나 이해하는 지식을 알고 있을 뿐이야." 아이가 존경하는 스승은 걸핏하면 이런 말을 할 테니 아이도 그 말을 그대로 따라할 것이다. 그 결과로 아이는 아마 죽을 때까지 공부 방식이나 학자의 본질에 대해 잘못된 생각을 품게 되어, 커서도 잘못된 판단을 내리는 경우가 많다.

그릇된 교육법은 아이의 삶에도 심각한 영향을 끼친다. 제대로 배우지 못한 아이는 그 무엇도 자신의 것으로 만들 줄 모른다. 그래서 반쯤 이해하거나 아예 이해하지도 못한 관념을 머릿속에서 점차 키워 가고, 그렇게 오해한 관념을 되뇌며 완전히 이해했다고 착각한다. 하지만 스승이 그랬듯이 아이는 얄팍한 지식으로 사람들을 당황스럽게 만들 뿐이다. 이후로도 매사를 그런 방식으로 처리하게 된다.

아이는 명확하고 분명한 관점을 요구하는 것을 진부하게 여길 뿐만 아니라, 그런 관점을 가진 사람을 따라 하거나 존경하는 것을 저속하다고 여긴다. 어떤 문제를 파고드는 법을 배우지 못했으니 자신의 전문 분야에도 절대 통달하지 못한다. 또한 아이는 애매모호한 지식에 사로잡혀 분명한 상식을 저속한 것으로 생각하기 때문에 아무것도 완전하게 익히려 들지 않는다.

이런 식으로 사고하는 학자들은 깨끗한 물을 휘저어 혼탁하게 만들므로 흔히 일을 맡길 수 없다는 평가를 받는다. 이들은 두더지 굴을 평평하게 만들기 위해 돌을 계속해서 쌓아 올릴 사람들이다. 그렇게 결점을 감추기에만 급급하다 보니 상황을 더욱 악화시키게 된다.

가장 심각한 문제는 이 모순적인 교육법이 성품을 망가뜨린다는 것이다.

이런 교육을 받은 사람들은 보통 허영심이 많으며, 분명한 관점을 가진 이들을 두려워하거나 아니면 얕잡아 본다. 게다가 아이들은 자신을 돌봐 주는 부모나 교사들의 결함을 쉽게 보고 배우기 때문에, 나중에 커서 그 결함을 물려받을 위험성이 높다.

많은 시행착오를 겪으면서 나는 W. 교수와 글라우비츠 목사 등 가까운 지인들의 의견이 옳을지 모른다고 생각하게 되었다. 지인들의 주장에 따르면 내가 기본적인 지식을 충분히 갖추고 있으므로 나 혼자서도 충분히 아들의 실력을 원하는 수준까지 끌어올릴 수 있다는 것이다.

지인들의 주장이 아이의 성장 초기에는 맞아떨어지는 듯했으나 그렇다고 해서 전적으로 옳은 것은 아니었다. 지인들은 인간의 성장 가능성을 과소평가했지만 사실 그 가능성은 측정이 불가능할 정도로 엄청나기 때문이다.

내가 일반적인 방식으로 아들에게 모든 것을 가르치려 했다면, 지금 능력의 반도 끌어내지 못한 채 두세 배의 에너지와 시간만 허비하면서 아들에게 고통을 안겨 주었을 것이다. 하지만 나는 일반 교육법과는 완전히 다른 방식을 취했다. 만약 내가 박학다식했다면 아이는 훨씬 더 많은 것을 배웠을 것이다.

칼은 자신도 모르게 점점 더 많은 것을 배워갔다. 날이 갈수록 더 많은 지식을 쌓았고 정신적 능력을 다듬어 가며 발전시켰다. "날개를 활짝 펴 본 새는 훨훨 날아가리라!"라는 말이 있듯이 칼은 얼마 지나지 않아 배운 내용은 무엇이든 완전히 터득하는 경지까지 올랐으며, 또 그러기 위해 열심히 노력했다.

하지만 칼은 자신이 공부하는 양이 여느 아이들이 하는 만큼이라 생각할 뿐이었다. 더구나 배우는 과정에서 큰 즐거움을 느꼈고 자신의 능력이 끊임없이 성장하고 있음을 알았기에 기쁜 마음으로 공부하려고 했다.

사람들 대부분이 배우는 과정에서 지루함을 느끼지만, 칼은 날이 갈수록 더욱 열심이었다. 실제로 자신이 잘 알지 못하는 지식 분야를 발견하게 되면 매우 아쉬워했다. 칼은 눈물을 흘리며 진심으로 "아, 이런 기쁨을 누릴 기회를 놓치고 있었다니!"라고 말했다. 그래서 자신보다 더 많은 지식을 가진 사람에게 깊은 존경을 보였고 가르침을 주려고 애쓰는 사람에게는 진심 어린 감사를 표했다.

칼은 이런저런 책과 학문을 섭렵했고 여러 언어를 공부하며 온전히 자신의 것으로 만들고 싶어 했다. 어린아이나 청년들이 이 정도 단계에 이르면 모든 것을 다 이룬 셈이다. 나머지는 하나님께 맡기면 된다. 보통 사람들 눈에는 보이지 않겠지만 우리 안에는 하나님께서 내려 주신 재능, 즉 신성한 불꽃이 활활 타오르고 있기 때문이다.

어린아이는 인간 본연의 한계나 자신의 유별난 기질로 인해 제약을 받지 않는 한, 주께서 인도하시는 길을 따라 더욱 더 성장한다. 그러다 보면 자연스레 탁월한 성과를 거두는 것이다.

하지만 내가 언급한 이 모든 내용이 과거에는 추측에 지나지 않았다. 나중에 가서야 나는 이런 사실을 명확히 이해했던 것이다. 라이프치히에서 많은 사람들의 지지를 받으면서 나는 이 생각을 확실히 굳히게 되었다. 그래서 지인인 에르하르트(Erhard) 교수의 격려에 힘입어, 교육기관을 세워서 아들을 가르쳤던 것과 비슷한 방식으로 학생들을 지도하기로 결심했다.

교육기관 설립을 준비하며 나는 아이들 모두가 충분한 관심을 받을 수 있도록 한 학기당 열 명 이하의 학생들만 받기로 했다. 또한 내가 교사들을 선발하고 교육시키되 가급적이면 직접 교육지침을 알려주어 불만을 최소화

할 작정이었다. 내가 무엇을 이루고자 하는지 명확했기 때문에 사람들은 앞으로 나올 결과에 대해 상당히 만족해했고, 내가 그럴 만한 능력과 의지가 충분히 있다고 믿어 주었다. 도처에서 남자아이들을 보내겠다고 했고 이 아이들은 내가 바라던 대로 나이도 어렸지만 다른 조건들도 모두 만족스러웠다. 내가 이들을 기숙학교처럼 온종일 돌볼 수는 없었으므로 반나절 동안 맡기로 했다.

하지만 운명의 장난이었는지 때마침 베스트팔렌 정부의 명령으로 나는 아들과 함께 괴팅엔에 가야 했다. 그리하여 이러한 제안들과 라이프치히에서 아들을 교육시킬 자금을 거절할 수밖에 없었다. 하지만 우리 가족은 모든 사람들의 호의를 평생토록 감사히 여길 것이다.

이제 나는 인간의 성장 가능성을 훨씬 더 높이 평가한다. 그리고 이 예비 교육기관을 통해 아이들이 다방면에서 뛰어난 능력을 뽐내고 부정적인 영향에 저항하게끔 심신과 영혼을 단련 시킬 수 있다고 확신한다. 이런 교육 과정을 통해 지적 능력이 단련된 아이들은 혼자 힘으로 자신의 길을 헤쳐 나갈 수 있으며, 평범한 재능을 발전 시킴으로써 세상 밖에서 뛰어난 성과를 거두게 된다. 인간의 능력이란 적절한 자극을 받기 시작하면 절대 억누를 수 없는 법이다. 족쇄를 채운다 하더라도 부수고 나와 더욱 강력한 힘을 발휘하기 때문이다. 설사 인간은 자신의 뛰어난 재능을 당장 발휘하지 못한다 하더라도, 뜻밖의 분야에서 새로운 길을 개척하여 놀라운 결실을 맺는 경우가 많다. 단언하건대 인간의 성장 가능성이 어디까지인지의 문제는 오래도록 풀리지 않는 수수께끼로 남을 것이다. 지금 우리 상황을 고려할 때 그 해답에 도달하려면 아직은 멀었다고 본다.

9장
조기교육에 대한 반대 의견들

타당한 근거를 대며 조기교육에 이의를 제기한 사람도 있고, 선의든 악의든 간에 무조건 반대 의견을 표한 사람도 있었다. 하지만 모두의 의견들을 논할 수는 없는 노릇이기에 내 기억에 남아 있는 의견들 중에서 합리적으로 보이는 것들만 언급하도록 한다. 또 이에 대한 나의 반론을 최대한 간결하게 펼쳐 보이겠다.

여기서 분명히 밝혀 두지만 반대 의견을 표한 사람들은 대부분 아이를 만난 적이 없다. 이들 중 상당수는 아이를 만나 대화를 나누어 본 후에 곧바로 자신들의 주장을 철회했다.

칼은 여덟 살이 되면서 학자들의 입에 오르내리게 되었다.

학자들은 이런 말을 했다. "아이는 틀림없이 몸이 아프거나 약할 거야. 아무리 어린 나이에 머리가 좋다고 해도 건강한 몸이 우선이지."

하지만 칼을 잘 아는 저명한 학자들이 자신들의 이름을 걸고 칼의 건강이 최상의 상태임을 보증했다.

"아이가 아홉이나 열 살 정도가 되면 한두 해 정도 시름시름 앓겠지. 그러다가 열한두 살쯤에는 짧은 생을 마감하게 될 거야."

칼은 병을 앓은 적도 없고 죽지도 않았다.

"아이는 책상머리에서 대부분의 시간을 보내는 게 분명해. 그게 아이에게 해로운데도 말이야!"

사정을 잘 아는 지인들이 널리 밝혔듯이, 칼이 책상에서 공부한 시간은 대부분의 아이들보다 더 적다.

"아이는 어린 시절을 제대로 보내지 못하고 있어!"

여러 사람들이 칼만큼 행복하고 명랑한 아이도 없다고 단언한 바 있다.

"아이는 외톨이처럼 혼자 있는 시간이 많겠지!"

하지만 이미 잘 알려진 대로 나는 칼을 갓난아이 때부터 데리고 다니며 각계각층의 사람들에게 소개시켜 주었다.

"아이답지 못하게 진지하기만 할 거야!"

권위 있는 인사들이 여러 차례 증언했듯이 칼은 필요한 상황에서 매우 진지한 태도를 보였지만, 그럴 필요가 없을 때는 아이처럼 명랑하게 행동했다. 좋은 가정에서 자란 보통 아이들과 마찬가지로 심한 장난을 치기도 했다.

"아이들의 놀이를 시시하게 여기겠지!"

구트스무트스(Guthsmuths) 교수를 비롯해 여러 학자들의 의견에 따르면 칼은 아이들과의 게임에 매우 적극적으로 참여했고 함께 뛰놀며 더없이 즐거워했다.

"아이들과 함께 어울릴 줄도 모르겠지!"

칼과 친해진 아이들은 다른 아이들보다 칼과 더 놀고 싶어 했다. 칼이 말도 안 되는 요구를 하지도 않는데다가 자신들의 물건을 빼앗지도 않고 오히려 상냥한 태도로 양보했기 때문이다.

"아이가 거만하고 고집이 세서 함께 노는 친구들을 업신여길 거야!"

칼은 잘난 체 하지도 않고 겸손할 뿐만 아니라 친구들이 자신보다 더 많이 알고 있는 분야가 있으면 배우려고 노력했다. 그래서 친구들은 칼의 지적 능력을 시기하지 않았고 자신들의 부모와 친척들이 칼에게 보이는 관심과 존경을 너그러이 받아들였다. 칼은 자신이 알고 있는 지식을 뽐내지 않았으며 과시할 생각은 털끝만큼도 하지 않았다.

"아이는 책상머리 앞에서만 교육을 받겠지. 그러니 사람들과 어울리지 못하고 남들 앞에서 어떻게 행동할 줄도 모를 거야."

사실 칼은 왕궁에 있는 것만큼이나 농부의 오두막에 있는 것도 좋아했고 부유한 상인이나 장관의 집에서도 즐거운 시간을 보냈다. 품위 있는 지주나 솔직한 일반 시민과도 잘 어울려서 가는 곳마다 환영을 받았다.

"아이가 열세 살이나 열다섯 살이 되면 사춘기에 접어들겠지. 그때쯤이면 몸이 점점 쇠약해지고 시름시름 앓다가 결국 죽을 거야!"

이런 일은 일어나지 않았다. 칼은 살아남았고 기대와 달리 건강하게 자라 장미처럼 활짝 피어 갔다.

"아이가 몸을 해치지 않고 사춘기를 무사히 넘기더라도 결국 정신적으로 안 좋은 영향을 받을 거야. 그렇게 정체된 상태로 살 텐데 어릴 때 급속도로 성장해 봤자 무슨 소용이야."

칼은 정신적으로 나쁜 영향을 받지도 않았으며 오히려 예전과 다름없이 빠른 성장을 보였다.

"아이는 구닥다리 학문을 배우고 죽은 언어를 익히는 데만 정신을 쏟겠지. 평생토록 아름답고 재미있는 것에는 관심을 두지 않을 거야. 놓치는 게 얼마나 많겠어!"

이것이 사실이라면 참으로 끔찍할 것이다. 하지만 칼은 위대한 작가와 시인의 작품뿐만 아니라 아이답게 자연의 아름다움도 사랑했다. 사람과 동물이 살아가는 이 세상에서 그 아름다움을 잘 찾아내고 눈여겨볼 줄 알았다. 학식이 높은 사람들도 인정했듯이 칼은 나이가 들면서 낭독에 뛰어난 재능을 보였다. 낭독도 잘했고 사교적인 게임에 즐겁게 참여하며 주도적인 역할을 했기 때문에 교양 있는 사람들 사이에서 인기가 많았다. 특히 품위 있는 젊은 이들의 환영을 받았다.

내가 보장하건대 칼은 이제 시와 산문을 능수능란하게 쓸 줄 안다.

마지막으로 내가 언급할 반대 의견은 페터스부르크(Petersburg)에서 온 것이다. 나를 한동안 당황스럽게 만든 것은 그 의견이 유일했는데, 그 내용이 아주 먼 미래에 대해 언급한 것이라 그 당시에 나는 반박할 수가 없었다. 나 자신도 아이의 미래가 긍정적일 것이라 확신하지 못했기 때문이다. 더구나 반대 의견을 보내온 분은 내가 존경하는 철학자이자 경험도 많고 합리적이며 선량한 어른이었다. 또 나와 내 아들을 아끼시는 분이라 악의를 품고 나의 교육관이 학자들의 교육관에 반한다는 이유로 무조건 비판하지도 않았고, 그저 개인적인 우려를 전해 왔던 것이다.

그분은 할레에서 나에게 철학을 가르쳤던 야코프(Jakob) 교수로, 내가 졸업한 후에도 친분을 유지했고 칼의 세례식에 참석하기도 했다. 칼이 열한 살이 되던 해인 1811년에 7월 23일자로 다음과 같은 편지를 보내왔다.

자네 아들처럼 똑똑한 아이가 아버지를 얼마나 즐겁게 하는지 충분히 이해하고도 남네. 그 아버지가 내가 아끼는 벗이기에 나 또한 기분이 좋다네. 허나 고백하건대 기쁘기도 하지만 한편으로 안타깝기도 하네. 이 놀라운 성장이 유리하게 작용하여 아이가 남보다 더 행복한 삶을 살 것인지, 아직은 확신할 수 없기 때문이지. 물론 아이의 능력이 어린 나이에 이만큼 성장한 주된 원인은 자네의 교육법과 노력이라고 생각하네. 내가 보기에 자네 아들도 뛰어난 재능을 타고났기 때문에 부모의 교육을 적극적으로 받아들인 것 같네.

이 빠른 성장이 자네 아들의 먼 미래에 유리하게 작용하려면, 균형을 이루며 진행되어야 하네. 칼이 아홉 살에서 열한 살쯤에 갖추고 있는 지식은 열다섯 내지 열아홉 살 된 젊은 남자에 비견되는 수준이지. 보통 지적 능력은 지식과 경험이 쌓이면서 스물한 살 때까지 자라지만, 추론 능력은 더 발전하기가 힘들어. 아이의 추론 능력이 아홉 살에서 스물한 살 사이에 고른 수준으로 자라기만 한다면, 분명 남은 생애 동안 뛰어난 인재로 우뚝 솟을 거야. 그러나 추론 능력이 열네 살이 되는 해에 더 이상 성장하지 않는다고 가정해 보게나. 만약 그렇다면 스물한 살이 된 아이는 동년배보다 조금 더 많은 지식을 갖추었을지는 몰라도 더 성장한 모습을 보여주지는 못하겠지. 이 가정이 맞다면 자네 아들은 열여덟 살에서 스무 살까지 감탄의 대상이 되다가 그 이후로 갑자기 남들과 비슷한 수준으로 떨어지게 되는 거야.

칼은 뛰어난 능력 덕분에 사람들의 감탄을 줄곧 받았으니 분명 그로 인해 어떤 영향을 받았을 거야. 스무 살에서 스물한 살이 되는 해에 그런 관심이 사라지고 평범한 사람 취급을 받는 기분이 어떨지 알기에 우려를 표하는 거라네. 내가 칼의 아버지였다면 걱정이 많았겠지. 어린 시절에 사람들의 주목을 한 몸에 받은 사람이 나중에 커서 더 이상 높은 평가를 받지 못한다면 얼마나 힘들겠나. 친애하는 벗이 택한 교육법을 생각해 보면서 나는 이런 점이 염려되었지. 자네가 늘 품고 있는 생각을 터놓고 표현한다는 것을 잘 아네. 그러니 나 역시 아끼고 존경하는 벗에게 내 의견을 말해 주고 싶었다네.

얼마 후에 나는 스승이 염려하는 일이 일어날 수도 있지만, 나름의 근거가 있으니 그런 걱정은 하지 않는다고 답했다. 그리고 적당한 대비책을 마련하여 염려하는 일이 실제로 일어나더라도 칼이 큰 해를 입지 않도록 주의하겠다고 했다. 또한 나는 지금으로부터 삼 년 후, 즉 칼이 열네 살이 되는 해에 편지를 써서 칼의 차후 성장 과정을 솔직하게 터놓고 알리겠다고 말했다.

1814년 6월 22일, 칼이 태어난 지 14년하고도 10일이 된 날에 나는 스승에게 아래와 같은 편지를 썼다.

우선 제 아들을 염려해 주신 스승님의 의견에 대해 말씀드리겠습니다. 스승님께서는 아이가 열네 살이 되는 해에 지적 성장을 멈출 수 있다고 하셨죠. 그러니 스무 살 내지 스물한 살에는 사람들의 무관심을 받을 것이므로 성격이 나빠진다고 말씀하셨는데 굉장히 독특한 지적을 해 주셨습니다. 어느 누구에게도 이런 지적은 받지 못했기 때문에 처음에는 매우 당혹스러웠습니다. 하지만 저는 어떤 불쾌한 일이 미래에 닥칠 수 있다 하더라도 그 가능성을 아예 부정하는 사람은 아닙니다. 물론 스승님께서 생각하신 일이 일어날 수 있지만 지금까지의 상황을 고려할 때 그럴 가능성이 낮다고 봅니다. 우선 아들이 오는 7월 1일에 열네 살이 될 것이지만 지적 능력이 아직도 눈에 띄게 성장하고 있습니다. 둘째로, 아이는 여전히 겸손한 태도를 보이고 있으며 감탄의 대상이 되길 원하지 않을 뿐더러 자신이 그런 대상이라는 사실도 모르고 있습니다.

이런 이유로 저는 아이의 성장이 머지않아 멈출 거라고는 생각하지 않습니다. 만약 그렇더라도 아이는 관심을 받지 못한다 해서 허영심 많은 청년처럼 괴로워하지는 않을 것입니다. 그러니 잃을 것도 없으며 오히려 얻는 게 많겠지요. 아이는 세심한 교육을 통해 많은 것을 배우고 어린 나이에 세상의 지식과 경험을 쌓을 뿐만 아니라 여행을 통해서도 교양 있는 사람들과 친분을 맺을 것입니다. 또 좋은 사람들의 초대를 받아 따뜻한 환영과 존경을 받겠지요.

스승님도 저도 미래를 알 수는 없으니 모든 일을 '은혜로우신 주님의 손'에 맡겨야겠지요. 그래도 지금 상황에서 제 뜻대로 될 가능성은 삼 년 전보다 더 높아졌습니다.

위에서 이유를 설명했듯이 나는 마지막으로 언급한 반대 의견으로 인해 걱정이 많았지만 다행히 극복해 냈다. 만약 오늘 스승의 편지에 답장을 썼다면 더 침착한 태도로 대처하며 기쁜 마음으로 하나님께 감사를 드렸을 것이다. 6월 22일 당시에 쓴 내용이 그대로 이루어졌기 때문이다. 그리고 내가 확신하건대 앞으로도 나와 아들의 미래는 밝을 것 같다.

10장
아이가 조기교육으로 이득을 보았는가

물론이다! 아이는 여러모로 큰 혜택을 얻었다.

기본적으로 칼은 신앙과 관련된 교육을 받았다. 만물에 하나님 아버지의 숨결이 깃들어 있음을 느꼈다. 동식물 같은 작은 존재에서 형제나 남매 같은 가까운 사람들까지, 주위에 있는 존재들을 모두 귀하게 여기고 아꼈다. 그렇게 때문에 칼은 성장의 단계를 밟아 나가려고 열심히 노력하면서도 다른 사람을 시기하거나 멸시하는 법이 없었다. 오히려 남을 존경하고 다정한 태도로 대했다. 자신보다 뒤떨어지는 사람에게는 동정을 베풀기도 했다. 칼은 더 많이 성장하기 위해 스스로 열심히 노력했지만, 부모의 가르침이나 교양 있는 사람들과의 교제를 통해서도 자신을 발전시키려고 애썼다. 보통 아이들과는 달리 이 모든 기회를 소중히 여길 줄 알았던 것이다.

칼은 친구를 대하듯이 하나님과 대화를 나누었고 하나님이 내려주신 재능과 자비로운 가르침에 대해 감사드렸으며 문제가 있으면 도움을 구했다. 또 기쁨과 은혜를 선사해 주시는 주님께 기분 좋은 사건이나 즐거운 일이 있을 때마다 알려 드렸다. 칼은 하모니카 선율이나 활짝 피어나는 장미에도, 라파엘이 그린 작품이나 개똥지빠귀가 지저귀는 노랫소리에도 하나님이 임하심을 보았다. 거대한 작센 스위스 산맥이나 작은 풀잎 하나, 영리한 강아지 한 마리에서도 하나님의 숨결을 느낀 것이다.

칼은 여러 차례 열심히 기도하는 습관을 들였으며, 혼자 있거나 부모가 곁에 있을 때 기도하기를 좋아했다. 다른 사람이 있을 때는 기도하지 않았다. 나는 곁에서 종종 엿들었으므로 기도하는 방식이 적절한지 판단하면서 그에 대한 기본적인 지침을 가르쳐 주었다. 칼은 시기와 환경에 적절한 내용으로 기도했다. 여행 도중에는 우리 가족이 무사하도록 보호해 주심에 감사했고 앞으로 안전히 지켜 주십사 기도했다. 우리 가족이 지인의 집을 방문할 경우에 칼은 지인의 친절에 은혜를 베풀어 달라고 기원했다. 우리 가족이나 지인들 중에서 누가 아프면 건강을 되찾기를 빌었다. 칼의 기본적인 기도 방침은 다음과 같다. "밤낮 구분하지 않고 시간과 환경에 맞게, 마음에서 우러나오는 기도를 올린다."

"하나님 아버지, 저희 가족에게 평화로운 밤을 주시니 감사합니다. 오늘도 평안한 하루를 내려 주시옵소서! 지금껏 저를 잘 가르쳐 주신 부모님께 은혜를 내리시길! 그분들이 계속해서 저를 잘 이끄시도록 보살펴 주시옵소서! 또 오래도록 건강하고 무사히 사실 수 있길 기도합니다! 제가 부모님과 주위 분들과 함께 기쁜 나날을 누리게 해 주시니 감사합니다! 오늘도 순종하면서 성실하고 바르게 행동할 수 있게 살펴 주시옵소서! 앞으로 제 자신과 부모님에게 이로운 천직을 찾게 되길 바랍니다!

더러운 생각과 탐욕, 자만, 거짓말에 빠지지 않도록 인도해 주옵소서! 저희에게 이로운 기쁨을 주시기를 기도합니다! 저희가 나쁜 일이 일어나지 않도록 기도하여도, 그 일이 도움이 된다면 기꺼이 내려 주시길! 부당함을 인내할 수 있도록 인도해 주시옵소서! 저희에게 많은 것을 베푼 이에게 상을 주시기를 바랍니다! 모든 이에게 은혜를 내리시옵고, 고통을 겪는 이에게 더 큰 은혜를 내려 주시옵소서!"

도덕성과 신앙심을 바탕으로 한 나의 교육 방침은 구약성서, 그리고 예수님의 삶과 가르침을 주로 다룬 신약성서를 참조한 것이다. 또한 나는 정직하고 자애로운 마음으로 살 것을 강조한 예수님의 좋은 글을 인용했다. 칼은 주님이 창조하신 세상의 만물에 대해 생각하고 주님과 깊은 대화를 자주 나누면서 자신의 내면을 끊임없이 들여다보았으므로, 잘못된 일에 쉽게 빠지지도 않았고 누군가의 꼬임에 넘어가지도 않았다. 또한 깨끗한 마음을 간직했기 때문에 이를 잘 알아보는 사람들은 칼이 천사처럼 순수하다고 말할 정도였다.

이런 이유로 칼은 우리 부부가 없는 자리에서도 금지된 일은 하지 않았다. 하나님은 모든 것을 보시는 분이니 그 뜻에 어긋나는 짓은 하면 안 된다는 것이다. 아이가 이런 생각을 품고 있었기에 다음과 같은 사건이 자주 일어날 수밖에 없었다.

예전에 우리 가족이 L. 시에 있는 E. 목사의 집에 머문 적이 있다. 그 다음 날 아침, 칼은 커피를 마시는 자리에서 방심하다가 탁자에 우유를 쏟았다. 이런 일이 일어나면 칼은 그 벌로 다른 음식이나 음료 없이 빵과 소금만 먹어야 했다.

　칼은 우유를 매우 좋아했다. E. 목사 부부는 칼을 유달리 아꼈으므로 칼을 위해 특별히 달콤하게 만든 우유와 함께 맛있는 케이크 한 조각을 내어 주었다. 이에 칼은 갑자기 얼굴이 새빨개지더니 매우 난처해하며 우유를 더 이상 마시지 않았다. 나는 그 이유를 잘 알았지만 칼을 못 본 척했다.

　그 모습을 본 E. 목사 부부는 칼에게 우유를 다 마시라고 권했다. 칼은 부부의 권유를 한사코 사양하다가 자신의 부주의로 테이블에 우유를 쏟았으니 더 이상 마실 수 없다고 털어놓았다. 목사 부부는 칼에게 그건 별로 문제가 아니니 우유를 더 마시라고 말했다. 나는 입을 다물고는 내 물건을 정리하면서 일부러 바쁘게 움직였다. 칼이 꿈쩍도 하지 않자 E. 목사 부부는 칼을 아끼는 마음에 나에게 화를 냈다. 내가 고갯짓으로 칼에게 무언의 지시를 내렸다고 생각했기 때문이다.

　그래서 나는 아이를 밖으로 내보낸 후, 목사 부부에게 모든 사정을 설명해 주었지만 소용이 없었다. 그들은 식욕이 왕성한 어린아이가 달콤한 우유와 케이크를 사양한다는 것은 순리에 어긋난다고 고집을 부렸다. 규칙을 조금 어겼다는 이유로 그런다는 것은 말도 안 된다는 것이었다.

　"그냥 여기서 나가세요. 그럼 칼이 우유를 마실 거예요!"

　"알겠습니다." 나는 대답했다. "제가 나가지요. 칼의 행동이 제가 강요한 것이 아니라 자기 마음에서 우러나온 것임을 알게 될 겁니다. 대신 무슨 일이 일어났는지 나중에 다 말씀해 주셔야 합니다. 제가 미리 약속드리지만 칼이 우유를 마신다 하더라도 꾸짖지 않겠습니다."

　E. 목사 부부는 칼의 행동을 전부 말해 주겠다고 약속했다.

　그런 다음에 우리는 칼을 불러들였고 나는 핑계를 대며 밖으로 나갔다.

목사 부부는 칼에게 음식을 들라고 계속 권했지만 헛수고였다. 우유를 더 달콤하게 만들어 주기까지 했으나 소용이 없었다. 부부는 칼에게 내가 눈치 채지 못하도록 컵을 다시 채워 놓겠다고 말했다. 또 다른 케이크를 권하며 이런 궤변을 늘어놓기도 했다. "어떤 규칙이라도 이 맛난 것을 못 먹게 할 수는 없어!" 부부는 칼이 케이크를 먹어도 내가 알 길이 없다는 점을 특히 강조했다. 칼은 꿈쩍도 하지 않고 다음과 같은 말을 반복했다.

"아버지가 모르신다 해도 하나님께서 아실 거예요. 그게 제일 중요하죠. 제가 우유와 케이크를 먹는다면 주님을 속이는 것이나 다름없어요."

부부는 칼이 먼 길을 떠나야 하니 제대로 된 영양분을 섭취해야 한다고 거듭 강조했다. 그러나 칼은 빵과 소금만으로도 충분히 힘을 낼 수 있다고 주장할 뿐이었다.

결국 목사 부부는 나를 불러들일 수밖에 없었다. 그리고는 눈물을 글썽이며 이제껏 일어난 일을 말해 주었다. 나는 최대한 차분한 태도로 칼에게 입을 맞추며 이런 말을 했다.

"칼, 너는 네 스스로의 의지로 처벌을 받아들였고 진심으로 벌을 받고자 했지. 그걸로 충분하니 벌 받는 건 이제 그만두자꾸나. 앞으로 먼 길을 가야 하고 이분들께서도 간청하시니 말이다. 케이크와 우유를 마음껏 먹으렴! 규칙을 잘 지켰으니 원하는 대로 하려무나."

그제야 칼은 E. 목사 부부가 권한 음식을 감사한 마음으로 먹었다. 목사 부부는 여섯 살밖에 되지 않은 아이가 그토록 강한 자제력을 보일 수 있는지 이해하지 못했다. 식욕이 왕성한 아이가 그런 상황에서 맛있는 음식을 거절했다는 사실이 믿기지 않았던 것이다.

목사 부부는 깊은 신앙심과 이와 함께 따라오는 도덕성이 얼마나 강력한 영향력을 발휘하는지 잘 알지 못했다. 그런 신앙심을 아이에게 약간만 심어 주어도 훨씬 더 많은 것을 이룰 수 있다.

두 번째 교육 원칙은 아이의 전체적인 몸과 각 신체 부위를 튼튼하게 성장시키는 것이었다. 이 원칙을 지키면 당연히 몸의 감각도 섬세하게 길러 줄 수 있다.

세 번째 원칙은 예리한 지각 능력과 사고력, 분별력, 기억력, 상상력 등 여러 지적 능력을 아주 어릴 때부터 두루두루 길러 주는 것이었다. 이 문제는 앞서 어느 정도 언급했지만 추후에 더 상세히 이야기하겠다.

이와 함께 칼은 문학적 언어를 습득함으로써 올바른 방식으로 사고하며 문제의식을 갖고 질문을 던졌다. 그리고 상대방 의견에 이의를 제기하여 사람들을 놀라게 했다. 이런 능력을 갖춘 덕분에 칼은 언어나 과학을 잘 알지 못했던 시절에도 주위 사람들을 즐겁게 해 주었다. 아이 자신도 이 능력을 통해 큰 기쁨을 누렸으며 얼마나 많은 것을 보고 들으며 배웠는지 모른다!

우리가 여러 지역을 방문할 때마다 그곳의 학식 높은 분들은 흥미로운 것이 있으면 칼에게 보여 주었다. 그 덕분에 칼은 끊임없이 많은 것을 배우며 고귀한 기쁨을 누릴 수 있었다.

칼은 여섯 살이 되던 해에 외국어를 배우기 시작했다. 스스로 배워야 한다고 생각했던 데다가 단순하고도 적합한 방식으로 언어를 배웠고 신중히 택한 절차를 밟았기 때문에, 큰 어려움 없이 외국어 문법과 단어 하나하나를 습득했다. 사실 칼은 독일어 읽기 연습을 유쾌한 놀이로 여겼으므로 얼마 지나지 않아 외국어 읽기 연습도 재미있는 취미 정도로 생각했고 배우는 과정을 그리 부담스럽게 여기지 않았다.

과학 교육은 이미 오래 전부터 토론과 여행 등을 통해 밑바탕을 깔아 두었다. 인상적인 장소를 많이 방문하고 고대와 현대 역사를 들려주거나 칼이 습득한 외국어로 쓰인 책을 읽게 하기도 했다.

칼은 언제나 더 많은 것을 알려고 애썼으며 다른 아이들이 매우 어려워할 만한 지식을 배우고 싶어 했다. 고대 및 현대 지리학과 여러 분야의 자연사뿐만 아니라 수학과 물리학, 화학도 공부했다. 이 모든 학문에 깊이 파고들면서 여러 분야에서 자격증을 땄고, 열네 살이 채 되기도 전에 철학 박사 학위를 취득했다. 일 년 후에는 베테라우(Wetterau) 자연과학 협회의 연구위원이 되기도 했다. 나중에는 라인 강 인근에 있는 아름다운 지역에 살면서 법의학과 관련 학문들을 열심히 연구하다가 불과 열여섯의 나이에 영광스럽게도 법학 박사 학위를 받았다. 그리고는 각지를 여행한 후에 베를린에 오래 머물면서 즐거운 경험을 많이 하며 좋은 사람들에게 사랑도 받았다. 물론 악의를 품은 몇몇 사람도 만나면서 매우 불쾌한 일을 겪기도 했지만, 폐하의 총애를 받아 이 년 간 여행하며 식견을 넓혔다. 그 기간 동안 칼은 차후 명예로운 임무를 수행하기 위해 이론적이고 실질적인 소양을 길렀다.

11장
아이를 자유롭게 놀도록 내버려두어야 하는가

당연히 다음의 질문이 제기될 수 있겠다. "어느 시기부터 우리 아이를 가르치기 시작해야 하는가?" 루소(Rousseau)의 말을 따르자면 "일고여덟 살부터"라고 답하는 것이 요즘 추세다. 이처럼 대답하는 사람들에게 나는 다음의 말을 해 주고 싶다. "오랫동안 어떤 지도나 교육도 받지 못한 아이들이 있다면, 이들이 나중에 어떻게 자라는지 잘 관찰하라. 대부분 고집이 세고 폭력적이며 무지한데다가 탐욕과 악습에 물들어 버린 모습을 보게 될 것이다. 혹시 자기 아이가 이렇게 자라기를 원하는가. 그렇다면 이들 부모의 양육 방식을 그대로 따르면 된다!"

나는 교육에 대해 훤히 꿰뚫고 있다는 사람과 이야기를 나눈 적이 있다. 그는 내 아들이 아주 이른 나이부터 집 안팎에서 예절 교육을 받았다는 사실에 대해 경멸의 눈초리를 보냈다.

그는 이런 말을 했다. "내 아들은 절대 그렇게 교육하지 않겠어요. 어린 시절을 충분히 즐겨야죠. 여덟 살 때까진 마음껏 놀도록 내버려두고 양육은 아이 엄마와 유모에게 전부 맡기겠어요."

"그럼 나중에 아버지께서는 가르칠 게 별로 없겠군요." 나는 곧바로 이렇게 응수했다.

아이가 큰 모습을 보니 내 예상이 맞았다. 아이는 지적 능력이 뛰어난 사람으로 자랐지만, 평범한데다가 결점도 많았다. 머리마저 나빴다면 그런 결점 때문에 아버지에게 저능아 취급을 받았을 것이다.

어떤 이는 다음과 같은 반박을 할 수도 있겠다. 위대한 인물들 중에서 몇몇은 분명 이 아이와 비슷한 길을 밟았을 것이라고. 사실 그런 위인들도 있긴 하지만 매우 드물다. 사람들은 위인들의 안 좋은 어린 시절을 알게 될 경우, 어리석게도 이들의 인생이 올바른 길을 밟았다는 결론을 섣불리 내린다. 하지만 어릴 때 굳건히 자리 잡아 버린 결점은 떨쳐내기가 매우 어렵기 때문에, 좋은 면만 있을 법한 위인들도 나이를 먹은 후에 어두운 면을 가지고 있는 경우가 많다. 위와 같은 양육 방식으로 자란 위인들에게서 수치스러운 결함을 찾아내기란 쉬운 일이지만 나는 그러지 않겠다. 위인들을 진흙탕으로 끌어내리는 것은 악의를 품은 자들이나 하는 짓이기 때문이다.

아이를 방치하는 교육법이 최선이라고 주장하는 이는 다음의 사실을 간과하고 있다. 바로 뛰어난 재능을 지닌 진짜 천재는 성공을 거두고 큰 인물이 되는 법이지만, 재능이 평범하거나 보잘것없는 일반인은 인생을 망치기가 쉽다는 것이다. 실제로 이렇게 망가진 사람들 중에는 천재들보다 일반인들이 훨씬 더 많다. 또 여기서 놓치기 쉬운 점은 이 진짜 천재가 처음부터 제대로 된 지도와 교육을 받는다면 더할 나위 없이 위대하고 유능한 인재로 자랄 수 있다는 것이다.

어떤 일반인이 타고난 단점 때문에 80퍼센트의 능력밖에 발휘하지 못했다고 가정해 보자. 만약 이 사람이 좋은 환경에서 세심한 지도를 받는다면 자신의 능력을 100퍼센트까지 끌어올려 자신의 장점을 최대한도로 발휘할 수 있을 것이다.

만약 아이가 방치되거나 하인에게 맡겨진다면, 자연스레 길거리 아이들과 어울리게 된다. 인간은 사회적인 동물이고 아이는 자기 또래와 놀고 싶은 법이다. 그러니 처음에는 이웃 아이하고만 놀다가 가까운 친구를 점점 많이 사귀면서 나중에는 또래 아이라면 가리지 않고 어울리게 된다. 그리고 아이는 늘 놀고 싶어 하며 야외에서 노는 것을 제일 좋아한다. 하나님께서 신선한 공기를 내려주셨으니 몸도 튼튼하게 만들고 신나는 일이 얼마나 많은가. 아이는 야외에서 큰 행복을 느끼고, 특히 밖에서 다른 아이들과 놀 때 제일 즐거워한다.

길거리에는 큰 위험이 도사리고 있지만, 내가 굳이 선택을 해야 한다면 아이를 실내에서 계속 지내게 하기보다는 거리로 내보내겠다. 여기서 실내는 베를린에 있는 저택 실내를 제외시킨 것이다. 베를린 저택의 실내는 크고 쾌적하며 환한데다가 천장도 높고 공기도 잘 통하니, 부모가 환경만 적절하게 만들어 주면 아이들의 작은 놀이 공간으로 손색이 없다. 하지만 작은 마을이나 시골 가정의 실내는 다르다. 천장도 낮고 비좁으며 습할 뿐만 아니라 온갖 세간이 가득 차 있는 지하 공간에서 가족 모두가 함께 생활하기 때문이다.

이런 곳에서 아이들은 쇠약해지고 먹은 음식도 잘 소화하지 못하며 생기를 잃게 된다. 얼굴색이 창백해지고 눈도 침침해지면서 불꽃처럼 타오르던 영혼이 서서히 사그라지는 것이다. 아이늘은 복통이나 두통, 치통을 앓기 시작하다가 잔병치레를 하고 무기력해진다. 낮에는 청개구리처럼 고집을 부리다가, 어느 순간에는 갑자기 줏대 없고 아둔한 행동을 한다. 편견과 근시안적인 사고에 사로잡혀 있기도 하다. 물론 이 아이들이 잘 자라는 경우도 있다. 개중에는 자기 나름의 진로를 직접 정하고 새로운 길을 개척한다. 집안에만 사는 왜소한 아이들은 골방에 처박혀 연구만 하는 학자로 자라기 십상인데 말이다. 이 허약한 아이들은 육체적으로나 정신적으로 크게 성장하지 못한 채 익숙한 환경에서만 직업을 찾으려 한다.

그럼에도 불구하고 아이가 거리에서 친구들과 놀다가 큰 위험에 빠질 수도 있음을 간과해서는 안 된다. 그 위험성을 어찌 그냥 넘겨 버릴 수 있겠는가? 실제로 그런 위험이 벌어지는 모습을 초조한 마음으로 지켜본 적도 있다. 여기서 나는 청소년기의 가장 심각한 악덕인 자위에 대한 은밀한 유혹이나 부모의 말을 거역하고 멸시하고 싶은 마음, 다른 사람을 속이거나 물건을 훔치는 행위 등을 말하는 것은 아니다. 물론 이런 행위는 자주 일어나며 끔찍한 결과를 초래하지만, 일단 나는 거리의 열린 공간에서 놀이 중에 벌어지는 위험만을 논하고자 한다.

G. 시의 일부 주택가는 큼직한 석판이 놓여 있어 놀이 장소로 안성맞춤이라 아이들이 돈을 걸고 게임하는 모습을 늘 볼 수 있다. 아이들 대부분은 돈이라도 쥐어 주고 싶을 정도로 가난하지만, 동전이나 은화를 걸고 게임을 하고 부자 부모를 둔 아이들과 노름을 하면서 큰돈을 따거나 잃는다. 내가 그런 아이들에게 "애송이 노름꾼들, 발랑 까진 사기꾼 거지들아!"라고 몇 번이나 소리를 지르는데도 처음에만 말을 들을 뿐 별 반응을 보이지 않았다. 게다가 거리를 걸으면 두세 명의 아이들이 싸우는 모습을 꼭 보게 된다. 초기 사소한 말다툼으로 시작된 이 싸움은 욕지거리를 주고받는 것으로 발전하다가 결국 서로에게 발길질을 하고 돌을 던지는 등 한바탕 난투극으로 끝난다. 베르길리우스의 말처럼 "분노는 모든 것을 폭력으로 뒤바꿔 버린다."

나는 두려움에 벌벌 떨며 이런 싸움을 지켜보았고 온 힘을 다해 말려 보려고도 했다. 하지만 나중에는 싸움에 별 관심을 두지 않게 되었다. 심약한 사람이 지금 밖에서는 누군가 죽음의 고통에 몸부림치고 있을지 모른다며 전전긍긍하듯이, 나도 비슷한 생각에 빠졌다고 느껴졌기 때문이었다. 보통 그런 사람은 "어떤 이는 지금 이 순간에도 죽음의 고통에 몸부림치고 있겠지."라는 말을 입버릇처럼 달고 살면서 죽을 때까지 평정심을 유지하지 못한다. 평화주의자 또한 싸움이 일어나는 내내 안절부절못한다. 그러다 결국 싸움에 무관심해지거나, 아니면 싸움을 말리려고 애쓰느라 정작 자신의 일에 소홀해지는 것이다.

길거리에서 어떤 아이들은 버릇처럼 모래를 던진다. 이렇게 모래를 던지는 장난은 심각한 사고로 번지기도 한다. 한 아이가 모래를 줍는 사이에 다른 아이는 길바닥에 있는 것은 무엇이든 손에 잡히는 대로 던지고, 그러면 모래를 줍던 아이는 고개를 돌리다가 금속 부스러기나 돌멩이 따위를 정통으로 맞게 되는 것이다. 다행히 별다른 사고가 일어나지 않아 눈에 상처가 나지 않을 수도 있다. 하지만 그럴 경우에 사소한 장난은 큰 싸움으로 번지는 법이다.

겨울이 오면 어떤 아이들은 눈싸움을 즐겨 한다. 눈싸움을 적절한 수준에서 즐긴다면 별로 문제될 것은 없다. 가벼운 눈뭉치를 던지는 행위는 재미있는 놀이일 뿐만 아니라 몸에 힘을 기르고 민첩성과 집중력을 키우는 데도 좋다. 하지만 눈뭉치는 시간이 지날수록 점점 더 단단해진다. 대개 아이들은 눈뭉치를 오랫동안 손으로 주물럭거리며 작고 차지게 만든다. 그렇게 만든 눈뭉치를 여러 개 쌓아두고 얼린 다음, 친구가 올 만한 장소에 가져가 숨어서 기다린다. 이런 눈뭉치는 등이나 가슴팍에 맞으면 살짝 아프겠지만 눈이나 얼굴에 맞으면 어떻게 되겠는가? 더욱이 아이는 이런 식으로 가져간 눈뭉치를 되도록 가까운 거리에서, 있는 힘껏 던지려 할 것이다.

이와 비슷한 사고가 일어나 아이가 피를 철철 흘리는 모습을 여러 번 본 적이 있다. 어떤 아이는 눈이나 코에 평생 지워지지 않는 상처를 입기도 했다.

아이들이 장난으로 시작한 놀이가 심각한 부상을 초래하는 경우를 몇 번이나 목격했는지 모른다. H. 시에서 어느 어린 학생이 끔찍한 사고를 겪었는데, 그 일이 내 머릿속에서 아직도 생생하다. 그 아이는 고등학교 운동장에서 친구들과 함께 놀고 있었다. 운동장은 벽으로 에워싸여 있었고 그 근처에 나무와 건물들이 있었다. 아이는 오랫동안 이 장애물들을 요리조리 피해 뛰어다녔다. 나는 걱정이 되었지만 아이는 친구들에게 잡힐락 말락 한 거리를 유지하며 굉장히 빨리 뛰었고 나와는 멀리 떨어져 있었다. 내가 소리를 질러 아이를 멈추기에는 역부족이었던 것이다.

금방이라도 친구들이 아이를 잡을 듯했다. 아이는 붙잡히지 않기 위해 학교 건물로 뛰어 들어가려고 했다. 건물의 한쪽 문은 열려 있었고 다른 쪽 문은 아래위로 빗장이 걸려 닫힌 상태였다. 있는 힘껏 달리던 아이는 방향을 틀어 열린 문으로 들어가려던 참이었다. 아이는 거의 잡힐 뻔하다가 결국 빗장의 튀어나온 부분에 머리를 세게 들이받았다. 아이 얼굴에 피가 줄줄 흘렀고, 아이는 신음과 함께 바닥에 쓰러졌다.

이 아이는 손이나 발을 다치고 저 아이는 온몸에 부상을 입는다. 어떤 아이는 얼굴이 찢어지고 어떤 아이는 눈두덩이 붓거나 심지어 시력을 잃어버리기도 한다. 나는 그 원인에 대해 줄곧 생각해 보다가 모든 사고가 거리에서 일어났음을 깨달았다. 아이들은 당연히 이런 사고를 부모에게 숨기다가 의사의 치료를 제때에 받지 못한다. 대부분의 아이들이 부모의 잘못으로 의사를 두려워하기 때문이다.

나는 아이들의 못된 장난을 낱낱이 알고 있으며 절대 가볍게 생각하지도 않지만, 다음의 소신을 다시금 밝히고자 한다. 앞서 언급한 위험에도 불구하고 굳이 선택을 해야 한다면, 나는 아이를 영원히 골방에 가두기보다는 차라리 거리로 내보내겠다. 아이가 이 모든 위험을 무릅쓰고 살아남는다면, 가벼운 눈뭉치에도 벌벌 떠는 겁쟁이나 보슬비나 찬바람에도 쉽게 앓아눕는 나약한 도련님보다는 훨씬 더 낫지 않겠는가.

따라서 나는 다음의 말을 하는 어리석은 아버지가 안타까울 뿐이다. "내 아들은 여덟 살이 될 때까지는 유모와 아내의 손에 맡기고 마음껏 놀도록 내버려두겠다."

우리 부모들은 아이 교육을 매우 이른 시기부터 시작해야 할 뿐만 아니라, 아이가 우리의 결함을 가능하면 물려받지 않은 상태로 세상 밖에 나갈 수 있도록 노력해야 한다. 이를 위해 남편과 아내들 모두 자신들의 체력과 지력, 의지력에 주의를 기울여야 한다. 아이가 태어나기 전부터 우리 체력과 지력을 고양시키고 의지력을 길러야 할 것이다. 우선 부모는 소박하고 행복한 생활을 하면서 절약과 중도의 미덕을 지키는 가운데 야외에서 운동도 많이 하고 깨끗한 물을 많이 마셔야 한다. 이 방식을 지키면 대부분 몸이 건강하고 성품과 지적 능력도 훌륭한 아이를 낳을 수 있다. 남자가 자기 자신을 최대한 갈고닦은 다음에 몸과 정신이 건강하고 마음씨가 선한 아내를 맞아들인다면, 두 사람 사이에서 태어난 아이는 건강한 몸과 정신력에 반듯한 됨됨이까지 갖출 것이다.

나는 이와 관련된 변명을 수도 없이 듣는다. 어떤 이는 "전 돈을 보고 결혼할 수밖에 없는 처지에 있어요."라고 말하며 어떤 이는 "명망 높은 집안 출신의 아내를 맞지 않았다면 지금의 안정적인 지위를 절대 누리지 못했을 거예요."라고 한다. 어떤 사람은 "저는 아내의 뛰어난 춤 실력에 반했어요."라거나 "아내의 재치 있는 말솜씨에 반했답니다."라는 등 변명을 늘어놓는다. 이 외에 "사랑하는 사람을 아내로 맞았을 뿐, 제 아이의 엄마로 아내를 택한 건 아니에요."라고 반박하는 사람도 있다.

여기에 나는 이렇게 대답하겠다. "여러분 모두 나름대로 맞는 말씀입니다! 하지만 아이를 훌륭하게 키우고 싶다면, 전부 잘못된 판단을 하고 계시네요."

위 사항들을 되도록 모두 지킨 다음에 부모는 아이가 엄마 뱃속에 있는 동안 몇 배의 노력을 기울여야 한다. 이를 위해 남편과 아내 모두 한마음이 되어야 할 것이다.

부부는 먹을 것과 마실 것을 적당하고도 소박한 수준으로 취하고 육체적 애정 관계를 나누며, 운동도 충분히 하면서 깨끗한 물을 마셔야 한다. 위생 관리도 철저히 하고 자신의 도리를 다하면서 하나님에 대한 신앙도 지킬 뿐만 아니라 즐거운 생활을 해야 한다.

아내는 위 조건들을 반드시 지켜야 아이에게 건강하고 좋은 영양분을 공급할 수 있다. 여기에 남편도 마찬가지 방식으로 생각하고 느끼며 행동함으로써 아내를 기쁘게 한다면, 주님께서 몸과 마음이 평균 이상인 건강한 아이를 내려 주실 것이다. 이 사항만 잘 지키면 만사형통이다.

12장
아이가
입에 발린 칭찬에
넘어가지 않게 하는 비결

우리 부부는 칭찬에 인색했다. 칼이 한 일을 인정해 줄 때 내가 한 말이라고는 "좋아, 우리 아들!"이나 "잘했다, 애야!", "네가 맞는 것 같구나!", "그래, 옳지!" 정도였다. 다른 방법으로 아이를 격려해 주기도 했는데, 아이에게 도움이 되도록 떠들썩하지 않게 조그만 상을 주었다. 예를 들어 마그데부르크의 풍크(Funk) 박사에게 받은 공책에 칼이 잘한 일을 적는다던지, 칼이 잘한 일을 가족이나 절친한 친구들에게 차분한 어조로 말해 주었다. 그러면서 나는 칭찬의 말을 최대한 자제하려 했다. 내가 칭찬을 하면 그 말을 들은 사람은 이런 식으로 대답하곤 했다. "덕분에 기분이 좋구나, 칼! 그렇게 잘하니 참 보기 좋다!"

칼은 어떤 일을 잘해 내는 경우에만 포옹이나 뽀뽀를 받았다. 칼이 도덕적으로 올바른 말이나 행동을 할 때마다 나는 기쁜 마음으로 아이를 예뻐해 주었다. 내가 머리를 쓰다듬거나 뽀뽀를 해 주면 칼은 매우 기분 좋아했다. 하지만 무엇보다 칼을 기쁘게 한 것은 자신이 주목할 만한 성과를 거둘 때 나에게 특별한 인정을 받는 것이었다. 그럴 때면 나는 하나님이 보시기에 칼이 뛰어난 인재로서, 영적으로 충만한 사람으로서 우뚝 서 있다고 말해 주었다. 또한 칼이 이 세상에 보탬에 되도록 얼마간 자기 자신을 잘 갈고닦는다면 언젠가 주님의 부름을 받아 보다 고귀하고 유익한 일을 할 것이라고도 했다.

그러면 아이는 신앙에 충만한 눈빛으로 천진난만한 미소를 보여 주었다. 마치 천사가 하나님의 광대한 왕국에서 고귀한 여정을 마친 후, 하늘나라로 올라가며 더없이 행복해 하는 모습을 보는 것 같았다. 보통 칼은 나와 이런 대화를 나눈 다음에는 지금보다 더 성실히 노력하고 순종하는 자세로 선한 마음을 기르겠다고 다짐했다. 그렇기 때문에 나는 큰 칭찬을 하거나 달콤한 말을 해 줄 필요가 없었다. 우리 가족을 잘 모르는 사람들은 이런 방식을 인정하지 못하는 편이었으며 대부분 이해하려 들지도 않았다.

아이를 칭찬하고 싶은 마음은 굴뚝같았지만, 나는 차분한 태도로 아이가 한 말이나 행동에 큰 의미를 두지 않으려 애썼고 실제로 그렇게 하는 데 성공했다. 이는 경건한 마음을 기르기 위해서였지만, 사람들은 가혹하고 부당한 처사라고 지적했다. 또한 내가 독단적이면서 완고하고 오만하기 이를 데 없는 사람이라고 말했고, 나의 깊은 뜻을 알 리 없는 사람들은 심술궂은 마음에 칼을 시기하기까지 했다. 내가 칼이 없는 자리에서 아무리 속뜻을 이야기해도 이들은 아버지로서의 내 감정을 허영이나 오만으로 치부했다.

사람들은 칼이 있는 자리에서 이와 같은 냉소적인 비난을 종종 퍼부었다. 근 10년 동안 비꼬는 말투로 지적을 하거나 유감을 표시하고 내가 없는 자리에서 직접적인 인신공격을 하는 등 우리 가족들 사이를 갈라놓으려 애썼다. 만약 내가 공명정대한 마음을 취하지 못하고 인간에 대한 배려와 판단력을 잃어버렸더라면, 이 가련한 자들은 소기의 목적을 달성했을지도 모른다.

그나마 지각 있는 사람들은 어느 정도 그럴듯한 지적을 했다. 나는 아이가 과도한 칭찬 세례를 받는다 싶으면 나 자신이 별다른 칭찬을 해 주지 않거나 아이를 그 자리에서 내보냈는데, 그럴 때마다 이들은 이렇게 말했다. "그러시는 건 옳지 못해요! 아이는 칭찬을 해 줘야 해요. 적절한 칭찬은 아이에게 용기를 주니까요!"

아무리 내가 주의해 달라고 간청해도 소용이 없었다. 이들은 자신들이 교육에 대해 더 잘 안다고 생각했기 때문에 칼이 있는 자리에서 더 큰 목소리로 칭찬을 퍼부을 뿐이었다.

얼마 지나지 않아 나는 주위의 이웃과 지인들 중 상당수가 잘못된 판단으로 심술궂은 마음을 먹고 있음을 알게 되었다. 그래서 올바른 인간관계를 유지하려고 주의하면서 어떤 사람과는 관계를 완전히 끊었고 어떤 사람과는 더 깊은 관계를 맺었다. 그리고 아이의 교육을 위해 필요할 때마다 분명하고 솔직한 태도로 과도한 칭찬의 위험성을 서슴없이 지적했다. 칼은 이와 같은 상황을 온전히 이해해 주었지만, 자신들이 똑똑하다고 착각하는 어리석은 자들은 더욱 더 비열한 술수를 부릴 뿐이었다.

이들은 설탕, 케이크, 커피, 맥주, 와인과 같은 기호품에 대해서도 마찬가지 태도를 보였다. 하지만 나와 가까운 친구들 중에서 교양과 분별력 있는 일부 사람들은 이 문제에 관해 매우 큰 도움을 주었다. 그들은 내가 원하는 바를 이해했고 너그럽게도 도움의 손길을 내밀었다. 내가 슬쩍 눈치만 주어도 내 의도에 맞게 알아서 행동해 주었다.

우리 부부가 칼의 행동에 불만족스러워하면, 친구들은 절대 칼의 편을 들어주지 않고 오히려 냉정한 태도를 취했다. 우리가 칼에게 좋은 말을 하면 칼을 진심으로 귀여워해 주었지만 그렇다고 해서 과도한 칭찬을 퍼붓지는 않았다.

아이가 많이 어려서 아는 것이 별로 없던 시절, 우리 부부는 적절한 방법을 사용하여 소기의 목적을 달성했다. 바로 교훈이 담긴 짧은 이야기를 지어내어 아이에게 들려주는 것이었다.

얼마 지나지 않아 칼은 문학 구절을 암송하여 사람들을 놀라게 했으며 암산을 할 줄 알게 되었다. 빠르고 능숙하게 글을 읽고 프랑스어까지 이해하기 시작하는 시기에 이르자, 나는 다른 방법을 사용해야만 했다.

바로 귀하신 몸으로 태어나 불멸의 구세주이셨음에도 불구하고 이 땅에서 인간들과 함께하셨던 예수 그리스도 이야기를 들려주었던 것이다.

주 예수 그리스도 이야기를 하면서 나는 우리 인간들이, 천사라는 이름으로 불리는 수많은 영적 존재들이나 주님에 비해서 얼마나 미천한지 자주 알려 주었다. 또한 우리가 주님의 은혜를 입어 존재할 수 있을 뿐만 아니라 신체적, 정신적 능력과, 행운, 교육을 누리고 좋은 일을 하는 것도 주님의 격려 덕분이라고 말해 주었다. 이러한 신앙심을 불어넣었기 때문에 칼은 자연스레 자만하지 않고 겸손할 줄 알면서도 아이다운 순수함을 간직하게 되었다.

우리 부부는 인간의 모습을 하셨던 예수 그리스도의 이야기도 들려주었다. 고귀하신 존재지만 한없이 나약한 인간일 뿐이었던 주님이 겸손한 마음으로 어떻게 지혜와 정신력, 관용의 미덕을 배우고 굳은 심지와 따뜻한 마음, 편견 없는 공정한 시각을 얻게 되었는지, 또 하나님의 뜻과 명령에 순종하면서 인내하고 자기 자신을 낮추었는지 말해 주었다.

그리하여 칼은 마음속에 하나님에 대한 강한 믿음과 주 예수 그리스도에 대한 성스럽고도 깊은 사랑을 키우게 되면서 주님의 모습을 닮고 싶다는 열망을 품었다. 우리 부부가 칼에게서 좋은 면을 끌어내고 싶다면 예수 그리스도의 일화를 언급하는 것만으로 충분했다. 칼은 우리 이야기를 단번에 알아듣고는 그리스도의 모습을 본받으려고 열심히 노력했다. 당연히 칼은 자기 자신이 주님보다 훨씬 미천하다고 여겼기 때문에 주님과 자신을 여러모로 비교하면서 그 어떤 불순한 마음을 먹지 않고 겸손한 태도를 갖게 되었다.

그리고 우리 부부는 뛰어난 천재들에 대해서도 많은 이야기를 해 주었다. 이 천재들의 지적 능력이나 재능이 매우 탁월하다면, 객관적인 관점에서 보았을 때 이들의 무한한 가능성을 뛰어넘을 수 있다고 자만하는 것은 어리석은 생각이라고 말이다. 이런 생각은 칼에게 영향을 끼쳤다. 또 우리 부부는 기품과 미덕을 갖추고 하나님의 뜻을 따르면서 베풀 줄 아는 사람들에 대해 열심히 이야기해 주었다. 경건하고도 즐거운 태도로 대화를 나누면서 때로 눈물을 흘리기도 했기에 칼은 마음 깊이 감동을 받았고 그런 사람들처럼 행동하고 싶어 했다.

칼은 기회가 생길 때마다 자진해서 우리의 바람대로 행동했다. 그렇지 못할 경우에 우리는 예전에 했던 이야기를 상기 시켜 주어 우리의 목표를 확실히 이루고자 했다.

칼은 독일 시인들이 한창 왕성히 활동했던 시대의 시들을 많이 외웠고, 이 시들은 숭고한 행동, 타인에 대한 희생, 인간에 대한 사랑, 선량한 마음, 관용, 우정 등을 노래하는 것들이었다. 칼은 이 시들을 수월하게 익혔으며 완전히 자기 것으로 만들었다.

칼은 '용감한 사람의 노래(Lied vom Braven Mann)'와 '마그달리스 부인(Frau Magdalis)' '폭군 디오니시우스에게 살금살금 다가가서는(Zu Dionys dem Tyrannen Schlich)' '합스부르크 가의 루돌프 대공(Rudolph von Habsburg)'과 같은 시들을 좋아했고 이 기나긴 시들을 모두 머릿속에 외웠다.

이 시점에서 나는 지각 있고 경험이 풍부한 교육자들에게 다음의 질문을 던지고자 한다. 이렇게 교육 받은 아이가 과연 오만하고 허영이 많은 어른으로 자랄 수 있을까?

그렇게 되기는 어려울 것이다! 더구나 아이가 달콤한 칭찬을 많이 받지 않는다면 절대로 그렇게 자랄 수 없다!

하지만 날이 갈수록 사람들은 이 독약과 같은 칭찬을 더욱 퍼부어 댔고 칼은 여러 면에서 영향을 받았다. 그래서 나는 별의별 수단을 동원하여 이에 대한 해독제를 생각해 내야만 했다.

예전에 우리 가족이 할레 시를 갔던 적이 있다. 그곳에 가기 전부터 나는 칼이 사람들의 집을 방문하거나 함께 저녁을 먹을 때 칭찬 세례를 받으리라는 점을 예상하고 있었다.

그래서 나는 할레로 향하면서 나의 의중을 대번에 눈치챈 아내와 함께 달콤한 칭찬과 아첨에 대해 가벼운 대화를 나누었다. 우리 부부는 칼을 신경 쓰지 않는다는 투로 이야기했지만, 사실 칼의 반응에 상당한 주의를 기울이고 있었다. 당시 나는 몇 마디 말을 던지면서 내심 칼이 그 말을 깊이 새겨듣고 곰곰이 생각하기를 원했다.

칼은 곧바로 내 말을 알아듣고는 어떤 사람들이 소위 친절한 마음에서 상대방이 듣기 좋은 말을 하려고 들지만 사실 이는 태도가 단호하지 못하기 때문임을 이해했다. 또한 사악한 사람들은 대가를 바라는 마음에서 아부를 떨고, 무지한 사람들은 악의는 없지만 멋모르고 자신의 생각을 부풀려 말하며, 마지막으로 아부를 일삼는 사람들은 가까운 지인들에게 불편한 소리를 삼가는 것을 세련된 행동이라 여기기에 마음에도 없는 입에 발린 소리를 늘어놓는 것임을 알아챘다.

나는 진짜 칭찬은 장황한 말을 늘어놓는 게 아니라는 사실도 덧붙였다. 칭찬하고 싶은 사람에게 애정 어린 눈빛을 보내거나 손을 꼭 잡는다든지 진심을 담아 몇 마디를 한다든지 뺨을 살짝 어루만지거나 뽀뽀를 하는 등 따뜻한 마음을 내보이고 적절한 수준에서 호의를 표현하는 것이 무엇보다 중요하다고 말해 주었다.

또한 나는 얼마 전에 일어난 J. 목사와의 일화를 언급하며, 목사가 내가 한 일에 대해 달콤한 말을 하기보다는 그 일을 개선할 수 있도록 일부러 쓴소리를 한 사실을 이야기해 주었다.

이렇게 이야기를 나누다 보니 어느덧 도시에 가까이 다가가고 있었고, 나는 농담조로 이런 말을 했다.

"관문에 도착하면 사람들이 소일거리 삼아 전혀 마음에도 없는 칭찬을 하거나 자기 생각과 완전히 다른 말을 지껄이는 모습을 보게 될 거야. 나는 문지기에게 몇 푼 주는 습관이 있으니 문지기가 유쾌한 기분으로 당장 달려와서는 시중을 들겠다고 하겠지. 안부를 물은 후에 내가 건강히 잘 지내고 있다고 대답하면 매우 기쁘다고 할 거야. 또 시중을 들겠다고 해 놓고는 내가 자기에게 시킬 일이 없다는 사실을 굳이 확인하려 들겠지. (나는 문지기가 어떤 말을 할지 잘 알고 있었다.) 그런데 내가 '여행 중에 신발이 더러워졌으니 가져가서 닦아 주지 않겠나'라고 하거나, 내가 건강하다는 답변을 들으니 매우 기쁘다는 말이 정말 진심이냐고 묻는다면, 시중을 들겠다는 문지기는 몹시 당황하겠지. 또 '시키실 일은 없습니까?'라는 말에 내가 '당장 W. 교수님께 가서 우리가 도착했다고 알리시오!'라고 하거나, 문지기의 윗사람이 '목사님께서 시키실 일이 정말 없는지 자네가 어떻게 확신하나?'라고 나무란다면 문지기는 어쩔 줄 모를 거야."

나는 이야기를 계속했다. "문지기는 독일어를 잘하니 자신이 내뱉는 말이 무슨 뜻인지 알고 있겠지. 네가 이런 말을 귀담아듣는다면 깜빡 속아 넘어가는 거야. 그리고 우습게도 어떤 사람들은 부모는 자기가 받은 칭찬이 진담인지 분간할 수 있으니 대신 그 아이에게 칭찬해 주면 된다고 생각하지. 알다시피 보통 부모는 주님의 은혜를 입은 아이의 고귀한 영혼도 사랑하지만 어린애 특유의 징글징글한 면도 사랑한단다. 그러니 G. 씨 같은 사람은 내가 자기 아들이 받는 칭찬을 모른 척할 리 없다고 믿는 거야. 네가 꼴사나운 짓을 하지 않는 이상 내가 부끄러운 마음이 들고 네 반응이 염려스러울 정도로 한껏 극찬을 퍼붓겠지. 이런 거짓말을 어떻게 받아들여야 할까? 너는 어찌할 바를 모르겠지. 그러니 내가 R. 씨와 W. 씨를 좋아하는 거란다. 그분들은 칭찬을 하더라도 사리에 맞는 진실만 말하거든. 반면 G. 씨는 수많은 부모들에게 아부를 해 그 아이들을 망쳐놓겠지. 아이들이 자만심에 빠져 자신들이 만사를 안다고 착각하게끔 만들어서 말이야."

나는 말을 이어 갔다. "무엇보다 우스꽝스러운 점은 아무리 부모가 자기 자식에 대한 칭찬을 듣고 싶어도 정직한 사람은 절대 그런 식으로 부모들의 비위를 맞추지 않는다는 것이지. 아이가 어느 정도 칭찬 받을 행동을 한다면 예의상 인정은 해 주겠지. 하지만 그는 그 이상의 입에 발린 소리는 하려 들지 않을 거야.

이에 반해 아부를 일삼는 사람들은 상대의 관심을 끌기 위해 무던히 애를 쓰겠지. 그 상대가 아이를 키우는 부모라면 아이를 많이 칭찬해 줌으로써 자신의 목적을 쉽게 이루기를 기대할 거야. 이들은 '저 사람이 분명 예의상으로라도 뭔가 답례를 해 주겠지!'라고 말하며 찬사를 마구 퍼부을 테고, 이에 진저리가 난 상대는 찬사를 마다할 수밖에 없겠지. 이 아첨꾼들은 입에 발린 소리를 그만두겠지만 바로 이렇게 떠들어 댈 거야. '비테 목사는 참으로 무례한 사람이예요! 내가 칼을 그렇게 칭찬했건만 아무 소용이 없었답니다. 우리 아이에 대해 한 마디라도 해 줄 거라 기대했는데 어림도 없더군요! 그분이 모든 아이들을 가르칠 수 있다 생각한다지요? 그게 과연 가능할지 모르겠네요! 칼도 부족한 점이 참 많은데 말이죠.' 이 사람들 말이 맞기는 하지. 그렇지 않니, 칼?"

칼은 내 말에 전적으로 동의하며 자신의 부족한 점을 몇 가지 이야기했다. 그리고 자신에게 어울리지 않는 과도한 칭찬을 퍼부은 사람들의 이름을 알려 주었다.

여기에 우리 부부는 이런 말을 덧붙였다. "한번은 두 부부가 예의상 칭찬을 주고받는 모습을 본 적이 있단다. 두 부부는 서로에게 더 좋은 칭찬을 하려고 경쟁하다가 서로의 아이들이 천사나 다름없다고 아부하는 지경에 이르렀지. 사실 그 아이들은 전혀 천사 같지 않았는데 말이다. 만약 정말 그랬다면 부모들이 쓸데없이 아이에게 해가 되는 칭찬을 하려 애쓸 필요가 없지."

때마침 우리는 관문에 당도했다. 도착하자마자 우리 가족이 탄 마차와 말을 끄는 마부를 익히 아는 문지기가 뛰어나왔다. 그리고 내가 예상했던 것과 똑같은 말로 칭찬 세례를 퍼붓기 시작했다. 내가 이런 농담을 던지자 가족 모두가 실소를 금치 못했다. "시킬 일이 없으니 우리는 신경 쓰지 말게나. 아, 우리 강아지는 필요한 게 있겠군!" 나는 칼을 가리켰다. "이 아이에게 칭찬이나 해 주게나! 내 사례금을 주지!" 그러면서 나는 문지기 손에 돈을 조금 쥐어 주었다. 마차가 도시로 향하자 나는 뼈 있는 농담을 던졌다. "칭찬의 내가로 두 냥이면 충분하군!"

당연히 이 대화는 좋은 결과를 낳았고 나는 이와 관련해 한 마디 덧붙이고자 한다. 우리 부부가 칼이 있는 자리에서 대화하거나 칼에게 직접 이야기하는 것만으로 원하는 결과를 얻었다고 생각하면 오산이다. 우리는 그전부터 오랜 기간에 걸쳐 정신과 마음을 세심하게 교육시키고 부모 역할을 다하기 위해 끊임없이 애쓰며 좋은 친구들의 도움을 받았다. 이 모든 노력이 없었더라면 조개껍질처럼 단단한 아이의 마음을 뚫지 못해 지성과 인성에 큰 영향을 미치지 못했을 것이다. 이러한 상황은 말 세 마리의 힘이 필요한 짐마차에 빗댈 수 있다. 말 한 마리만 매여 있다면 마부는 아무리 죽어라 용을 써 봤자 마차를 한 치도 끌지 못할 것이다. 마차가 수월하게 움직이려면 세 마리가 모두 필요하다. 그래야만 마차가 앞으로 잘 나갈 것이다.

많은 사람들은 칼이 언제나 완벽한 상태를 유지하며 어떤 잘못이나 실수도 저지르지 않았을 것이고, 자신의 능력이 다른 아이들보다 훨씬 앞선다는 점을 자각할 테니 분명 자만과 허영에 빠져 있으리라고 확신한다. 이런 사람들에게 나는 앞서 언급한 내용을 다시 말해 주겠다. 우리 부부는 칼이 지금의 모습으로 자란 것은 세심한 훈육과 가르침 덕분이라는 사실을 당사자가 있는 자리에서 자주 언급했다. 또한 다른 아이가 태어날 때부터 우리 손에서 맡겨져 친자식처럼 교육을 받는다면, 그 아이 역시 칼의 지금 모습처럼 자랐을 것이라고 이야기했다. 여기에 덧붙여 우리는 칼이 더욱 현명한 태도로 자기 일에 늘 성실히 임했더라면 모든 면에서 지금보다 훨씬 더 발전했을 것이라고도 말했다. 칼은 자신이 이런저런 일에서 얼마나 많은 실패를 겪었는지 너무나 잘 알고 있었다. 그런 실패를 자신의 '행동 기록장'에 적어 두고 마음속에 새겼기 때문이다.

이런 이야기를 나누던 와중에 우리는 학교에 가지 못하고 소들을 돌봐야 하는 목동과 마주친 적이 있다. (내가 산책길에 목동과 마주칠 수 있도록 유도했다.) 나는 목동에게 깊은 동정을 느끼며 말했다. "불쌍한 아이 같으니라고! 저 아이는 학교에서 뭔가 배울 나이인데 생계 때문에 소들을 쳐야 하는구나. 아이 아버지는 자식 아홉에 저 아이까지 먹여 살리느라 일꾼을 쓰지 못할 정도로 가난한 처지겠지. 저 아이 말솜씨가 여간 재치 있는 게 아니란다, 칼! 아이가 제대로 된 교육을 받았다면, 지금 모습으로 자라지는 않았을 텐데!" 곧이어 나는 목동에게 말을 걸어 학교에 잘 가지 않으면 얼마나 많은 기회를 잃게 되는지 지적해 주었다. 그리고 겨울에는 지금보다 더 규칙적으로 학교에 다니라고 목동을 설득했다.

이런 방법이 성공하지 않을 리 없었다. 칼은 가슴속에 연민이 흘러넘쳤고 냉철한 판단력으로 자신이 얕게나마 식견을 지닌 것은 자기 자신의 덕이 아니라 부모의 덕분임을 분명히 깨닫게 되었다.

이런 대비책이 없었다면 칭찬이라는 달콤한 독약에서 어찌 칼을 보호할 수 없었을 것이다. 우리 가족과 가까운 지인이라면 잘 알다시피, 그 덕택에 칼은 보통 아이들과 달리 칭찬 세례를 받으며 자랐지만 다행히도 별 영향을 받지 않았다.

학식에 인품까지 갖춘 할레 교회의 센프(Senf) 장로가 칼을 아직 만나 보지 못했을 때 이렇게 말했다. "칼은 오만하겠지요." 그는 자신의 생각을 다시금 강조했다. "틀림없이 그럴 거예요! 칼의 뛰어난 능력을 생각할 때 당연히 오만할 수밖에요!" 내가 "아닙니다. 칼은 그렇지 않아요!"라고 계속 말해도 장로는 "초인이 아닌 이상 오만할 게 분명해요!"라고 소리 높여 말할 뿐이었다. 이 소리에 나는 할 말이 없었으므로 입을 다물었다. 그러다 잠시 후 "아이를 만나보세요."라고 응수했다.

곧이어 나는 장로에게 칼을 보여 주었다. 장로는 대번에 칼을 귀여워했고 인자하면서도 친밀한 태도로 긴 대화를 나누더니 내게 말했다. "아이가 전혀 오만하지 않군요! 어쩌면 이렇게 잘 키우셨어요!" 나는 칼을 내보낸 다음에 앞서 언급한 내용을 이야기해 주었다. 장로는 내 말에 동의한다는 듯이 이따금 고개를 끄덕이더니 이렇게 말했다.

"그런 식으로 교육하셨으니 아이가 이렇게 자란 거군요! 아이가 지금도 그렇지만 앞으로도 절대 오만하지 않을 거라는 확신이 이제야 드네요. 그런 신념에 따라 교육 받은 아이는 논리력과 함께 현명한 판단력을 갖추며 자랄 테니까요. 참된 논리력을 지닌 현자라면 절대 오만할 리 없죠."

고위급 인사들과 그분들의 처자식, 수행원들 등 부유하고 저명한 사람들로 인해 나는 난처한 일을 수없이 겪었지만 일일이 언급하지는 않겠다. 그중 괴팅엔에서 겪은 사건 하나만 이야기할 텐데, 이 사건이 내가 유사한 상황에서 어떤 염려를 품었으며 어떻게 대처했는지 잘 보여 주기 때문이다.

N. 시 소재 학교의 교장인 H. 씨는 괴팅엔에 사는 친척들을 방문하던 중이었다. 소문과 신문을 통해 칼의 소식을 익히 알고 있던 H. 씨는 괴팅엔에서 칼의 일을 알아보다가 더 많은 소식을 접했고, 특히 우리 가족을 잘 아는 자신의 친척들에게서 칼의 이야기를 들었다. 그는 친척들에게 우리 가족을 집으로 초대하여 자신이 칼을 테스트할 수 있게끔 주선해 달라고 부탁했다. H. 씨의 친척들은 내가 그런 자리를 마다하지 않는다는 것을 알기에 흔쾌히 그의 부탁을 들어주겠다고 했다.

우리 가족은 초대에 응했고 테스트 요청도 받아들였다. H. 씨는 아이의 언어 능력과 여러 분야의 과학적 지식을 시험하겠지만 자신의 전문 분야인 수학적 지식도 시험하고 싶다고 직접 부탁해 왔다. 나는 이 모든 부탁을 허락하며 으레 그렇듯이 한 가지 조건을 걸었다. 바로 아이를 지나치게 칭찬하지 말며, 만약 아이의 지적 능력이 매우 흡족할 만한 수준이더라도 적당한 칭찬만 해 주라는 조건이었다.

나는 반농담조로 이런 말을 덧붙였다. "아이를 마음껏 아끼시는 것은 괜찮지만 많이 칭찬해 주시면 안 됩니다! 선생님께서도 아버지이자 교육자이시니 이런 부탁이 필요 없겠지만 어쨌든 양해해 주시기 바랍니다."

우리는 일부러 밖에 내보냈던 칼을 불러들였다. H. 씨는 곧바로 칼과 대화를 나누었고 얼마 지나지 않아 의례적인 테스트 절차를 밟기 시작했다.

이런 종류의 테스트에 대해서는 나중에 또 이야기하겠지만, 여기서 간단히 언급할 점은 H. 씨가 칼의 지적 수준에 매우 만족해했으며 인자한 태도로 칼을 귀여워했지만 칭찬하지 않으려 주의했다는 것이다. 나는 이러한 모습을 지켜보고는 안심했다. 마지막으로 H. 씨는 수학 분야로 넘어갔고 기하학과 관련된 여러 문제를 칼에게 냈다. 칼은 문제를 수월하게 풀었고 한 가지 이상의 답을 종종 제시했다. 또한 H. 씨의 관점에서 문제를 풀어보려 했고 그의 증명 방식을 받아들여 잘 모르는 문제에 적용시켰다. 이에 H. 씨는 매우 만족하는 모습을 보였다.

그 시점에서 H. 씨는 과도하다고 판단되는 칭찬을 간간히 했다. 내가 경고의 눈빛을 보내자 그는 내 의도를 눈치 채고는 입을 다물었다.

이후 논의가 깊어지면서 H. 씨와 칼은 같은 학문을 사랑하고 연구하는 사람들로서 서로를 친구처럼 여겼고, 이내 고등 수학을 논하느라 시간 가는 줄 몰랐다. 심지어 H. 씨가 자신이 익숙하지 않은 분야를 논하기도 했다.

"와, 이 부분은 네가 나보다 더 많이 아는구나!" H. 씨는 감탄했다는 듯이 말했다. 나는 염려스러운 생각에 다음의 말로 주의를 주었다.

"아이가 반 년 전에 수학 강의를 들었거든요. 그래서 아직 잘 기억하고 있는 것이랍니다."

내 의도를 간파한 H. 씨는 칭찬을 자제하려 했다. 그리고 잠시 후 칼에게 이렇게 말했다.

"이제 마지막으로 대수학자인 오일러(Euler)가 3일 동안 풀지 못한 명제를 내도록 하마. 넌 아마 처음 보는 명제일 거야."

나는 칼이 이 문제를 정말 풀어낼까 봐 걱정되기 시작했지만 이런 속내를 드러내지는 못했다. 나의 본 모습을 잘 모르는 H. 씨가 이런 걱정을 아들에 대한 아버지의 자만으로 해석할지 모른다는 생각에서였다. 또 내가 테스트를 중단시킬 경우(정말로 그러고 싶었다), H. 씨는 칼이 문제를 풀지 못할까 봐 내가 불안해한다고, 또 그런 일을 창피하게 여긴다고 오해할 수도 있었다. 이윽고 H. 씨는 문제를 내기 시작했다.

"어느 농부에게 이런 모양의 밭이 있었지.

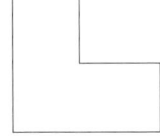

농부가 죽을 때가 다가오자 세 아들을 불러 밭을 나눠 가지라고 했단다. 각자 똑같은 크기로 나눠 갖되 각각의 땅이 밭의 전체 모양과 비슷하게 되도록 하라고 일렀지. 이 명제를 풀거나 관련 내용을 읽어 본 적 있니?" H. 씨는 칼에게 다시 한 번 물었다.

칼은 아니라고 대답했고, 나는 칼이 배우는 수학 내용을 늘 알고 있었기에 이 대답이 사실임을 확인해 주었다.

그러고 나서 우리는 칼에게 생각할 시간을 주었다. 방 뒤쪽에서 나와 대화를 나누던 H. 씨는 이 문제를 칼이 절대로 풀지 못할 것이라고 장담했다.

"이 문제를 낸 이유는 아직은 칼이 모든 것을 알지 못한다는 사실을 깨우쳐 주기 위해서였어요."

칼이 "다 풀었어요!"라고 소리치자 그는 입을 다물지 못했다.

"말도 안 돼!" H씨는 당혹스러운 표정으로 외쳤다.

"직접 보세요!" 칼은 이렇게 말하며 자신이 그린 선들을 보여주었다. "밭 세 개가 똑같은 크기에 전체 밭 모양과 비슷한 형태를 이루고 있잖아요."

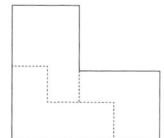

"이 명제를 알고 있었던 게 분명해!" H. 씨는 위협적이고 날카로운 어조로 이런 말을 내뱉었다.

칼은 당황한 기색이 역력했고 눈물을 글썽이며 "아니에요!"라고 거듭 말했다.

나는 더 이상 잠자코 있을 수가 없어서 심각한 태도로 이 명제는 칼이 들어본 적이 없음을 보장했다. 게다가 칼이 이런 사안을 부인하고 거짓말을 계속 할 정도로 뻔뻔하지도 못하다고 말해 주었다.

"그렇다면 이 아이는 그 위대한 오일러보다 더 대단한 게 틀림없네요!" H. 씨는 주저하는 기색을 보이며 이렇게 말한 다음, 칼을 가만히 바라보았다.

나는 걱정스러운 마음에 내가 서 있던 방 뒤쪽에서 소리쳤다. "그럴 리 없어요! 선생님처럼 학식 높으신 분은 아시잖아요." 나는 뒤로는 H. 씨의 손을 꼬집고 앞에서는 미소를 띤 채 말했다. "눈먼 새라도 모이를 찾아 먹을 때가 있다는 걸요."

나의 의도를 눈치챈 H. 씨는 "물론이죠!"라고 말했지만 심란한 표정이었다. 그리고는 곧바로 내 쪽으로 고개를 돌리더니 이렇게 속삭였다. "이런 교육 방식을 사용하셨으니 칼이 뛰어난 지적 능력을 갖고도 이토록 겸손할 수 있는 거군요."

어느새 칼은 즐거운 표정을 지으며 이웃 친구와 함께 완전히 다른 화제를 논하고 있었다. 이 모습을 본 H. 씨는 물론 흐뭇해했다.

13장
장난감과
지능 교육의 첫 단계

내가 생각하기에 부모는 아주 이른 시기부터 아이와 놀아 주기 시작해야 하며 일상의 온갖 사물을 제대로 활용하기만 한다면 교육적 가치가 높은 장난감으로 바꿔놓을 수 있다.

어린아이와의 놀이는 잠재력을 일깨우고 좋은 방향으로 강화시킬 수 있도록 쉽고 재미있는 방식으로 이루어져야 한다. 첫 놀이 장난감은 단순하면서도 오감을 자극하는 사물이 좋은데, 복잡한 장난감은 아직 아이가 제대로 갖고 놀 줄 모르기 때문이다.

예를 들어 우리 부부는 칼의 눈앞에 손을 가져간 다음, 한 손가락만 흔들거나 여러 손가락을 흔들어 보였다. 칼은 손가락을 잡으려 했지만 처음에는 번번이 놓치기 일쑤였다. 우리는 포기하지 않고 칼 쪽에 손을 더 가까이 가져가거나 칼을 우리 쪽으로 끌어당겼다. 마침내 손가락을 잡은 칼은 기뻐하며 손가락을 자기 입으로 가져가 빨았다. 그러면 우리는 "손가락"이라는 단어를 똑똑한 발음으로 천천히 거듭 말해 줌으로써, 논리적으로 사고할 줄 모르는 아이가 이 단어를 분명히 익힐 수 있도록 했다. 몇 분이 지나자 우리는 아이 입에서 손가락을 뺀 다음, 한 손가락을 다시 아이 앞으로 가져가 "손가락 한 개"라고 말했다. 이후 마찬가지 방식으로 두 손가락을 펼치며 "손가락 두 개"라고 말했다.

위 방식대로 우리는 칼이 엄지손가락을 잡으면 "엄지손가락"이라고 말해 주었다. 하지만 처음에는 지능이 아직 부족한 아이가 헷갈려할 수 있으므로 엄지손가락을 잡지 못하게 했다. 아이가 정말로 손가락을 인식한 후에야 비로소 엄지손가락을 잡도록 했고 동시에 엄지손가락이라는 단어를 말해 주었다. 그리고 검지와 중지, 약지를 천천히 구분하도록 가르쳤다. 우리는 매번 적절한 준비 작업을 거쳤고 모든 단어들을 크고 분명한 소리로 몇 번씩 발음했다.

나중에 우리는 아이 눈앞에서 손가락을 흔들거나 손가락으로 아이의 손이나 다른 사물을 들어 올리는 등 손가락을 다른 식으로 사용해 보였고, 그럴 때마다 앞서 언급한 것처럼 행동하면서 단어를 발음했다.

단어 습득을 위해 우리는 끝이 뾰족하지 않은 열쇠 두 개를 칼의 눈앞에 보인 다음, "열쇠"라는 단어를 발음해 주었다. 아이가 열쇠를 잡고 입으로 가져가면 우리는 위 방식대로 단계적인 절차를 밟으면서 더 많은 수의 열쇠를 보이고 단어를 말했다.

여기서 쉽게 알 수 있는 것은 어떤 사물이라도 주의만 기울인다면 장난감처럼 만들 수 있다는 것이다. 그리고 나는 이런 방식이 수많은 장난감을 사주어 아이가 세심한 지도 없이 제멋대로 갖고 놀도록 내버려 두는 것보다 훨씬 더 낫다고 본다. 판단력이 없는 어린아이들은 비싼 장난감을 갖고 놀다가 다칠 수 있고 그 과정에서 아무것도 배우지 못할 뿐이다. 아무 생각 없이 시간을 지루하게 보내다가 짜증을 내고 고집을 부리거나 장난감을 던지고 부수기도 한다. 그러면서 아이들은 폭력성에 물들어 버리는데, 실제로 그런 사례들을 흔히 볼 수 있다.

물건을 때려 부수는 버릇은 오랫동안 몸에 배어 심각한 영향을 끼친다. 이런 버릇은 아이를 잘못된 방향으로 이끌며 떨쳐 내기 힘든 경우가 많다. 관찰력이 좋은 부모들이라면 이런 버릇이 아이의 사고력과 정서에 얼마나 해로운 영향을 끼치는지 알 것이다.

아이는 장난감을 통해 자신의 불만을 해소한다. (보통 장난감 자체가 권태로운 감정을 유발하곤 한다.) 그러다 손에 잡히는 사물에 불만을 퍼붓고, 나중에는 주변 동물이나 사람에게까지 불만을 표출한다. 그 누구라도 예상할 수 있듯이, 이는 씁쓸한 결과를 낳게 된다.

우리 부부의 교육법을 상세히 열거하고 설명하자면 말이 너무 길어질 테니 몇 가지 사항만 말해도 충분할 것이다. 이중에서 어느 정도는 이미 언급했으니 이제 나머지 사항을 논하겠다.

칼이 사물을 잘 인지할 수 있는 수준에 오르자 우리는 칼의 이해력을 강화하기 위해 다음 단계를 밟았다. 한 예로 우리는 칼에게 나뭇가지를 가져가 "나뭇가지"라는 단어를 발음해 주었다. 그 다음에 가지에서 이파리를 떼어 칼의 눈앞에 보이고는 "나뭇잎"이라고 말했다. 우리는 나뭇가지와 나뭇잎을 여러 번 번갈아 가며 보여 줌으로써 칼에게 단어를 익힐 시간을 충분히 주었다. 그리고 매번 "나뭇가지 한 개, 나뭇잎 한 개"라는 단어를 크고 또렷한 소리로 천천히 발음했다. 우리는 가지에서 이파리를 몇 개 더 뽑으면서 이렇게 말했다. "나뭇잎 하나 더, 나뭇잎 하나 더." 그런 다음 나뭇잎 몇 개를 보여 주며 "칼, 여기 봐! 나뭇잎 두 개!" 혹은 "나뭇잎 세 개!"라고 말했다.

어떤 경우에는 이파리 몇 개가 달린 나뭇가지를 가리키며 큰 소리로 똑똑히 "나뭇잎 한 개, 나뭇잎 한 개"라고 한 후, 곧이어 "나뭇잎 두 개"라고 고쳐 말했다. 그러다 놀란 표정을 지으며 말했다. "나뭇잎이 여러 개네!"

나뭇잎을 다 떼어낸 가지는 높이 들면서 이렇게 말했다. "회초리!"

"이것 봐, 칼! 이제 이건 회초리! 나뭇잎이 모두 떨어졌잖아." 나는 그것들을 가리켰다. "이건 나뭇잎을 다 뽑았으니 이제부터 나뭇가지가 아니라 회초리야!"

잠시 후에 다시 이런 말을 했다. "이 나뭇가지는 나무에서 꺾었단다. 이리 오렴. 나뭇가지를 어디서 꺾었는지 보여 줄게!" 우리는 칼을 안고 가든 손을 잡아끌고 가든지 해서 가지를 꺾은 나무로 데려갔다. 보통 보여 준 나무는 키가 작아 칼이 쉽게 관찰할 수 있었다. 나는 회초리라고 부른 가지를 나무에 갖다 대고는 똑똑한 발음으로 천천히 말했다. "보이니? 이 나무에서 나뭇가지를 꺾은 거야." 그리고 나무 전체를 가리키며 이렇게 말했다. "나뭇가지는 나무에 이런 식으로 붙어 있었어."

그리고 말했다. "나뭇가지를 하나 더 자를까?"

곧바로 칼은 "네!"라고 답했다.

이후에 나는 일부러 호주머니를 뒤지다가 주머니칼을 찾지 못한 것처럼 말했다. "칼이 없으니 나뭇가지를 자를 수가 없네." 그리고 잠시 뜸을 들이다가 "잠깐만! 가서 칼을 가져올게!"라고 말했다.

가져온 칼을 가리키며 나는 말했다. "여기 칼을 가져왔다! 이제 이걸로 나무에서 나뭇가지를 잘라 낼 수 있겠구나."

나는 말한 대로 행동한 다음, 나뭇가지를 높이 들고 이렇게 말했다. "이제 나뭇가지를 나무에서 잘라 냈다!" 그리고는 나뭇가지를 나무에 다시 갖다 댔다. "이것 봐, 칼! 나뭇가지는 나무에 이렇게 붙어 있었단다." 그것과 아까 잘라낸 나뭇가지를 같이 들었다. "이제 나뭇가지가 두 개 있구나!"

칼이 더 어렸을 때는 이렇게 설명했다. "여기 나뭇가지 한 개가 있고, 하나 더 있어." 이번에는 전부 다 가리키면서, "이제 나뭇가지가 두 개 있네."

나중에는 다양한 크기의 나무들을 보여 주었다. 예컨대 나는 먼저 난쟁이나무를 가리키며 "이 나무는 작네!"라고 했다. 그런 다음 키가 큰 어린 나무를 보면서 "이 나무는 더 크다."라고 했고, 마지막으로 크고 오래된 나무를 손가락질하며 "이 나무는 많이 크구나."라고 말했다. 모든 말은 적절한 표현과 손짓을 써가며 올바르게 발음해 주었다. 이렇게 우리는 놀이나 오락을 하듯이 아이를 재미있게 가르치면서, 어떤 나무는 예쁜 꽃을 피우고 맛좋은 과일을 맺지만 어떤 나무는 그렇지 못하다고 알려 주었다.

만약 그 나무가 참나무라면 나는 이런 설명을 하며 앞서 말한 내용을 바로잡았다.

"이건 참나무란다! 아까 잘못 말한 내용이 있는데, 참나무는 열매를 맺긴 하지만 사람은 먹지 않아. 그런데 그 열매를 다람쥐는 매우 좋아하지. 직접 확인해보렴!"

주위에 도토리가 있다면 나는 몇 개 주워서 칼더러 다람쥐에게 던져 주라고 했다. 도토리가 떨어질 시기가 아닌 경우에는 잠시 찾아보는 척하다가 이제 생각났다는 듯이 말했다.

"아, 생각해 보니 지금 도토리 떨어질 시기는 아니구나. 그럼 나무 위를 올려다보렴! 저기 도토리가 있잖니! 아직은 조그맣구나. 몇 주기 지나면 더 커져서 떨어지는 게 있을 거야. 그때 주워 집에 가져가자꾸나."

우리 부부는 마찬가지 방식으로 주위의 수많은 사물들에 대해 가르쳤다.

한 예로 장미를 꼽을 수 있다.

우리는 이파리 몇 개와 활짝 피거나 반쯤 핀 꽃송이와 꽃봉오리들이 달려 있는 장미 가지를 꺾은 다음, 아이에게 보이며 말했다. "이건 장미나무에서 꺾은 나뭇가지야!" 그리고 우리는 나뭇가지와 꽃의 부분들을 순서대로 보여 주었다. 우선 잔가지와 이파리, 줄기, 가시(전체 나뭇가지는 크거나 작을 수 있으며, 곧게 뻗거나 휘어 있을 수도 있었다)를 늘어놓았고 그 다음에는 꽃술과 꽃받침, 하얀색이나 분홍색, 붉은색 꽃의 겉잎과 속잎을 늘어놓았다. 크거나 작은 꽃잎들은 표면이 매끄럽거나 혹은 쪼글쪼글한 것이 있었으며 동그랗게 말리거나 접힌 것도 있었다. 닫힌 꽃봉오리나 활짝 핀 꽃송이 안에는 꽃밥과 수술, 화분 등이 있었다. 마지막으로 우리는 꽃 냄새를 맡게 하고 그 꽃을 다른 꽃이나 식물과 비교하도록 했다.

우리가 생활하는 집 근처에는 놀이나 교육에 좋은 넓은 들판이 있었고, 칼은 그곳에서 처음 오륙 년 동안 마음의 양식을 충분히 얻었다.

여기서 내가 언급하고 싶은 점은 이런 식으로 시각과 청각, 후각, 미각, 촉각을 훈련받은 사람이라면 분명 모든 사물을 제대로 익힐 것이라는 사실이다. 뿐만 아니라 지적 능력과 정신적 오감도 키우면서 동시에 섬세한 관찰력과 감각을 놀라운 수준까지 높이게 될 것이다.

앞서 언급한 교육법은 아이의 도덕성을 기르는 데도 중요한 역할을 한다. 칼이 자기 뜻대로 하지 못해 짜증을 내거나 울음을 터트리면, 우리 부부는 칼의 관심을 돌리기 위해 "이것 참 신기하게 생겼다!"라고 말하며 새로운 것을 보여 주었다. 그러면 칼은 기분 나빴던 것을 잊어버리고 착하고 명랑한 모습으로 돌아왔다. 고함을 치거나 시끄럽게 울어대는 등 큰 말썽은 절대로 부리지 않았다.

나는 진짜 장난감은 거의 사 주지 않았다. 칼이 모든 사물을 놀이거리로 삼았으니 장난감을 사 줄 필요가 없었던 것이다.

최고의 놀이거리는 집 앞의 꽤 넓은 공간에 널려 있었는데, 나는 그곳에 약 50센티미터 깊이로 깨끗한 자갈을 깔았고 꽃과 관목, 나무들을 심어 두었다. 그 정원은 며칠 동안 비가 온 후에도 물이 고이지 않았다. 몇 시간만 지나면 빗물이 자갈 속으로 스며들기 때문에 늘 바닥이 보송보송하고 깔끔했다.

칼은 축축함과는 거리가 먼 이 정원에서 자연의 아름다움을 만끽했다. 처음에 우리는 칼이 정원 속 사물 하나하나에 주의를 기울이도록 유도했다. 그러다 나중에 칼은 스스로 그것들을 관찰하고 우리에게 보여 줌으로써 뭔가를 가르쳐 주거나 자기 스스로 정보를 얻으려 했다.

내가 다른 볼일 때문에 가르치지 못할 때는 아내가 칼 옆에 있어 주었다. 아내가 집안이나 정원에서 일할 때면 칼은 곁에 앉거나 서 있었고, 아니면 주변을 걸어 다녔다. 두 사람은 이제껏 해 온 일이나 지금 하고 있는 일, 앞으로 해야 할 일을 이야기하기도 했다.

우리는 칼이 자신의 의견을 터놓고 말하도록 허락했으며, 그것이 긍정적이든 부정적이든 솔직히 표현하도록 독려했다. 물론 겸손한 태도를 유지하게끔 하는 것도 잊지 않았다. 가끔 우리는 일부러 조그만 실수를 저지르거나 어떤 문제를 지적하지 않고 넘어갔다. 이를 칼이 눈치채지 못하면 우리는 웃으며 잘못을 가르쳐 주었다.

이런 교육 기회는 아스파라거스를 자르거나 꽃이나 열매 따위를 따는 등 사소한 일에서도 찾을 수 있었다. 우리가 어떤 이유로 특정한 일을 하지 않을 때, 칼은 우리가 그 일을 잊어버렸다고 알려 주었다. 그러면 우리는 부드러운 태도로 칼을 놀리며 말했다. "바보 같구나! 그 일은 이런저런 이유로 일부러

하지 않았다는 걸 모르겠니?"

이런 대화를 종종 나누며 칼은 자신이 우리보다 더 많은 지식을 알고 있다는 주제넘은 생각을 피할 수 있었다.

칼의 유년기 놀이 중 하나는 모래를 갖고 노는 것이었다. 칼이 두 살쯤 되었을 때 내가 놀이용으로 작은 탁자와 의자를 사다 주기도 했다. 그 탁자와 의자에서 모래를 가지고 놀던 아이가 다 큰 어른으로 성장해 대학 졸업장까지 딴 것이다. 나는 그 물건들을 아직도 간직하고 있으며 앞으로도 평생 소중히 간직할 것이다.

우리는 별 것 아닌 흔한 모래 놀이에도 많은 생각을 담으려 했다. 둘째를 낳아 교육했더라면 아마 아이에게 더 좋은 영향을 끼치도록 많은 것을 미리 준비했을 것이다. 하지만 우리가 했던 놀이 방식이 그리 나쁠 것은 없다고 본다. 우리 부부의 방식은 무엇이든 시도하려고 하는 어머니라면 뛰어넘을 수 있다. 많은 시도를 할수록 더욱 좋은 결과를 얻을 것이다!

아버지는 몇 시간이고 책상머리를 지키고 앉아 있는 등 다른 일로 바쁘기 때문에 어머니가 보통 이런 종류의 수고를 맡게 된다. 그러므로 나는 아내의 입을 빌려 어떤 놀이를 진행하고 어떤 방식을 취했는지 이야기하겠다.

아내가 한 예로 설명했듯이 여행 게임은 여행을 이미 가 본 아이라면 관심을 갖고 즐겁게 할 수 있는 놀이다. 나는 진심으로 모든 아이들이 이 게임을 해봤으면 한다. 일상과 거주 환경에 자주 변화를 줌으로써 좋은 인상을 줄 수 있으며, 무엇보다 여행을 마치고 사는 곳으로 돌아온 아이에게 지속적인 영향을 끼칠 수 있기 때문이다. 여행 게임을 통해 아이는 새로운 방식으로 보고 듣고 관찰하며 예전과 다른 판단과 결론을 내리게 된다.

이 게임은 재미있는 흉내 내기 방식을 사용해 기억을 되살려 준다. 되도록 객관적인 태도로 자주 하게끔 하면 효과가 훨씬 더 좋다. 아이는 이 게임을 통해 쉽게 잊어버린 많은 상황과 사건들을 기억하게 된다. 그리고 날카로운 판단력으로 여행 중에 경험한 것들을 비교할 수 있다.

아주 짧은 여행 게임이라도 적절한 준비와 반복 학습을 거친다면 놀랄 만한 효과를 발휘한다. 이 게임은 허술하게 진행하기보다는 풍부한 요소를 많이 집어넣을수록 더욱 좋다. 게임 이야기는 나중에 더 언급하겠지만, 그전에 우선 아내가 아이와 놀아 준 방식을 잠깐 설명하기로 한다.

"칼은 여러 가지 작은 부엌용품들을 장난감 삼아 가지고 놀았어요. 부엌에서 많은 시간을 보내며 제가 음식 준비하는 모습을 봤으니까요. 제가 부엌일에 대해 일일이 설명해주면 칼은 큰 관심을 보였고 부엌일을 장난으로 흉내 내기 시작했어요. 그러면 저는 바로 함께 놀아 주면서 칼이 여러모로 더 나은 방향으로 놀이를 즐길 수 있게끔 지도했죠. 그리고 우리가 음식을 그릇에 담듯이 아이에게 크고 작은 용기들을 사 주어 모래를 넣어 둘 수 있도록 했어요. 한 용기에는 아이가 밀가루라고 부르는 모래를 담고 다른 용기에는 쌀이나 소금, 우유, 음식 따위를 담는 거죠.

재료들을 나눠 담은 후에 칼은 엄마 아니면 요리사 중에서 원하는 역할을 선택했어요. 칼이 엄마 역할을 맡으면 원하는 요리를 해 달라고 주문할 수 있었답니다. 만약 칼이 내가 던지는 여러 가지 질문에 제대로 대답하지 못한다면, 엄마로서의 권한을 잃고 요리사가 되는 거예요. 그러면 내가 명령하는 입장이 되어 이 요리나 저 요리에는 무엇이 들어가는지 가르쳐 주었어요. 예를 들어 칼은 수프에 들어갈 채소를 정원에서 가져와야 했죠. 채소를 잘못 가져오거나 몇 번이나 들은 설명을 잊어버린다면, 칼은 이유를 들은 다음에 요리사의 권한마저 잃어버렸어요.

이후에 요리사 역할에 곧바로 복귀할 수는 없으니 주방 보조 역할을 맡는 정도로 만족해야 했죠.

이런 식의 역할극을 자주 했기 때문에 칼은 여러 일상적인 상황에 대해 올바른 인식을 갖게 되었답니다.

한번은 칼이 엄마 역할을, 내가 아이 역할을 맡은 적이 있었어요. 칼이 지시를 내리고 내가 이따금 그 지시를 잘못된 방식으로 따르거나 아니면 아예 따르지 않았죠. 칼이 이를 눈치채지 못한다면 엄마로서의 권한을 잃었어요. 하지만 내가 일부러 말을 듣지 않는다 해도 칼이 대부분 그런 모습을 잡아내곤 했죠. 그리고 진지하고도 다정한 태도로 잘못을 지적해 주었어요. 저는 용서를 빌면서 행동을 고치겠다고 약속했지만, 잠시 후에 하지 말라던 행동을 다시 했어요. 칼이 이를 재치 있게 눈치채는 모습에 저는 참으로 기뻤답니다. 칼은 엄격한 태도를 저를 혼내면서 때로는 이런 말을 했어요. '그래, 네가 제대로 자라긴 이제 글렀구나! 내가 엄마로서 제 역할을 하지 못했으니 너를 더 이상 사랑해 주지도 못하겠지!'

가끔 칼이 선생 역할을 하고 제가 학생 역할을 맡을 때도 있었어요. 일부러 저는 칼이 했던 실수와 잘못을 똑같이 저질렀죠. 칼은 이를 매번 잡아내고는 야단을 쳤어요. 이런 방식을 통해 자신의 실수로 어떤 손해를 입는지 분명히 알고, 실수를 저지르지 않는 방법을 배우게 되었죠. 제가 학생 역할을 맡을 때 칼이 저지른 잘못을 직접 해 보임으로써 그 잘못을 효과적으로 바로잡을 수 있었답니다.

칼이 자기 역할을 야무지게 해낸다면 남편 역할을 맡을 수 있었어요. 그러면 아내 역할을 맡은 저와 온갖 문제를 논하면서 우리 아들이나 교육 문제등에 대해 놀랄 만한 의견을 제시했어요. 간혹 제가 칼의 단점을 하나씩 이야기할 때면 칼은 저를 달래면서 이런 말로 대화를 끝맺곤 했죠. '여보, 걱정하지 말아요! 칼은 괜찮아질 테니!'

제가 아이의 행동을 교정할 방법에 대해 이런저런 조언을 구하면, 칼은 다양한 해결책을 내놓았답니다. 제가 그 방법들은 이미 다 사용해 보았다고 대답할 경우, 칼은 단호한 태도로 이렇게 말했어요. '이도 저도 소용이 없다면 때리세요. 그러면 반성하겠죠.'

우리는 가끔 여행 게임을 했어요. 칼은 자신이 가고 싶은 장소와 구경하고 싶은 볼거리, 만날 사람 등을 이야기했죠. 그리고 여행 중에 들를 장소의 이름도 알려 주며 특정 사물에 그 이름을 붙였어요. 게임은 여름이 오면 정원에서 했고 겨울엔 방안에서 했답니다. 한 예로 칼이 마그데부르크로 여행을 떠날 경우, 서랍장과 탁자, 의자, 소파를 각각 할레와 쾨네른(Könnern), 베른부르크(Bernburg), 마그데부르크라고 불렀어요. 만약 내가 약간 떨어져 있는 의자에 앉아 있다면, 글라우비츠 목사를 대신해서 마그데부르크 인근 도시인 클라인-오터슬레벤에 있는 셈인 거죠.

칼은 여행을 떠나기 전에 만반의 준비를 했어요. 예를 들어 우리 마을 로하우를 뜻하는 난로에서 출발할 때, 필요한 물건들을 모두 챙겼는지 스스로 살폈죠. 실제 여행에서 그랬듯이 칼은 비가 오지 않았다면 걸어갔고, 길이 진 흙투성이였다면 목마를 탔어요.

만약 실제 여행에서 여러 사람들과 동행했다면 자신의 마차에 그 사람들을 태우고 가는 척했죠.

칼은 경유지 간의 거리와 도로 상태, 여행길에서 벌어지는 이런저런 사건이나 오락거리를 모두 고려하여 여행 시간을 계산했고, 이에 따라 다음 장소까지 걸어가든지 말을 타든지 아니면 마차를 몰든지 했어요. 너무 이르거나 늦게 도착했다 싶으면 제가 지적해 주었죠. 그러면 칼은 그 지적에 수긍하기도, 이의를 제기하기도 했답니다.

칼은 할레에서 W. 교수를 만나 담소를 나누었어요. 쾨네른으로 가는 길에 식당에 들러 샌드위치와 물 한 잔을 주문했고, 음식 값은 순무 조각으로 치렀지요. 쾨네른에 도착해서는 H. 씨 집에서 하룻밤을 보냈어요.

다음날 저녁에는 베른부르크에서 여러 가족들과 함께 식사를 했죠. 그러고 나서 마그데부르크로 갔고, 마지막으로 클라인-오터슬레벤에 들러 글라우비츠 목사 역할을 맡은 저에게 여행 중에 일어났던 인상적인 일을 모두 말해 주었어요. 이런 식으로 칼은 어디로든 여행을 떠났죠.

만약 칼이 여행에 대해 별로 할 말이 없다면 저는 이렇게 말했어요.

'세상 구경하라고 아이를 내보내 봤자 무슨 소용이 있을까? 기억하는 게 하나도 없는데!'

그리고 다음번에는 제가 여행객이 되어 칼과 함께 방문했던 곳에 대해 재미있는 이야기를 들려주었어요. 우리 둘은 이렇게 별의별 방식을 동원해 여행 게임을 진행했답니다.

가끔 우리는 식탁에 앉아 놀기도 했어요. 제가 석판을 가져가면 칼이 원하는 것을 그려 달라고 부탁했죠. 칼은 첫 번째로 남자 한 명을 그려 달라고 했어요. 제가 '다음에는 무엇을 그릴까?'라고 물으면 칼은 '집이요!'라고 답했어요. 그리고 고양이나 개, 아이, 나무, 탁자 따위를 그려 달라고 했고요. 원하는 그림이 모두 완성된 후에 칼은 남자나 아이, 개의 이름이 무엇인지, 또 석판 속 인물이나 동물이 무엇을 하고 있는지 물었어요. 그러면 저는 이렇게 이야기를 만들어 냈죠.

'이 남자는 이름이 페터 슐츠(Peter Schultz)이고, 집 짓는 일을 방금 끝냈어. 페터는 아주 가난했지만 열심히 일하며 돈을 아꼈지. 그렇게 돈을 많이 모아 이 집을 지을 수 있었던 거야. 그후에 착하고 부지런한 아내를 맞아들여 아우구스트(August)라는 이름의 아들을 낳았단다. 지금은 아우구스트의 어머니가 부엌에서 저녁을 준비하고 있구나. 연기가 굴뚝에서 나오는 거 보이지? 방금 어머니가 일을 마친 아버지를 불러 부탁했어. 식사가 준비되었으니 나무 밑에서 놀고 있는 아우구스트를 데려오라고 말이지. 개와 고양이도 저녁을 먹게끔 안으로 들이라고 했단다. 아버지는 어머니의 부탁대로 한 다음, 날씨가 좋으니 정원에서 저녁을 먹으면 좋겠다고 말했어. 그래서 식탁을 바깥으로 옮겼지.'

칼은 이 이야기를 듣고는 당신에게 그대로 전하곤 했어요. 그리고 제게 그랬던 것처럼 이야기에서 이런저런 미심쩍은 부분을 지적했어요. 예를 들어 칼이 이야기 속 사람들, 특히 아이들의 도덕적인 행실이나 종교적인 행위에 대해 자기 의견을 이야기하면 우리 부부는 그 의견에 찬성하거나 반박하는 식이었죠.”

이 방법은 가난한 사람도 사용할 수 있는 것이다. 여기에 다양한 변화나 개선점을 강구하면서 아이들과 재미있게 놀아 주고 동시에 교육적 효과도 거둘 수 있다.

교육적 효과가 뛰어난 장난감은 집짓기 블록 조립 세트이다. 현명한 지도를 받는다면 아이는 블록 세트를 오랫동안 가지고 놀면서도 흥미를 잃지 않고 많은 것을 배울 수 있다. 블록 세트는 여러 종류가 있는데 목조 건물용도 있고 석조 건물용도 있다. 헛간이나 마구간과 같은 목조 건물용 블록들은 여러 가지 방식으로 쌓을 수 있다. 이런 블록들은 아이가 시골에서 본 목조 건물을 흉내 내어 쉽게 조립할 수 있으므로 실용적이다. 하지만 보통 하나의 블록 세트는 한 가지 건물만 짓도록 구성되어 있고 각 블록마다 조립 순서가 세심하게 기록되어 있다. 따라서 아무리 아이가 스스로 조립 방식을 궁리하고 더 나은 방식을 생각해 내도록 지도를 받는다 할지라도 곧 지루해 하기 마련이다. 그럼에도 불구하고 집짓기 블록 세트는 아이가 목조 건물과 그 구성 요소들을 객관적으로 살펴보게끔 한다는 점에서 유용하다.

만약 부모가 블록 세트를 여러 개 사줄 정도로 풍족하고 또 아이의 동의를 구해 조립 순서가 기록되어 있는 번호를 지운다면, 교육적 효과를 더 많이 거둘 수 있다. 풍차나 물레방아 모형 세트를 사다 주어도 좋고, 댐의 수문이나 염전의 건물, 증기 기관차 등등 아이가 본 적이 있는 중요 구조물의 모형 세트를 사 주어도 좋을 것이다. 하지만 기본적으로 세트의 블록들은 모두 분해와 조립이 가능해야 한다. 그리고 조립 번호는 초반에 지워버리는 것이 좋다.

블록들을 잘못 조립해 허물어트려야 하는 상황이 발생한다면, 아이가 아버지의 도움을 받아 블록들을 다시 쌓으며 혼자 힘으로 작업하도록 해야 한다. 그러면서 아이는 자신도 모르게 스스로 문제를 해결하고 기술적인 일을 하게 되는 것이다.

조립 세트보다 더 월등한 효과를 볼 수 있는 것은 집짓기 나무벽돌 세트다. 내가 구입한 것은 면적의 가로와 세로 길이가 각각 2.5센티미터 정도 되고 높이는 5센티미터에서 30센티미터까지 다양했다. 어떤 나무벽돌은 높이가 15센티미터나 20센티미터, 30센티미터짜리도 있어 고건물 풍의 지붕을 올리는 데 사용되기도 했다.

이 외에 쐐기돌 모양과 비스듬한 모양의 나무벽돌들이 있어 아치형 다리를 만들 수도 있었다. 그리고 낮은 담을 쌓을 나무벽돌들도 충분히 있었다.

칼은 나무벽돌들로 다양한 구조물을 만들었다. 처음에는 나 아니면 아내의 도움을 받다가 나중에는 혼자 힘으로 크고 작은 집과 자신이 전에 본 적이 있는 궁전을 지었고 별채와 헛간, 마구간, 다리, 탑, 울타리, 정자 등을 세우기도 했다. 그리고 모든 구조물에는 관련된 물건이나 사람, 가축 따위를 넣어 두었다. 헛간에는 옥수수나 지푸라기를, 마구간에는 건초를, 목재 창고에는 목재를 넣었고, 지하실이나 식품 저장고에는 그에 맞는 물건을 넣었다.

지푸라기나 건초는 넉넉히 있었고 온갖 재료들이 정원에 널려 있었다. 아내가 이 재료들을 찾아 주었고 칼이 직접 흙이나 자갈 따위를 줍기도 했다. 사람과 동물은 순무로 조각한 몸통에 나무다리를 꽂아 제작했다. 물건은 주로 종이를 오려 만들었다.

칼은 집을 만든 다음에 자신이 주인 행세를 했다. 아내와 자식에 하인들까지 두었을 뿐만 아니라 말과 소, 양, 돼지, 닭, 오리, 거위 등등을 키우기도 했다. 칼은 이 모두를 세심하게 돌보았고 집안에 무엇이 필요한지도 살폈다.

이 나무벽돌 세트로 부모와 아이는 다양한 실험을 하면서 헤아릴 수 없을 정도로 많은 것을 배우게 된다. 좋은 교육을 받은 아이라면 온종일 나무벽돌들로 구조물을 만들며 시간 가는 줄도 모를 것이다. 새로운 구조물을 세우고 다양한 건축 방식을 찾아내느라 끊임없이 고심할 것이기 때문이다.

칼은 건축 기술을 터득하면서부터 나무벽돌을 쌓는 방식을 예전에 비하여 몇 배나 많이 찾아냈다. 그 과정에서 큰 재미를 느끼면서 건축 작업에 급속도로 빠져들었다. 당연히 우리는 칼이 만든 구조물에 대해 적절한 평가를 해주었다.

가지고 있는 장난감이 많지 않아도, 또 시골의 겨울이 아무리 오래가도 칼은 자신의 장난감에 절대 싫증을 내는 법이 없었다. 오히려 즐거운 마음으로 재미있게 장난감을 갖고 놀았다.

사실 아이들 대부분은 가지고 놀 장난감을 많이 받지만 모두 쉽게 흥미를 잃어버린다. 결국 갖고 있는 장난감에 질려 더 비싸거나 새로운 장난감을 계속 사 달라고 조르다가 그 어떤 것에도 관심을 갖지 않게 된다. 새로운 장난감을 사 달라고 하는 이유는 단지 다른 아이들이 그것을 갖고 노는 모습을 보았기 때문이다. 아이들은 그 장난감의 올바른 사용법이나 쓰임새라든가 갖고 노는 재미 따위에는 전혀 신경 쓰지 않는다.

아이들은 가지고 있는 것에 무관심하면서도 가지지 못한 것에는 욕심을 내는데, 이런 욕심은 아이의 미래에 매우 해로운 영향을 미친다. 크리스마스 선물로 점점 더 값비싼 장난감을 받지만 손도 대지 않는 것이다. 이에 반해 칼은 별것 아닌 물건도 다양한 방식으로 갖고 놀며 큰 재미를 느꼈다.

날씨만 좋으면 칼은 앞서 설명한 환경에 맞게 야외에서 놀았다. 얼음이 어는 겨울이 오면 야외에서 걷거나 달리고 폴짝폴짝 뛰어다니는 등 온갖 재주를 부렸다. 어떨 때는 나무토막을 타거나 자신의 손수레 혹은 썰매를 끌고 다니기도 했다.

날씨가 더 쾌적하고 땅바닥도 축축하지 않을 때면 칼은 정원에서 살다시피 했다. 잡초를 뽑고 아스파라거스를 찾아다니며 이파리와 꽃들을 서로 비교하는 데 시간을 보냈다. 칼은 식물과 꽃나무가 싹을 틔우고 꽃을 피웠는지 살피고는 우리에게 알려 주었다. 기어 다니고 빠르게 움직이거나 이리저리 뛰고 날아다니는 곤충들을 관찰한 다음에 우리에게 말해 주기도 했다. 칼은 곤충을 두려워하지 않았다. 우리 부부는 칼을 품에 안고 키우던 시절에도 벌레 이야기를 해 주며 벌레를 매력적이고 친숙한 존재로 인식하게끔 만들었다. "남자는 벌레를 무서워해서는 안 돼!"라고 말한 다음, 마지막으로 용기를 주며 위에서 언급한 방식으로 아이를 교육했다.

칼은 우리 부부가 잘 모를 것 같은 것을 발견할 때면 큰소리로 우리를 부르며 그것을 가져왔다. 그리고는 그것이 무엇인지 가르쳐 달라고 조르며 그 정체를 몹시 알고 싶어 했다. 칼은 새를 특히 좋아해서, 새 둥지를 사람이 사는 집처럼 소중히 여겼고 어린 새끼들을 아이들처럼 아꼈다. 새가 용도에 맞게 교묘히 만든 둥지의 구조라든가, 알을 성실히 품고 새끼에게 먹이를 주며 돌보는 모습에 감탄을 금치 못했다. 또한 새끼가 점차 자라 독립할 시기가 되어 부모 새와 함께 나는 연습을 처음 하고, 마침내 세상 밖으로 용감하고 자유롭게 날아간다는 점도 높이 평가했다. 이처럼 칼은 새에 관한 모든 것에서 교육적 자양분을 얻었다.

우리 집 앞에 있는 마당과 정원, 초원, 숲이 없었다면 칼이 어떻게 독실한 신앙심을 키울 수 있었겠는가? 칼은 우리 인간이 아닌 하나님께서 햇빛과 바람, 비 등을 통해 만물을 성장시키고 풍요롭게 만드셨음을 굳게 믿었다. 그렇기에 푸른 잎사귀가 돋아나고 꽃이 피는 모습을 보면서, 우리 아버지이자 창조자이시며 모든 생명체를 보살피고 보호해 주시는 주님을 언제나 떠올렸다.

우리 부부는 일부러 "식물이 자라 꽃을 피우고 열매를 맺는다"라는 말 대신에 "하나님의 은혜로 식물이 자라 꽃을 피우고 열매를 맺는다"라는 말을 종종 했다. 특히 날씨가 농작물의 성장에 좋은지 나쁜지를 이야기하며 이와 비슷한 말을 해 주었다.

칼은 정원이든 야외의 어느 곳에 있든 간에 자신이 하나님의 왕국에 있다고 느꼈다. 전능하고 지혜로우며 선하신 주님께서 이 땅을 다스리시며 인간과 동물에게 이로운 기적을 날마다 새롭게 베푸시고 있음을 느꼈다. 주 아버지께서 이 땅을 지켜보고 계심을 아는데 어떻게 칼이 잘못된 생각과 말을 하며 잘못된 행동을 하겠는가!

이런 이유로 나는 자신 있게 주장한다. "아이가 올바른 가르침을 받으며 앞서 언급한 환경에서 자란다면 하나님에 대한 경외와 사랑을 키울 것이므로, 그 결과 공손하고 원만한 성격에 성실한 태도와 감사하는 마음을 가지게 될 것이다."

14장
아이가 또래 친구와 많이 놀 필요가 있는가

나는 칼이 놀이 친구를 사귀어야 한다는 말을 수차례나 들었다. 그러지 못하면 어린 시절을 즐겁게 보낼 수도 없고 싫증이나 성을 잘 내며 고집스러운 사람으로 자란다는 것이다. 결국 나는 이런 의견을 받아들였고 아내의 도움을 받아 칼보다 나이가 조금 더 많은 여자아이 두 명을 칼의 친구로 골랐다. 이 둘은 당시 마을에서 행실이 좋기로 소문난 아이들이었다. 칼은 이 아이들과 함께 노래를 부르거나 춤을 추고 놀면서 즐거워했다.

하지만 칼은 고집을 부리거나 거짓말을 하는 법이 없다가 그때부터 이 두 가지 행동을 하기 시작했다. 게다가 거친 표현을 점점 더 즐겨 하고 제멋대로 굴며 난폭하게 행동하기도 했다. 칼보다 약간 우세한 위치에 있는 여자아이들이 칼을 말리지 않았던 것이다.

우리 부부는 아이들에게 칼의 고집을 받아 주지 말라고 했으며, 칼이 제멋대로 굴면 알려 달라고 부탁했지만 소용이 없었다. 아이들의 나이와 신분 때문에, 또 이들이 자라면서 키운 편견이 몸에 배어 있어 우리의 부탁이 통하지 않았던 것이다. 결국 우리는 아이들을 칼에게서 떼어 낼 수밖에 없었다.

이런 사례를 볼 때 아이가 또래 친구 없이는 진정한 기쁨을 누리지 못한다는 것은 실로 어리석은 생각이다.

아이가 또래 친구와 놀고 싶은 이유는 단지 또래와 함께 있으면 자신의 말이나 생각, 감정, 행동에 주의를 기울일 필요가 없고, 어른의 감시를 계속 받지 않기 때문이다. 그렇지만 아이는 어른과 함께 놀면서 또래와 노는 것만큼이나 큰 즐거움을 느낄 수 있다. 함께 놀아 주는 어른이 아이의 수준에 맞춰 재미있는 장난을 치고, 가끔 아이가 우세한 위치에서 주도권을 잡거나 재치를 발휘하게끔 한다면 말이다. 아이는 어른과 함께하며 버릇없는 행동을 삼갈 뿐만 아니라 잘 다치지도 않을 것이다.

최악의 상황은 아이가 교육 받지 못한 또래를 놀이 친구로 사귀는데도 부모가 아무런 주의도 기울이지 않는 것이다. 이미 언급했듯이 나는 이런 문제가 칼에게 발생하는 모습을 수차례 목격했으며, 다른 가족의 아이에게 이보다 더 심한 문제가 생기는 것을 보았다. 가정교육을 잘 받은 모범 아동의 미덕은 제대로 교육 받지 못한 아이에게 영향을 끼치기 힘든 반면, 문제아의 결점은 순진한 아이에게 악영향을 끼치기 쉽다. 무릇 미덕이란 본래의 본성과 욕구를 거스르면서 노력을 쏟고 자제력을 키워야 얻어지는 것이기 때문이다. 그러나 결점은 우리 인간이 본능적으로 보고 배우기 쉽다. 게다가 어린아이는 또래의 나쁜 본보기를 통해 그 결점을 더욱 쉽게 따라하게 된다.

아이를 망치는 지름길은 일반적인 교육기관이나 공립학교에 보내는 것이다. 특히 공립학교에 관해서라면 분별력 있는 아버지들이 30년도 넘게 고수하고 있는 원칙이 있다. 바로 다급한 상황이 아니라면 굳이 아이를 하층민 아이들이 다니는 공립학교에 보낼 필요가 없다는 것이다. 공립학교는 제대로 교육 받지 못한 아이들이 상류층 아이들이 다니는 학교보다 더 많다는 이유에서다.

학교에서는 도덕 교육을 잘 시키지 않는데다가 교사들이 학생들을 등교 시간부터 하교 시간 내내 감독할 수도 없다. 특히 쉬는 시간이나 방과 전후에는 감독이 더욱 어렵다. 또 교사 각자가 제공하는 지식 대부분이 전문적으로 만족할 만한 수준이 아니라면, 교육 경험이 많은 아버지 입장에서는 굳이 아이를 학교에 보낼 필요가 없다.

학교는 교사 한 명당 학생 두세 명꼴로 소수의 학생들을 받아들여 감독이 효과적으로 이루어지게끔 해야 한다. 재정적인 이유로 열다섯에서 스무 명의 학생들을 받는다 해도 교사 한 명이 학생 두세 명을 살필 수 있도록 충분한 수의 교사들을 확보해야 한다.

이런 주의 사항이 지켜지지 않는다면, 아이들 하나하나가 지니고 있는 결함들은 모두에게 스며들어 얼마 되지 않는 미덕마저 소멸시켜 버리게 된다.

그러므로 아이가 또래 친구와 항상 어울려야만 명랑하고 사교성 좋은 아이로 자랄 수 있다는 주장은 매우 불합리한 것이다. 나는 이런 주장이 현실에서 어긋나는 경우를 수차례나 목격한 바 있다.

칼은 양보를 많이 하도록 배웠기 때문에 양보해야 하는 상황을 쉽게 받아들였다. 보통 아이들은 원하는 것을 얻기 위해 온갖 방식으로 친구들을 못살게 굴며 자기 목소리를 높이는 데 익숙해진다. 그러면서 약삭빠르고 오만하며 시기와 질투가 많을 뿐만 아니라 거짓말과 연기, 말다툼, 몸싸움, 비방, 중상 따위에 능숙해지게 된다. 만약 아이가 부모나 현명한 어른들하고만 어울린다면 이 모든 악덕에서 자유로울 수 있다.

물론 아이들이 또래들과 어울릴 기회를 아예 차단할 수는 없다. 하지만 이런 일은 어른의 감독 하에 가끔씩만 이루어져야 한다. 세심한 주의를 기울인다면 아이들 간의 교류가 나쁠 것은 없다. 칼은 장거리나 단거리 여행 중에 어른이 지켜보는 가운데 또래 아이들과 놀 기회를 많이 가졌다.

칼은 다른 아이들과 잘 어울렸으며 칼과 친해진 아이들은 헤어지는 순간이 오면 어김없이 눈물을 글썽일 정도로 칼을 좋아했다. 칼은 평상시 명랑하고도 차분한 태도를 유지했으며 놀이 중에도 평정심을 잃지 않고 합리적인 사고력을 발휘했기 때문에, 다른 아이들과 있을 때에도 마찬가지 행동을 보였다. 칼로서는 다른 아이와 다툴 이유가 전혀 없었던 것이다. 오해가 있다면 풀고 다툼의 여지가 생기면 이성적인 대화나 기도로 해결함으로써 싸움을 피하곤 했다.

칼은 집에서 누구와도 다툰 적이 없기에 싸우는 행위를 꼴사납고 불쾌한 것으로 여겼다. 다툼은 놀이를 못하게 막는 것으로 보았고, 일상에서 다툼이 일어나도 핏대를 올리지 않았다. 그런 성품 덕분에 칼은 평소 쉽게 흥분하지 않았으며 말다툼이나 몸싸움을 매일같이 하는 아이들과 달리 얼굴을 잘 붉히지도 않았다. 화를 내다가 놀이를 망치는 법이 없었던 것이다. 다른 아이들이 흥분하는 상황에서도 칼은 평정심을 유지했다. 아이들이 아무리 못된 장난을 쳐도 절대 욕을 하거나 싸움을 일으키지 않았다.

남자아이든 여자아이든 상관없이 칼과 친해진 아이들은 모두 칼을 좋아했다. 칼은 상냥하고 남과 잘 어울린다는 평을 자주 들었다. 내가 아는 한 칼은 어렸을 때나 나중에 커서도 또래 친구들과 다투거나 의가 상한 적이 단 한 번도 없었다. 알고 싶은 내용을 묻거나 학문에 대해 열띤 토론을 하면서 다툴 가능성이 높았음에도 불구하고 말이다. 칼이 상대했던 사람들은 주로 칼보다 나이가 훨씬 더 많았으므로 그런 상황이 많이 발생할 수 있었다.

보통 칼은 자신보다 더 현명한 사람들의 말을 들었고 그 사람들도 칼을 잘 이해해 주며 진심 어린 애정과 존경을 보였다. 이처럼 서로 존중하는 모습에 내가 감동의 눈물을 흘렸던 적이 얼마나 많았는지 모른다.

나는 칼을 오랫동안 아껴 주었던 훌륭한 젊은이들에게 감사를 표하고자 한다. 그들은 우리 부자(父子)의 존경을 받아 마땅하다.

아이가 또래와 함께 놀아야지만 행복할 수 있다는 것은 위험한 편견이며 이런 편견은 버리는 것이 좋다. 어떤 사람은 아이를 하인에게 맡겨야 한다고 하는데, 이는 그저 자기 자신이 동년배와 함께 놀고 싶기 때문이다. 그런 이유가 아니라면 그 누가 위급한 상황이 아닌데도 섣불리 아이를 하인에게 내맡겨 버리겠는가?

15장
아이의
식습관

　나의 아내는 임신 중에도 평소 생활 방식을 바꾸지 않았다. 소화가 잘 안 되는 채소는 되도록 피하거나 평소보다 조금 덜 먹었다. 아내는 칼을 돌보는 중에도 줄곧 이와 같은 방식을 고수했다.
　알다시피 우리 부부는 유모를 두지 않았고, 칼에게 모유 이외에 그 어떤 음식도 먹이지 않았다. 물론 이는 아내가 칼에게 충분한 영양분을 공급한다는 조건 하에서였다. 그래서 사람들은 우리 부부와 칼에 대해 우려를 표했다. 아내가 몸집이 큰 것도 아니고 튼튼해 보이지도 않는데 어떻게 아이에게 충분한 영양분을 줄 수 있냐는 것이다.
　그러면서 이들은 조언의 말을 퍼붓기 시작했다. 만일 내가 의지가 약했거나 판단력이 부족했다면 아내와 아이를 병들게 만들어 죽음으로 내몰았을지도 모른다.
　우리에게 조언했던 사람들은 모두 잘 알고 있겠지만, 아내는 평범한 음식만 먹었고 값비싼 음료를 자주 얻어먹을 수도 있었지만 깨끗한 물만 마셨다. 아침에는 버터를 바른 빵과 물 한 잔을 마신 다음에 나와 함께 정원을 거닐었으며, 점심에는 차나 커피도 마시지 않았고 저녁은 매우 간단하게 먹었다. 아내는 이와 같은 생활 방식을 하면서 매우 건강하고 기분 좋은 상태를 유지했다. 이랬던 사람이 어느 날 갑자기 "아침에 일어난 자리에서 달콤한 크림을 얹은 진한 커피에 프레첼(매듭이나 막대 모양의 밀가루 반죽에 소금을 뿌려 구워 낸 빵과자의 일종_옮긴이)을 곁들어 먹고, 오전 열시에는 진한 초콜릿 음료를 한 잔 마시면서 버터를 발라 구운 롤빵을 함께 먹는다"면 어떻게 되겠는가.

사람들의 조언에 따르면, 만일 아내가 저녁 식사 전에 간식을 먹고 싶거나 식사 전까지 오래 기다려야 할 경우에는 "묽은 소고기 수프를 한두 그릇 먹어야 한다." 저녁 식사로는 "걸쭉한 소고기 수프와 신선한 채소, 구운 닭고기나 오리고기 혹은 사슴고기와 함께 영양분이 풍부한 요리를 함께 곁들여 먹고, 여기에 품질이 좋은 프랑스산 와인을 마시는 것이 좋다." 낮에는 "아주 진한 맥주를 마시는 것이 좋은데 특히 메르제부르크산 맥주에 설탕을 넣어 마시는 것이 좋다." 저녁 식사 후에는 다시 "향기가 좋은 커피에 크림을 얹어 마시고, 다섯 시에서 여섯 시 사이에는 프레첼과 함께 차를 몇 잔 마시거나 묽은 소고기 수프를 먹은 다음, 밤참으로 걸쭉한 수프와 구이 요리를 먹어야 한다." 사람들의 설명에 따르면 식사 중에는 와인을 마시고 식사 후에는 맥주를 마시는 것이 좋다고 한다. 그리고 아내는 "집안일 전부에서 손을 떼야 하고 밖에서 사람들과 많이 어울려서도 안 되지만 가끔 정원을 거니는 것은 괜찮다."

아내가 이러한 방식을 따르고도 기적적으로 살아남아 건강한 상태를 유지했다고 치자. 그렇다고 하더라도 칼은 뚱뚱한 아이로 자라 밤에도 잠을 이루지 못해 아내를 괴롭혔을 것이다. 젖니가 나는 과정에서 아파했을 것이며 온갖 소아 질병에 시달리다가 몸을 망쳤을 것이다. 다행히 하나님의 도움으로 이런 일은 일어나지 않았다. 내가 의학 강의를 들으러 다니고 아이를 주의 깊게 살피며 여러 경험을 마다하지 않은 덕분이기도 했다.

아내는 경험이 부족했기에 사람들에게 조언 받은 생활 방식을 따르고 싶었을지도 모르겠다. 그럼에도 불구하고 아내는 나를 의지하며 이 조언들을 아예 듣지 않거나 일부만 받아들였다. 평상시 자신의 생활 습관을 고수하면서 집안일에도 신경을 썼고 사람들과도 많이 만났다. 물론 아내는 이런 말로 나를 난처하게 만들 수 있었을 것이다. "모두가 이렇게 하라고 해요. 그런데도 당신은 그분들보다 더 아는 게 많다고 주장하실 건가요?" 아내도 사람이니 그런 생각을 한 적이 한두 번이 아닐 것이지만 좀처럼 입 밖에 내뱉지 않았다. 사 년 남짓한 세월 동안 경험을 통해, 소박한 생활 방식에는 나름의 이유가 있음을 깨달았기 때문이다.

식습관에 변화를 준 점이라고는 아침과 점심에 묽은 오트밀 죽을 먹고 저녁에는 수프를 평소보다 조금 더 많이 먹는다는 것뿐이었다. 덕분에 아내는 별 문제 없이 모유 수유를 했고 젖몸살을 익히 들어 알고 있었을 뿐 실제로 겪지는 않았다. 게다가 칼에게 충분한 영양분을 늘 공급했으므로 모유 이외에 다른 음식을 줄 필요가 없었다. 또한 아내는 산후열과 같은 질병도 전혀 겪지 않았다. 인간의 몸이 온전하고 건강하기만 하다면 약간의 영양분만으로도 얼마나 많은 일을 해낼 수 있는지 모른다!

만약 우리 부부가 다른 사람의 충고를 귀담아들었다면 아내는 병을 쉽게 앓았을 것이고 아이는 몸을 망쳤을 것이다. 이는 다음의 사례에서 잘 드러난다.

K. 시에서 세례식에 참석한 아내는 여느 때처럼 기분이 좋았고 식사도

잘 했다. 그날 저녁에 특별히 좋아하는 소고기 수프를 발견하고는 평소보다 더 많이 먹었다. 다음날 아내의 건강 상태는 좋았지만 모유가 평소의 농도로 나오지 않았다. 그 모유를 먹은 칼은 몸에 미열이 났지만 우리는 약을 주지 않았다. 대신에 그날 아내는 소고기 섭취량을 많이 줄이고 식사도 가볍게 했으며 산책을 더 오래 했다. 그 결과, 칼은 몸을 회복했고 다음날에는 물 만난 고기처럼 건강하게 뛰어다녔다.

우리가 칼이 앓은 병에 대해 정확한 원인을 알아내지 못했다면, 또 그 병을 약으로 치료하려 했다면 과연 어떻게 되었을까? 만약 아내가 소고기를 계속 많이 섭취했다면 오히려 그 약은 아이에게 독이 되지 않았을까?

우리에게 조언한 사람들은 이런 가능성을 생각해 보지 않았으며 또 생각하려 들지도 않았다. 이들 중 상당수는 자신들의 조언은 신뢰할 만한 것이니 우리가 반드시 존중하고 따라야 한다고 확신했다. 또한 편협한 시각으로 인해 '조언'과 '명령'의 차이를 구별하지 못하기도 했다. 나는 학자들이 이런 식으로 혼동하는 모습을 불쾌할 정도로 많이 보았다.

나는 앞에서 그러겠다고 말하고 뒤에서는 정반대로 행동하는 요령은 부릴 줄 몰랐다. 그래서 처음에는 사람들이 조언할 때마다 그 조언과 다른 조치를 취하는 편이 낫다고 설득해 보려 했다. 하지만 그런 시도는 완전히 실패로 돌아갔다. 그리고 늘 그렇듯이 얼마 지나지 않아 나에 대한 안 좋은 소문이 디스카우(Dieskau)에서 시작하여 할레까지 일파만파로 퍼졌다. 사람들은 내 이름이 알려진 곳이라면 어디서나 내가 시비 걸기 좋아하고 허풍이 센데다가 오만하며 아내에게 꼬장꼬장하게 구는 사람이라고 떠들어 댔다. 또 내가 만사를 다 아는 척한다는 말도 돌았다. 실제로 나를 폄하하는 이들은 나의 아내가 쇠약해질 것이며 아들은 앓다가 죽을 것이라고 거리낌 없이 수군거렸다. 그러나 이들의 예측은 완전히 빗나갔다. 나에게 악의를 품은 사람들은 은밀하거나 공개적인 통로로 상황을 알아보면서 내 의견이 옳다는 사실을 확인할 따름이었다. 이들은 특정 문제에 대해서만 나를 비난하다가, 나중에는 약이 오를 대로 올라 시시콜콜한 문제까지 지적했다.

할레에서 몇 년 동안 나에 대해 떠들어 대던 사람들은 나의 성공을 받아들이지 않았으며 이런 성공이 풍부한 경험을 토대로 신념을 뚝심 있게 밀어붙인 결과임을 무시했다. 그들은 다만 내가 운이 좋았던 것이라고 말할 뿐이었다.

칼은 구 개월 동안 모유를 빼고는 아무것도 먹지 않았다. 수유하는 엄마가 너무 힘들어할 것이라는 말에 나는 딱 한 번 마음이 약해진 적이 있다. 그래서 조심스러운 태도로 아이에게 다른 음식을 줘 봤지만, 그 때문에 아이와 엄마 모두 몸이 편치 않게 되자 본래 방식으로 되돌아갔다.

아이가 젖을 뗄 때가 되어 우리는 빵가루와 물을 섞어 만든 수프와 약간의 버터를 이따금씩 주었다. 그렇게 음식 주는 횟수를 조금씩 늘리면서 모유 수유를 점차 줄였다. 며칠 후에 아이가 엄마 젖을 찾지 않으면서 모유도 자연스레 나오지 않게 되었다.

그때부터 아내는 앞서 말한 수프를 오트밀 죽으로 대신하기 시작했는데 오트밀에 신선한 우유를 넣어 끓여 줄 때가 많았다. 나중에는 소고기 수프를 가끔씩 주었고, 수프가 너무 진하다 싶으면 물을 넣고 묽게 만들었다. 칼은 소화가 잘 되는 채소를 조금씩 먹기 시작하다가 나중에는 우리 부부가 섭취하는 음식을 모두 먹었다. 차이가 있다면 우리에 비해 고기를 조금 덜 먹는다는 것이었다. 그런 과정을 겪으면서 칼은 아무런 고통도 느끼지 않고 자연스럽게 이빨을 하나하나씩 갖게 되었다.

아내는 모유량을 줄이기 위해 다음의 방법을 썼다. 칼이 젖을 떼야 할 무렵부터 아내는 영양가 높은 음식이나 고기를 최소한으로 먹는 등 음식량을 줄였다. 허기가 질 때면 물을 많이 마셨다. 그러면서 모유는 농도가 눈에 띄게 묽어지다가 더 이상 나오지 않았다. 칼은 모유를 먹지 않기 시작했고 며칠 후에는 힘들이지 않고 완전히 젖을 뗐다.

처음 두 해 동안 칼은 아침에 수프를 먹다가 나중에는 우리와 함께 버터를 바른 빵과 물을 먹었다. 이후 네 살이 될 때까지 오전 열 시에서 열한 시 사이에는 버터에 빵을 한 조각 더 먹었다.

우리가 많은 주의를 기울였음에도 불구하고 칼은 다른 사람에게서 음식을 몰래 받는 경우가 많았다. 특히 시골 아낙네들이 그런 식으로 애정을 표현하곤 했다. 한번은 칼이 아직 엄마 젖을 먹던 시절에 R. 시에 사는 P. G. 부인에게서 소시지를 받아먹어 몸을 크게 상할 뻔한 적이 있다. 다음날 우리는 칼이 앓고 난 후에야, 칼을 부인 집으로 데려간 하인으로부터 그 사실을 알게 되었다.

칼은 세 살이 되던 해부터 우리와 거의 같은 음식을 먹기 시작했다. 간단한 아침 식사 후에 야외에서 계속 뛰어논 다음, 저녁을 많이 먹곤 했다. 우리는 칼에게 음식을 골고루 먹으라고 가르쳤는데, 평소 교육 방침대로 합리적인 이유를 대며 진지한 태도로 칼을 설득했다. 또한 아내는 먹음직스러운 요리를 매일 만들어 내놓았다. 그중에서 칼이 싫어하는 것이 있어도 굳이 먹으라고 강요하지는 않았다. 대신에 우리는 어떤 사례나 이야기를 들려주면서 칼의 마음을 바꿔 보려고 했다. 그 음식은 우리뿐만 아니라 다른 사람들도 아주 좋아하는 것이니 먹지 않으면 큰 즐거움을 놓치는 셈이라고 말이다. 우리는 이렇게 말하곤 했다. "우리는 그 음식이 나올 때마다 무척이나 기쁜데 너는 울상이 되는구나. 너도 음식을 자꾸 먹다 보면 우리처럼 좋아하게 될 거야!" 우리 부부는 가리는 음식이 없었기 때문에 칼이 음식을 골고루 먹도록 쉽게 유도할 수 있었다. 실제로 칼은 단기간 내에 모든 음식을 먹게 되었다.

오후 네 시에 칼은 빵과 버터를 먹으면서 물을 한 잔 마셨다. 우리에게서 식욕을 줄이면 좋다는 이야기를 들었기 때문에 버터는 빼고 먹을 때가 많았다. 또 우리는 일반적인 저녁 시간보다 더 이르게 수프를 주어 아이가 일찌감치 잠자리에 들 수 있도록 했다.

칼은 집에서는 소화 불량을 겪은 적이 단 한 번도 없다. 집 밖에서도 소화 불량을 심각하게 겪은 적은 거의 없다. 물론 칼을 초대한 사람들이 애정을 표현하기 위한 방식으로 많은 음식을 권하기도 했다. 하지만 칼은 스스로 판단할 줄 아는 나이가 되자 그런 식의 애정 공세를 거절했다. 아무리 맛있는 음식을 먹으라고 권유 받아도 이런 말로 사람들을 놀라게 하거나 언짢게 했다. "고맙습니다. 하지만 저는 배가 불러요!"

어떤 사람들은 칼이 진심으로 음식을 마다할 리 없다는 생각에 나를 안 좋게 보며 칼에 대한 애정을 경솔한 방식으로 표현했다.

그들은 이런 말을 했다. "아이가 맛난 음식을 거부하는 것은 본성을 거스르는 짓이에요. 심한 벌을 받아 음식을 먹지 않는 것이거나, 아니면 우리 모르게 신호를 받고 목사님 명령을 따르는 게 틀림없어요!"

사람들은 나와 칼이 있는 자리에서 이렇게 말하며 나를 교양 없는 사람으로 취급했다.

이들은 자신들의 관점에서 본성을 운운했지만, 무릇 교육자의 의무란 육체적 본성을 극복하는 법을 세련되게 교육시키고 이성과 좋은 습관의 힘으로 인간의 고귀한 능력을 높은 수준까지 끌어내는 것임을 이해하지 못했다. 그러니 아이를 초반부터 제대로 교육한다면 이런 결과를 자연스레 얻게 되리라는 점은 상상할 수도 없었던 것이다.

칼은 튼튼한 몸과 건강한 정신이 매우 귀중한 자산임을 배웠고 다양한 방식을 통해 이런 가르침을 가슴에 새겼다. 우리는 기회가 있을 때마다 이 점을 강조하며 건강을 잃는 것이 얼마나 큰 손해인지 말해 주었다. "너무 많이 먹는 사람은 정신을 건강히 유지하지 못하고 불편해 하다가 결국 병에 걸리게 된단다." 칼이 과식으로 몸이 아파 기분이 좋지 못하면 우리는 유감을 표시했다. 솔직하지만 너무 심각하지는 않은 태도로 칼이 겪고 있는 불편함을 조목조목 지적하며, 앞으로 더 심한 불편을 겪을 수도 있음을 알려 주었다. 또한 우리는 날씨가 이렇게 좋은데 배가 불러 바깥에 나가 놀지도 못하고 우리를 도울 수도 없지 않느냐는 등 칼이 손해 보는 부분을 말해 주었다. 게다가 우리도 칼 때문에 밖에 나가지도 못하고 걱정하느라 아무것도 못한다는 점을 상기시켰다.

제대로 교육 받은 아이라면 이런 말을 듣고도 어찌 슬퍼하지 않을 수 있겠는가? 내 상식에 따르면 아이는 자연스레 자신의 경솔한 행동을 뉘우치면서 앞으로 주의를 기울이겠다고 결심할 수밖에 없다. "사람들이 먹으라고 강요했다"는 말은 통하지 않았기에 칼은 그런 변명을 절대 하지 않았다.

"필요 이상으로 많이 먹으면 몸에 좋지 않아. 왜 음식을 뿌리치지 못했어? 음식을 권한 사람들이 너를 대신해 앓아 준다니? 가서 한 번 물어보렴! 물론 그건 불가능하겠지. 그 사람들이 너 대신 아플 수는 없으니까. 그러니 앞으로 더 주의하고 이런 일이 일어나면 우리 경고를 떠올리려무나. 과연 그 사람들이 우리보다 더 현명할까? 우리보다 너를 더 많이 사랑하겠니? 우리가 이렇게 날마다 너를 아끼고 보살피는데 그런 일이 어떻게 가능하겠어! 네가 다른 집에서 음식을 먹는다 해도 우리가 돈을 내는 건 아니야. 그런데 왜 이렇게 먹지 말라고 자꾸 말하겠니? 네 몸에 안 좋기 때문이야!"

이 말에 깊은 감동을 받은 칼은 우리를 껴안으며 앞으로 신중히 행동하겠다고 약속했다.

우리는 상황에 맞는 이야기를 한두 개 만들어 냄으로써 대개 뜻한 바를 이루었다. 수많은 실제 사례들 중에서 몇 개를 골라 말해 주기도 했다. 흔한 사례로 농부 집안의 아이들이 과식으로 탈이 난 이야기를 들려주었다. 유감스럽게도 이런 아이들은 지적 즐거움을 누릴 줄 모르고 그럴 기회도 없기 때문에 욕구에 집착하게 된다. 그리고 우리는 상류층 집안 아이들의 사례도 들려주려고 했다. 특히 우리가 아는 친구나 지인의 이야기를 예로 들었다.

내가 아는 목사가 가까운 곳에 살고 있었는데 그에게는 F.라는 이름의 아들이 있었다. 우리 부부가 목사 집을 처음 방문했던 당시, 아이의 나이는 한 살이었다. 아이가 상당히 귀여워서 나는 집으로 돌아가는 길에 아내에게 말했다. "저 아이는 잘만 교육시키면 큰 인물이 되겠어요!"

얼마 지나지 않아 부모는 아이가 '특별한 아이'라는 둥 '아버지의 보물'이나 '어머니의 보물'이라는 둥 온갖 애칭을 갖다 붙였다. (아이는 분명 부모의 보물이긴 했지만 사실 '특별한 아이'는 아니었다.) 그래서 나는 그 아이가 큰 인물이 되지 못할 것임을 확신하게 되었다. 나중에 아이는 몸집이 불었고, 아이의 어머니는 자랑스럽다는 듯이 뚱뚱보가 된 아이를 우리에게 보여 주었다. 이에 걱정이 된 나는 살찐 아이가 겪게 될 위험을 설명해 줄 수밖에 없었다.

하지만 아이의 어머니는 다 안다는 듯한 표정으로 미소를 지었고, 아버지도 자부심이 가득한 태도로 '잘 큰' 나머지 아홉 아이들을 가리킬 뿐이었다. 아이들이 잘 큰 것은 사실이었기에 나는 아무 말 못하고 입을 다물었다.

내가 우려했던 일은 현실로 일어났다. 아이는 과식으로 이따금씩 탈이 나면서 집에만 머무는 날이 점점 많아졌다. 고통스러운 치통이나 각종 소아 질병을 겪으며 죽을 뻔한 적도 많았다. 다행히 부모가 워낙 건강한 사람들이었고 그 덕에 아이도 생명력이 강했으므로 계속 병을 앓으면서도 죽지 않고 살아남았다.

아이가 여덟아홉 살이 되었던 무렵 나는 아이를 보며 유감스러운 표정을 감출 수 없었다. 아이는 키가 작은데 몸집은 비대하여 보기 흉했고, 머리 크기는 비정상적으로 컸으며 얼굴에는 천연두 자국이 선명했다. 이목구비가 뒤틀려 있었고 흐릿한 눈빛에 둔한 표정을 짓고 있었다.

이처럼 많은 사람들이 수준 이하의 삶을 살고 있다니 참으로 통탄할 노릇이다. 이 어린아이는 먹은 음식을 소화시키느라 바쁜 나머지 머리를 쓰려 하지 않았다. 그래서 정신 상태가 한심스러운 수준에 머물러 있었지만 정작 본인은 그 사실을 몰랐다. 아이는 자신이 다니는 마을 학교에서 같이 공부하는 농부 집안 아이들보다도 학업 능력이 한참 뒤처져 있었다. 그런데도 자신이 목사의 아들이라는 이유로 다른 아이들과 거리를 두었다.

내가 장담하건대 아이는 명절 때마다 음식을 잔뜩 먹었을 것이다. 한번은 크리스마스를 보낸 뒤 얼마 후, 나는 길을 걷다가 아이의 형을 만났다.

"집안 분들은 어떻게 지내시니? 다들 평안하지?"

"그럼요! 물어봐 주셔서 감사합니다."

"F는 아프지?"

"네. 어떻게 아셨어요?"

"아! 크리스마스가 막 지났잖니!"

인정 많은 사람이라면 내가 얼마나 씁쓸한 마음으로 이 말을 했는지 이해할 것이다. 그렇지만 아이의 형도 어린 시절 과식을 했었기 때문에 나는 그런 마음을 되도록 감추려 했다.

나는 칼과 함께 F.를 보러 간 적이 있었다. 그때 F.는 심한 복통과 두통으로 의식이 혼미한 상태였다.

그래서 나는 칼이 있는 자리에서 과식에 관한 주제를 논하며 사람들과 문답 형식의 대화를 주도했고, 칼은 이를 경청했다. 마지막으로 나는 아픈 아이에게 진심 어린 동정을 표현하고 빠른 쾌유를 빌면서 집으로 돌아왔다.

곧이어 칼은 자신이 보고 들은 내용을 우리에게 터놓고 이야기하며 여기에 자신의 의견도 적절히 덧붙였다. 그리고 그 아이가 앞으로 과식하지 못하게 막아 달라고 나에게 호소하면서 자신도 나의 말을 전적으로 따르겠다고 다짐했다.

이후로도 이런 설득 방식은 한동안 통했고 그 덕택에 우리는 다른 집을 방문할 때마다 칼에게 경고만 살짝 해 주면 되었다.

내가 이런 식으로 교육하지 않았다면 어떻게 칼을 통제할 수 있었겠는가? 칼은 네 살에서 여섯 살까지 마그데부르크와 라이프치히, 드레스덴, 베를린, 로스토크 등지를 여행하며 남의 집에 초대 받는 경우가 많았고, 작은 도시나 마을에서도 진수성찬을 대접 받곤 했다. 게다가 나와는 멀리 떨어져 다른 사람들과 함께 식사할 때도 종종 있었다. 일곱 살에서 아홉 살이 되던 무렵에는 칼이 유명해지면서 부유한 사람들의 대접으로 배가 터질 지경이었다. 그런 일이 있을 때마다 우리는 멀리 떨어져서 칼이 어떻게 하는지 지켜보았다. 사람들의 고백에 따르면 칼은 음식을 먹어 보라는 권유를 몇 번이나 받았지만 한사코 거절했다고 한다.

처음에 나는 그런 상황이 염려스러웠지만 나중에는 태연한 태도를 유지하며 미소를 짓기까지 했다. 당시 다섯 살이 된 칼은 집에서 아무런 제한 없이 음식을 먹도록 내버려 두었지만 절대 과식하는 법이 없었기 때문이다.

우리는 처음부터 설탕과 달콤한 음식은 조금만 먹거나 아예 먹지 않도록 칼을 가르쳤다. 단 음식을 먹다 보면 아이는 이가 썩고 소박한 음식은 쳐다보지도 않게 된다. 머지않아 아이는 설탕이 들어간 맛있는 먹거리를 찾다가 나중에는 직접 사 먹기까지 한다. 그러면서 상황은 점점 더 심각한 상태에 이르게 된다. 단것을 더 이상 사지 못하면 아이는 부모와 주변 사람들에게 짜증을 내다가 결국 돈을 훔치거나 단것을 바로 훔쳐 먹을지도 모른다. 그렇게 되면 최악의 사태가 벌어지는 것이다.

게다가 달콤한 음식은 대체로 기름지기 때문에 많이 먹으면 위가 상한다. 또한 기생충을 생기게 하여 원인 모를 고통이나 지독한 위경련을 유발하기도 한다. 많은 아이들이 설탕이 들어간 먹거리를 입에 물고 다니는데, 사실 이러한 먹거리는 아이의 이를 상하게 하므로 깨물어 먹거나 많이 섭취하게 해서는 안 된다. 음식에 들어간 다량의 설탕이 치아 표면과 신경을 훼손시키기 때문이다. 물론 이런 사태까지 일어나지 않을 수 있지만, 단 음식으로 분비된 위액은 아이의 치아를 손상시키기에 충분하다. 나는 이와 같은 사실을 항상 눈으로 확인했고 칼에게 단것을 금함으로써 나쁜 사태를 막았다.

단 음식은 이미 배를 채운 아이에게 주는 경우가 많다. 이것 하나만 먹어도 위를 망치는데 아이는 음식과 단것을 함께 먹으면서 필요 이상으로 더 많이 먹게 된다.

여하튼 나는 다음과 같은 일반적인 상식이 사실임을 확인할 때가 많았다. "단 음식은 아이의 이를 썩게 한다." "설탕은 이를 빠지게 만든다."

이런 이유로 칼은 설탕이나 단 음식을 많이 먹지 않도록 교육받았다. 다른 사람들이 아무리 끈질기게 단것을 권유해도 칼은 한사코 거부했다.

할레에 거주하는 가정집에서는 방문한 아이들에게 캔디 한 움큼을 주는 것이 관습이었다. 나는 칼에게 캔디를 주지 말라고 간청했지만 소용이 없었다. 아무리 이유를 상세히 설명해 주어도 사람들은 웃어넘길 뿐이었다. 그래서 나는 남의 집을 아예 방문하지 않거나 아니면 칼을 데리고 가는 횟수를 줄일까 생각해 보았지만 그럴 필요가 전혀 없었다. 우리 부부의 마음을 간파한 칼이 캔디를 우리나 그 자리에 있는 사람들에게 나눠 주었기 때문이다. 자신이 받은 다량의 각설탕은 설탕이라면 사족을 못 쓰는 개에게 주었다. 놀랍게도 칼은 설탕을 먹는 것이 사람에게 좋지 않음을 알았는지 절대 설탕을 사람에게 주는 법이 없었다.

우리를 초대한 가족들은 친절한 사람들이었지만 이 문제로 내 심기를 거스를 때가 많았다. 칼이 캔디를 다른 사람들에게 나눠 주거나 설탕을 개에게 줄 때마다 그 가족들은 칼을 꾸짖었다. 칼이 받은 것을 그냥 먹게끔 나더러 말을 해달라고 요청하기도 했다. 처음에는 그 일로 분위기가 싸늘해졌지만, 시간이 지나면서 가족들도 상황을 받아들였다. 3년이 지나도 칼이 끝내 캔디를 먹지 않자 그들도 더 이상 강요하지 않았다.

앞서 언급했듯이 칼은 고기를 비교적 조금 먹었으며 이런 상태를 오랫동안 유지했다. 하지만 어느 순간부터 우리는 칼의 고기 섭취량을 해마다 늘렸다. 칼의 성장 속도가 여느 때보다 빨라지고 있음을 감지하면서 영양가 높은 음식을 더 먹이는 것이 좋겠다고 판단했기 때문이다.

정확한 판단을 위해 우리는 칼의 얼굴빛, 식욕, 활동, 정신 상태 등을 하루에도 몇 번씩 기록해 두었다. 나중에는 칼의 사고력이 원활할 때를 적어 놓기도 했지만 주로 성장 상태를 매일 기록했다. 우리는 칼의 키를 문기둥에 표시했다. 매달 첫째 날에 신장을 잴 때마다 키가 크고 있는 상태를 눈으로 확인하곤 했다. 키 크는 속도가 여느 때보다 빨라지면 우리는 칼에게 고기를 조금 더 많이 주었다.

높은 고기 섭취량이 아이의 위장을 손상시킨다는 사실은 너무나 자명하다. 이로 인해 위장 기능에 이상이 생기고 위액이 흐려지면서 아이는 여러 문제를 겪게 된다.

설령 고기를 잘 소화시키고 뚜렷한 질병을 앓지 않더라도 아이의 행동은 망가지게 된다. 폭력적이고 사납게 변할 뿐만 아니라 고집을 부리며 제멋대로 굴기도 한다.

이는 자연스러운 현상이며, 고기만 먹은 동물이 보이는 난폭한 행동과 채소만 먹은 동물이 보이는 온순한 행동에서 잘 드러난다. 나는 개인적으로 다른 사람들을 관찰하면서 인간도 동물과 마찬가지의 행동을 보인다는 사실을 확인했다. 실제로 칼의 사례를 통해 채식이 아이의 행동을 온순하게 만든다는 점을 확신하게 되었다. 물론 이와 정반대되는 추론을 내려도 무방할 것이다. 이와 관련하여 나는 칼의 사례를 예로 들고자 한다.

세심한 관리와 식이요법을 3년 간 적용한 결과, 칼은 너무 공격적으로 행동하지도, 너무 얌전하게 굴지도 않았다. 그 당시 우리 부부는 불가피한 이유로 함부르크에 잠깐 머물기로 했다. 우리의 큰 고민거리는 그 사이에 사는 집을 어떻게 처리할 것인가가 아니라 칼을 어떻게 해야 할 것인가였다.

많은 사람들이 우리가 떠나 있는 동안 칼을 맡겠다는 의사를 밝혔다. 하지만 우리는 사람들이 칼에게 설탕이나 고기를 많이 먹이거나 아니면 무엇이든 마음껏 먹도록 내버려 둘까 봐 오랫동안 결정을 내리지 못했다. 그러다 결국 지금은 고인이 된 우리의 친구이자 친척인 J. H. 하인츠(Heintz) 씨에게 칼을 맡기기로 했다. 라이프치히에서 상인으로 활동하고 있던 하인츠 씨는 아들 셋과 딸 둘을 모두 훌륭하게 키워 냈기 때문에 아이를 잘 돌볼 줄 알았다. 게다가 나의 교육법에 대해 큰 공감을 표현하기도 했다. 우리가 자주 집을 방문했지만 그는 칼에게 앞서 언급한 음식을 먹으라고 부추기는 법이 없었다.

하인츠 씨는 선뜻 칼을 맡겠다고 하면서 자신의 가족이 유의해야 할 사항들을 상세히 적어 달라고 했다. 내가 그 사항들을 적어 주며 칼에게 고기를 조금만 먹여야 한다는 점을 과도하게 강조했던 모양이다. 아니면 하인츠 씨 가족이 내가 알려 준 사항을 지나칠 정도로 엄수했던 것 같다. 어쨌든 간에 가족이 세심한 주의를 기울인 결과, 칼은 팔 주 동안 고기를 충분히 먹지 못했다. 이후 우리 부부가 칼을 데리러 갔을 때, 매우 얌전한 칼의 모습에 눈물이 날 지경이었다. 다정하지만 가끔 장난도 잘 치고 생기 넘치는 모습은 온데간데없었다. 칼은 순종적인 태도로 입가에 미소를 살며시 띠고 있었다. 처음에는 우리를 잘 알아보지 못하다가, 우리가 꽉 끌어안자 힘없는 반응을 보이며 눈물을 글썽일 뿐이었다.

그날 라이프치히에서 칼은 고기를 예전보다 조금 더 많이 먹었다. 그리고 로하우로 돌아온 지 이 주가 지나자 집 안팎과 정원을 명랑하게 뛰어다니며 예전처럼 장난을 쳤다.

16장
아이의
인성 교육

　인성 교육을 하면서 우리가 세심한 주의를 기울여 지키려 한 기본 원칙은 다음과 같다. 언제나 아이를 다정하게 대하되 공정하고 합리적이면서 엄격한 태도를 유지한다는 것이었다. 한 사람이 아이의 잘못을 너그러이 눈감아주면 다른 사람이 이를 엄히 다스린다는 방식은 기본적으로 좋지 못한 교육법이라 여겼다.

　우리는 칼에게 이치에 맞고 타당한 것이라면 무엇이든 요구하라고 했다. 설사 그 문제가 적절하지 않아 우리가 이런저런 설명을 해 주어야 하는 사태가 발생하더라도 칼에게 물어보라고 했다. 우리가 칼이 알 만한 이유가 있어 요청에 응하지 않는다면, 그저 딱 잘라 거절했다. 단, 칼이 그런 정황을 이해하지 못할 경우에는 합당한 이유를 설명해 주었다. 만약 칼이 그 이유를 알고 있었음에도 불구하고 잊어버렸다면, 우리는 칼이 기억해 낼 수 있도록 질문을 던졌다.

　칼이 한 살이었을 때도 우리는 거절의 의사를 진지하고 분명하게 밝혔다. 그러고 나서 열쇠 두 개를 딱딱 부딪치거나 새로운 물건을 보여 주며 큰소리로 "이거 보렴, 칼!"이라고 말했다. 그러면 보통 칼은 그 물건을 보고 우리의 말에 귀 기울임으로써 자신이 요구했던 내용은 잊어버렸다.

그렇다고 해서 힘없는 갓난아이에게 먹을 것과 마실 것을 제대로 주지 않는다거나 아이를 더럽고 어지러운 환경에 내버려 두어서는 안 된다. 열쇠가 딱딱 부딪치는 소리에 귀를 기울인다 할지라도, 아이는 소리의 정체가 무엇인지 알아내자마자 다시 자신의 육체적 욕구에 신경을 쓸 것이기 때문이다. 하지만 내 장담하건대 칼은 기본적인 욕구 불만에 시달린 적이 단 한 번도 없다.

시간이 흐르자 우리는 더 이상 칼의 주의를 다른 곳으로 돌릴 필요가 없었다. 우리가 좋다고 말하면 좋다는 뜻이고, 안 된다고 하면 아무리 울고불고 해도 안 된다는 사실을 칼이 깨달았기 때문이다. 그러면서 자연스레 우리의 말을 따르게 되자 우리 부부는 더 이상 바랄 것이 없었다.

아이가 부모의 명령에 복종하게끔 만드는 것은 굉장히 중요하다. 보통 아이는 자신에게 해가 되는 행동을 반복하려는 경향이 있다. 하지만 말 잘 듣는 아이는 부모가 그저 "하지 마!"라고 소리치거나 아이의 이름을 부르기만 해도, 하던 일을 당장 멈추고 부모의 말에 가만히 주의를 기울인다. 그러면 부모는 아이의 행동을 멈춘 이유를 설명해 줌으로써 이와 비슷한 상황을 미연에 방지할 수 있다. 반면 말을 듣지 않는 아이는 아무리 큰소리를 쳐 봤자 소용이 없다. 평소에 부모 말을 잘 따르지 않는 아이는 자신이 원하는 행동을 계속하다가 결국 해를 입게 된다.

다음의 사례에서 잘 드러나듯이, 우리는 칼이 자신의 감정에 따라 행동하도록 했고 그에 관련해서 누구의 간섭도 받지 않게끔 했다. 아이들이 흔히 그렇듯이 칼은 태어난 지 이삼 년 동안 나보다는 아내를 더 좋아했다. 내가 많은 시간을 서재에서 보내거나 일 때문에 집을 비우는 일이 잦았기 때문이다. 또한 나는 칼과 함께 있을 때면 엄격한 태도로 내 말을 잘 따르라고 하거나 정리정돈을 잘 하라고 타일렀다. 이에 반해 아내는 어머니로서 무조건적인 사랑을 퍼부으며 칼이 원하는 것은 무엇이든 들어주었다.

아직 갓난아이였던 칼은 내 뜻을 이해할 수도, 나의 공정한 태도 이면에 아버지로서의 애정이 숨어 있음을 눈치챌 수도 없었으니 나보다 아내를 더 좋아했다. 이를 나는 잘 알고 있었고 당연한 현상으로 받아들였다. 한번은 우리 셋이 모두 소파에 앉은 적이 있었는데, 그때 칼은 아내와 매우 정답게 놀고 있었다. 아내가 좋은 의도에서 자꾸 내 쪽을 가리키자 칼은 나와도 놀았지만 이내 아내 쪽으로 몸을 돌렸다. 아내는 다시 한 번 칼을 떠밀며 아버지에게 더 다정하게 굴라고 속삭였다. 그러자 나는 진지한 태도로 아내에게 말했다.

"부디 칼이 원하는 사람과 놀도록 내버려 두세요! 지금 칼은 나보다 당신을 더 좋아하고 또 그러는 것이 마땅하니 나는 꾸짖을 생각도 없어요. 칼이 연기자도 아닌데 자기 감정을 솔직히 드러낼 수밖에요. 허나 때가 되면 내가 칼에게 해 줄 일이 더 많을 거예요. 그날이 오면 분명 칼은 내게 더 많은 애정을 표현하겠죠."

나의 말을 알아들은 아내는 칼이 뜻대로 행동하도록 내버려두었다. 그리고 내가 말한 그날은 정말로 찾아왔다.

나는 칼이 가능하면 선입관을 갖지 않고 자유롭게 판단할 수 있게끔 애썼다. 보통 부모가 아이를 교육하면서 심어 준 수많은 편견은 죽을 때까지 머릿속에 남아 상황에 대한 판단력을 심각한 수준까지 흐려 놓는다.

아이에게 아예 언급해선 안 될 문제가 있는가 하면, 설사 언급하더라도 세심한 주의를 기울여야 할 문제가 있으며, 아이가 적절한 판단을 내리고 자신의 의견을 표현할 수 있을 때까지 절대 입에 올리면 안 되는 문제도 있다. 하지만 그렇다고 해서 아이가 언제나 자신의 생각이 옳다고 여기도록 방치하지는 말아야 한다. 나는 모난 부분을 다듬는 선에서 아이의 거친 생각을 살짝 누그러뜨려 주었다.

예를 들어 칼이 사람들 앞에서 틀리지 않지만 귀에 거슬리는 의견을 말하면, 나는 이를 바로잡아 주지 않고 그저 사람들에게 농담조로 이런 말을 했다. "아이가 시골에서 자라 이렇답니다! 그러니까 너무 심각하게 받아들이지는 마세요!"

칼은 곧바로 자신이 한 말이 잘못되지는 않지만 부적절하다는 것을 깨닫고는, 우리끼리 있는 자리에서 내게 이유를 물어보았다. 나는 이를 계기로 삼아 아이의 생각을 위축시키거나 마음에 상처를 주지 않는 선에서 사안의 시시비비를 알려주고 바른 예의범절에 익숙해지도록 돕고자 했다. 또한 언제든 기회가 있을 때마다 도덕적으로나 종교적으로 올바른 마음가짐을 심어 주려고 노력했다. 예를 들어 나는 이런 이야기를 차분하게 해 주었다.

"네 생각이 엄밀히 말해 틀린 것은 아니야. 하지만 그걸 입 밖에 내뱉다니 남을 배려하지 않는 행동이었어. 그런 말은 우리 앞에서도 그렇지만 다른 사람들 앞에서 절대 해서는 안 돼. 그분이 당황하시는 모습을 보지 못했니? 우리 가족을 아끼고 존중해 주시는 분이라 안 좋은 말로 대꾸하지 않으셨지만, 그래도 어린아이에게 불쾌한 소리를 들었으니 감정이 얼마나 많이 상하셨겠니. 오늘 그분이 남들의 놀림감이 되거나 기분이 나쁘시다면 그건 다 너 때문이야!"

이 말을 들은 칼은 그분의 마음을 상하게 한 것에 대해 깊이 반성했다.

그러나 만약 칼이 자신의 잘못을 깨닫지 못한 채 "그치만 그분은 제게 줄곧 친절하셨는걸요."라고 말했다면 어땠을까. 나는 이렇게 대답했을 것이다.

"그건 '아이가 시골에서 자라 이렇답니다!'라는 나의 말에 상황을 꿰뚫어 보신 그분께서 아량을 베푸셨기 때문이야. 분명 너는 너의 그 부적절한 판단력으로 사람들의 호의를 잃었을 테지. 눈치채지 못한 모양인데 그 자리에 있던 분들은 너와 나, 그리고 그분을 걱정스런 눈빛으로 지켜보았단다. 내가 말을 돌리지 않았다면 대화는 중단되었겠지."

그럴 리 없겠지만 칼이 "그래도 저는 맞는 말을 했어요!"라고 뻔뻔스럽게 대꾸했다 가정해 보자. 나는 더욱 엄격한 태도로 칼의 생각을 바로잡아 주었을 것이다.

"정말 그럴까? 네가 실수했을지도 모르지. 그분께서 '너는 잘 모르겠지만 나는 이유가 있어 그렇게 행동한 거란다'라고 답하셨다면 어땠겠니? 아니면 '네가 감히 나를 판단해? 사리 분별도 못하는 어린애가 말이야'라고 대꾸하셨을 수도 있어. 설령 네 판단이 전적으로 옳고 그분 말이 틀렸다 하더라도 너는 그분을 배려해서 입을 다물었어야지. 우리 모두 아무 말도 하지 않았다는 걸 알아채지 못했니? 설마 너 혼자만 그분의 실수를 눈치챘다고 믿는 건 아니겠지?

말해 보렴, 칼. 그분이 많은 사람들 앞에서, 그것도 낯선 사람들 앞에서 네 실수나 약점, 경솔함 따위를 지적하셨다면 어땠겠니? 어른이 아이를 꾸짖는 행동은 적절하고 당연한 것이니 그건 일상적인 일이었을 거야. 어린애가 꾸지람을 듣는다고 해서 손해 볼 일은 없지. 사람들은 너처럼 사리 분간 못하는 아이가 잘못을 저지를 수 있다고 생각하니 말이야. 네 잘못을 대수롭지 않게 넘기거나 아예 없었던 일로 눈감아 주었을 거야.

설마 네 실수는 사람들이 모를 거라 여기니? 그럼 잘못 생각하는 거야! 사람들은 너를 배려하기 때문에 모른 척 넘어가는 거야. 실수를 지적해서 너를 당황하게 만들고 싶지 않으니까. 너를 진심으로 아끼는 지인 분들이 우리에게 네가 한 실수를 몇 번이나 지적해 주셨는지 아니? 그분들은 네가 더 나아지길 바라는 마음에서 다른 누구에게 말하지 않고 우리에게만 슬쩍 알려주신 거야.

그분들의 배려가 참으로 감사하지 않니? 그럼 너도 그렇게 행동해야지. '사람들이 자신에게 해 주길 바라는 것이 있다면 자신이 먼저 베풀어라!'라는 말이 있잖아.

다른 사람의 잘못을 하나하나 찾아내고 아무 이유 없이 남들 앞에서 그걸 들춰낸다면 절대 선한 사람이 될 수 없단다. 전능하신 하나님은 근본적으로 선한 분이시거든. 너도 주님처럼 되길 바라겠지. 그렇다면 너 자신을 완전한 수준까지 단련시켜야지. 특히 선한 마음을 갖도록 노력해야 해."

이쯤이면 칼은 반성의 눈물을 흘리며 절대 자신이 했던 방식으로 남에게 상처를 주지 않겠다고 약속했을 것이다. 특히 어린아이의 여린 마음 때문에 그런 반응을 보였을 것이 분명하다.

그렇지만 일단 논의를 더 진행시키기 위해 칼이 "그럼 제가 거짓말을 해야 하나요?"라고 말대답을 했다 가정해 보자. 이에 나는 이렇게 응수했을 것이다.

"절대 그래서는 안 되지! 그럼 거짓말쟁이나 위선자가 되는 셈이니. 하지만 그럴 필요가 전혀 없단다. 너는 그저 아무 말 하지 않으면 돼. 사람들 모두가 남들의 잘못이나 약점을 찾아내려고만 한다면 인생이 얼마나 슬프겠니. 약점 없는 사람은 없으니 모두가 쉴 새 없이 서로를 헐뜯게 될 거야. 남을 공격하거나 자신을 변호하느라 계속 신경을 곤두세우고 있어야겠지. 그게 하나님을 믿는 인간으로서, 선한 주 아버지를 섬기는 사람들로서 할 짓일까?"

내가 이런 말을 모두 했다고 가정했지만, 사실 칼의 잘못을 깨우쳐 주기 위해 그렇게까지 일장연설을 한 적은 단 한 번도 없었다. 물론 이외에도 상황에 맞는 이야기를 많이 들려주기는 했다. 하지만 그런 이야기는 앞서 말한 내용으로 충분히 짐작할 수 있는 것이니 굳이 언급하지 않도록 한다.

17장
아이가
읽기와 쓰기를
익힌 방법

칼은 그림 보는 것을 매우 좋아했다. 우리는 칼에게 그림에서 알아둘 만한 내용을 모두 이야기해 준 다음, 칼이 그 내용을 우리에게 다시 설명하게끔 하는 등 선생과 학생 역할을 번갈아 가며 맡았다. 칼이 읽을 줄 몰랐던 당시에 우리는 안타깝다는 듯이 이렇게 말하곤 했다.

"네가 읽을 줄만 알면 얼마나 좋을까! 이건 참 재미있는 이야기인데 내가 읽어 줄 시간이 없네."

그러고 나서 우리가 자리를 뜨면 칼은 그림책 속의 이야기를 하염없이 바라보았다. 마치 비밀스러운 힘을 지녔지만 주문을 몰라 쓸 수 없는 마법 부적을 보는 듯했다. 칼은 종종 자신이 직접 이야기를 지어내 우리에게 들려주었는데, 그러면 우리가 진짜 이야기를 읽어 줄지도 모른다는 생각에서였다. 그런 식으로 우리는 칼에게 읽고자 하는 욕구를 조금씩 심어 주었다.

실제로 이야기 들려주기는 칼의 조기교육에서 중요한 부분을 차지했다. 이는 아이를 키우는 부모들에게 강력하게 추천하는 교육법인데, 특히 이야기를 지어냄으로써 아이에게 중대한 교훈을 가르쳐 줄 수 있기 때문이다. 그렇게 지어낸 이야기는 적절한 방식으로 들려주기만 한다면 아이의 기억 속에 오래도록 남게 된다. 간혹 칼이 이야기 속 악동처럼 행동할 때마다 우리는 그 악동의 이름을 소리 높여 언급했는데, 그렇게만 해도 칼은 말귀를 잘 알아들었다. 내가 추천하고 싶은 또 다른 방법은 짧은 시를 암송하게끔 하는 것이다. 이해하기 쉬운 시부터 시작하여 점점 더 어려운 시를 외우도록 하는 것이 좋다. 이를 통해 아이는 이해력과 기억력을 높일 뿐만 아니라 사고방식과 행실을 올곧이 하고 도덕성과 신앙심, 감각을 키울 수 있다.

또한 나는 해설서가 딸린 바제도(Johann Bernhard Basedow, 18세기에 활동한 독일의 교육 개혁가_옮긴이)의 초등교육 교재와 다른 이야기책도 여러 권 구매했다. 사실 이 이야기책들은 바제도의 교재를 따라한 것이기에 질이 비교적 떨어졌지만, 판화가 그려져 있다는 점에서 칼이 보기에 적당했다. 그래서 나는 이야기책들을 많이 사 주어 칼이 글을 읽을 줄 모르던 시기에 그림을 충분히 볼 수 있게끔 했다. 날씨가 좋은 날의 자연이나 우리 가족이 여행 중에 본 경치, 별이 수놓인 밤하늘 풍경도 그림책 역할을 했다. 이처럼 칼은 책을 보거나 일상의 풍경을 관찰하면서 많은 영향을 받았다.

칼이 서너 살쯤에 글을 배우고 싶어 해서 나는 라이프치히에서 글자 세트를 사다 주었다. 독일어 알파벳 세트, 그리고 발음 구별 부호 및 기호가 포함되어 있는 라틴어 알파벳 세트를 열 개씩 샀고, 0에서 9까지 있는 숫자 세트도 사 주었다. 각 글자는 나무로 만들어졌으며 높이가 8센티미터가 채 안 되었다. 나는 이 글자들을 전부 상자에 넣고 칼에게 보여주면서 글자 게임을 했다.

우리 가족 셋은 카펫에 앉아 독일어 소문자 몇 개를 마구 뒤섞은 다음, 그중에 아무거나 하나를 집어 들었다. 그렇게 뽑은 글자는 꼼꼼히 뜯어보고 큰 소리로 정확히 발음했다. 그리고 이 과정을 우리 셋 다 차례차례 거쳤다. 처음에는 a나 e, i와 같은 모음이 자주 나오도록 했다. 우리는 뽑은 글자를 발음한 다음에 칼에게 보여주었고, 칼이 글자를 알아보면 칭찬했다. 칼이 글자를 알아보지 못하면 우리는 장난조로 이렇게 말했다. "어떻게 이것도 모르니. 이건 a잖아."

소문자를 가르치는 과정에서 우리는 어쩌다 한 번씩 대문자도 보여주었다. 그 대문자에 대해 내가 아내에게 질문할 때도 있었고, 칼이 우리 중 한 사람에게 질문할 때도 있었다. 우리는 대문자를 찬찬히 살펴보고는 대문자가 그에 상응하는 소문자와 어떻게 다른지 설명했다. 또 이런 학습 방식에 종종 변화를 주기도 했다.

칼이 독어 소문자와 대문자를 익히는 과정에서 나는 라틴어 소문자를 몇 개 몰래 집어넣었다. 어쩌다 라틴어 글자를 뽑으면 이 글자가 어떻게 독어와 함께 섞여 있었지, 하면서 놀란 척했다. 그리고 나는 칼이 그 라틴어에 상응하는 독어 글자를 찾아 두 글자를 비교하도록 했다. 이런 식으로 칼은 라틴어 소문자와 대문자를 차례로 접했던 덕택에, 글자 놀이를 혼자 하기 시작할 무렵에는 라틴어를 수월하게 익힐 수 있었다.

칼이 알파벳에 점점 익숙해지자 우리는 단어를 만들기 시작했다. 되도록 재미있는 단어를 택하거나 아니면 칼이 직접 단어를 선택하도록 했다. 간혹 우리 가족과 친한 누군가가 글자 놀이를 잘 모르는 척하며 칼에게 알려달라고 할 때도 있었고, 칼이 지인 중 한 명에게 놀이를 함께 하자고 제안할 때도 있었다. 이처럼 우리는 진지하게 가르치기보다는 놀이 방식에 다양한 변화를 줌으로써 칼이 읽는 법을 쉽게 배우게끔 유도했다.

마침내 칼은 알파벳을 모두 익혔고 알파벳으로 단어를 능숙하고도 정확하게 만들었으며, 나중에는 문장을 만드는 경지에 이르렀다. 또한 숫자와 기호를 익히고 정확히 사용하기까지 했다. 나는 그 이상 가르치는 것은 시기상조라고 판단했기에 당분간 칼이 이 정도 수준에 머물렀으면 했다. 칼이 네 살이 되던 무렵 나는 지인인 글라우비츠와 틸리히(Tillich) 목사와 함께 스위스와 이탈리아 북부 지방을 둘러보면서 페스탈로치 교육기관을 방문했던 적이 있다. 그 당시 아내는 칼이 평범한 재능을 지녔기에 학습 능력이 딸리지는 않을까 걱정하던 참이었다. 그런데도 내가 별다른 교육을 하지 않자 초조해진 아내는 내가 여행을 떠난 사이에 칼에게 읽는 법을 가르쳤다. 칼이 익힌 지식으로 나를 놀라게 하고 싶었던 것이다.

결국 내가 우려했던 일이 일어나고야 말았다. 그전까지 글자를 놀이처럼 익혔던 칼은 활자로 글을 배우기 시작하자 불편한 기색이 역력했다. 자연이나 주변 환경, 그림책을 통해 이런저런 것들을 배우고 집짓기 블록이나 쌓다가, 갑자기 뜻도 모르고 재미도 없는 단어들을 접하면서 배우고 싶은 의욕을 상실했던 것이다.

칼이 평소에 직접 만들거나 우리가 만들어 준 재미있는 글자들은 높이가 8센티미터 안짝에 달하는 데 반해, 책 속의 글자들은 한 줄짜리 크기였고 매우 지루해 보였다. 이렇듯 칼이 글을 배우는 데 흥미를 잃게 되자 아내는 글을 가르치면서 많은 어려움을 겪었다. 다행히도 아내의 교육으로 인해 칼은 학습 의욕을 완전히 잃지는 않았다.

내가 여행에서 돌아왔을 즈음, 아내의 노력으로 칼은 겨우겨우 읽는 법을 배웠다. 아내의 마음은 이해하지만 사실 나는 아내가 의미 없는 일을 했다고 생각한다. 칼이 그런 식의 교육을 받기에는 아직 시기상조였고 내가 보기에 칼은 책을 그다지 읽고 싶어 하지 않았기 때문이다. 한번은 칼이 짧은 이야기책을 읽지 않겠다고 했는데, 나는 그 모습을 보며 일반적인 교육을 받는다면 아이가 공부를 싫어하지는 않을까 걱정되었다. 재미있는 책이니 읽으면 좋아할 것이라고 아무리 말해도 칼은 이렇게 대꾸할 뿐이었다. "무슨 말인지 알겠지만 읽고 싶지 않아요. 이미 아는 이야기거든요."

    나는 칼에게 그간 힘들게 배운 것을 모두 잊어버리라고 할 수도 있었지만 아내가 상처를 받을 것이기에 그러지 않았다. 그 당시 나는 페스탈로치 교육기관에 관한 글을 집필하면서 읽기를 가르치거나 배우는 법에 대해 고심하던 중이었다. 이와 동시에 칼이 읽기에 관심을 보이고 빠른 시일 내에 책 읽기를 즐길 수 있도록 이런저런 방법을 강구하고 있었다. 얼마 후 칼이 내가 찾아낸 짧고 흥미로운 이야기책을 읽고 싶어 하자 나는 뛸 듯이 기뻤다. 칼은 스스로 나서서 그 책을 우리에게 몇 번이나 읽어 주었다. 웃음을 터트리며 즐거워하자 나는 이렇게 말했다. "읽을 줄 안다는 게 얼마나 큰 기쁨인지 알겠지? 이제 곧 겨울이 오면 어떻게 될지 두고 보렴! 밖에서 놀지 못할 때 책을 읽으면 얼마나 재미있는지 말이야." 이 외에 주변 사람들도 칼에게 책을 읽어 달라고 하는 등의 방식으로 나를 도와주었다. 칼이 읽기에 점점 더 흥미를 보이자 나는 적당한 책을 여러 권 사 주었다. 칼은 이 책들을 열심히 읽었으며 그중에서 몇 권은 두세 번까지 읽기도 했다.

    칼의 정확한 발음은 이미 설명한 바 있으니, 이번에는 칼에게 읽는 법을 가르치며 내가 지켰던 원칙을 정리하겠다. 우선 나는 ①공부하고 싶은 욕구를 심어 주었고, ②핵심적인 내용을 맨 먼저 가르쳤으며, ③되도록 이해하기 쉬운 방식으로 아이를 교육했다. 이 세 가지 원칙을 지키면서 우리 부부는 가끔 주변 사람들의 도움을 받아 칼에게 읽을 기회를 주거나 칭찬을 해 주었을 뿐이다. 나머지는 칼이 스스로 알아서 했다.

나는 공적인 일로 바빴고 집필 작업을 위해 준비해야 할 일도 많았던 데다가 출장도 잦았기 때문에 아이 교육에 많은 노력을 쏟을 수 없었다. 그럴 시간이나 여력도 부족했을 뿐만 아니라 읽는 법을 다 가르쳐 주는 것은 나의 교육관과 전혀 맞지 않았다.

마찬가지 이유로 나는 칼에게 쓰는 법을 일일이 가르쳐 주지 않았다. 우리 부부는 칼이 있는 자리에서 서로서로에게나 다른 사람들에게 글쓰기가 얼마나 큰 도움이 되는지 종종 이야기함으로써, 칼이 쓰는 법을 배우고 싶어 하도록 거들었다. 또한 오랜 시간을 들여 칼에게 글쓰기를 가르치지 않았을 뿐더러 칼이 도움을 거듭 청할 때에만 가르쳐 주었다. 처음에 칼은 활자를 따라 그리며 쓰는 법을 익혔다. 얼마 후 우리는 칼이 쓴 글자에 대해 이런저런 말을 해 주었고, 칼의 요청으로 편지를 주기도 했다. 칼은 편지의 글자들을 따라 그리다가 마침내 글자를 능숙하게 베끼고 쓸 줄 알았다. 남들이 힘들여 배우는 글쓰기를 손쉽게 터득했던 것이다.

덕분에 나도 많은 시간을 절약했으며 칼도 집에서 시간을 낭비하지 않고 바깥 공기를 마음껏 즐길 수 있었다. 잔소리 들을 일도, 또 쓰기 연습으로 손이나 옷을 더럽힐 일도 별로 없었다. 게다가 나중에 필기체를 잘 쓰고 싶다면 그다지 힘들이지 않고 배울 수도 있었다. 실제로 칼은 열아홉에서 스무 살이 될 즈음 4주 만에 필기체를 완전히 익혔다.

내가 일반적인 방식으로 글쓰기를 가르치지 않았던 중요한 이유는 칼이 필기에 온 정신을 쏟다 보면 자신이 쓴 글자에만 매달리게 되기 때문이다. 많은 대학생들이 이러한 행동을 보이며, 그러다가 수업 내용을 암기하는 데만 집착한다. 더구나 필기한 내용을 정확히 외우지 못하면 암기마저 여의치 않게 된다. 이에 반해 칼은 필기를 거의 하지 않고 항상 강의를 집중해서 들었기 때문에 수업 내용을 숙지할 수 있었다. 실제로 칼을 가르친 교수들은 칼의 수업 이해력에 대해 흡족해 했다.

우리 가족이 빌데크(Wildeck) 소재의 헤센-로텐부르크(Hessen-Rothenburg) 왕실에서 배운 또 다른 글자 게임이 있는데, 여기서 소개하고자 한다. 일단 게임 참가자들은 둥근 탁자에 모여 앉고 탁자 위에 알파벳이나 암호 문자 따위를 많이 놓아둔다. (글자는 골판지 소재에 높이가 2.5센티미터 정도이다.) 참가자들은 각각 알파벳을 몇 개 가져가 이런저런 단어들을 만들어 본 다음, 이 알파벳들을 뒤섞어 옆 사람에게 준다. 그리고 그것들로 단어 몇 개를 만들 수 있는지, 또 각 단어의 첫 알파벳이 무엇인지 알려준다. 이때 문제를 푸는 사람이 첫 알파벳들을 세로로 죽 늘어놓으면 단어들을 보다 수월하게 맞출 수 있다. 이 게임은 언어 능력을 쌓는 데 큰 도움을 준다. 한 예로 헤센-로텐부르크 왕가의 영특한 클로틸데(Klotilde) 왕자는 독일어든 프랑스어든 이탈리아어든 상관없이 모든 단어들을 몇 분 만에 알아맞혔다고 한다. 게임 참가자들을 서로 문답을 주고받으며 수많은 가능성을 생각해 볼 수 있다.

우리 부부는 이와 같은 재미있고 유익한 게임들을 베를린이나 라이프치히 등지에서 배우거나 책을 통해 익힌 다음, 칼과 함께 해보았다. 그리고 규칙에 크게 어긋나지 않는 선에서 일부러 게임을 복잡하게 만들었다. 개선할 여지가 보이면 우리는 게임 방식을 임의로 바꿀 때가 많았다. 이를 통해 거두는 교육적 효과는 크다. 게임의 구조를 근본적으로 살펴봄으로써 아이는 게임 규칙을 그저 기계적으로 따르지 않고 논리적으로 생각하게 된다. 이후 칼은 더 높은 수준의 수학을 배워 계산 게임에도 능숙해지자, 자유자재로 게임 방식에 변화를 주었다. 규칙을 더 좋게 바꾸어 완전히 새로운 게임을 만들어 내기도 했다. 칼이 이런 시도를 처음 했을 때 내가 얼마나 놀랐는지 모른다.

나는 손재주가 좋은 사람을 고용하여 칼에게 기술을 가르치고 설명하게끔 한 적이 있다. 칼은 그 사람의 손놀림을 보고 비법을 스스로 알아내려고 노력했고, 성공을 거둘 때가 많았다. 얼마 지나지 않아 칼의 흉내 내기 능력이 사람들, 특히 여성들의 환심을 사는 데만 사용될 뿐 별 쓸모가 없게 되면서, 나는 칼에게 그런 능력을 쓰지 말라고 했다. 그러자 내가 의도했던 대로 사람들은 칼에게 더 이상 열렬한 환호를 퍼붓지 않았다.

18장
공부와 놀이를 구분하기

　　프랑스 출신 교육자인 아베 고티에(Abbé Gaultier)는 적당한 놀이를 통해 아이를 합리적인 방식으로 지도한다면 매우 많은 내용을 가르칠 수 있다고 했다. 그는 맞는 말을 했고 나 또한 이에 동의한다. 차이점이 있다면 나는 날마다 시간을 따로 내어 즐거운 분위기 속에서 아이를 교육했지만, 놀이를 하듯이 가르치지는 않았다. 처음에 나는 고티에의 교육법을 따르려고 했으나 얼마 후 그 방식을 이모저모 따져보게 되었다. 내가 내린 결론은 다음과 같다.
　　고티에 박사는 30년 간 자신의 교육법을 실행하면서 큰 효과를 보았으니, 그 밑에서 배운 학생들은 마땅히 박학다식할 뿐만 아니라 지적 능력 면에서도 뛰어나야 한다. 그렇다면 그중에서 우수한 인재들이 많이 배출되었다는 소식이 들려야 할 텐데 실제로 그런 일은 일어나지 않았다. 그 원인은 무엇일까? 나는 이렇게 생각한다. 어린 나이부터 모든 것을 놀이하듯이 배운 사람은 커서도 마찬가지 방식으로 배우고 싶어 한다. 그렇지 못하면 배우고자 하는 열의를 잃어버리는 것이다. 하지만 일단 생계 전선에 뛰어들게 되면 놀 생각은 꿈도 꾸지 못하고 때와 장소, 상황에 맞게 모든 것을 진행해야 하며 단호한 태도로 이런저런 일을 밀어붙여야 한다. 그리고 일을 생각할 때마다 예전에 놀던 시절만 그리워하면서 짜증만 늘어가고 매사를 귀찮게 여긴다. 그러다 결국 어떤 일을 하든지 간에 기대에 부합하지 못하는 성과를 보이게 된다.

이런 까닭으로 나는 공부와 놀이를 엄격히 분리하는 원칙을 고수했으며, 두 가지를 접근하는 태도에도 명확한 구분을 두었다. 한 예로 칼이 지적 능력을 온전히 동원해야 하는 게임을 할 때, 우리 부부는 칼의 정신력을 자극하려고 했지만 굳이 강요하지는 않았다. 만약 칼이 게임을 다른 방식으로 할 경우, 우리는 모른 척하거나 아니면 농담조로 "너는 딱 그 정도밖에 모르는구나?"라고 말했다. 이에 칼이 제대로 대답하지 못하면 우리는 이런 말로 또 다시 칼을 놀렸다. "똑똑해지려면 아직 한참은 멀었네. 네가 대답하는 걸 보니 알겠다." 그제야 말귀를 알아들은 칼은 정신력을 더 많이 발휘하려고 노력했다.

공부의 경우에는 태도를 달리했다. 교육 초반에 나는 날마다 15분씩 칼을 가르쳤는데 그 시간 동안 칼이 정신을 집중하게끔 했다. 칼은 온힘을 다해 할 일을 해야 했고, 만약 그러지 못하면 나는 화를 냈다. 수업 시간 동안만큼은 손님 방문을 금했으며 아내나 하인도 절대 방해하지 못하도록 했다. 그런 상황이 발생하면 나는 단호한 태도로 "지금은 안 됩니다! 일하고 있잖아요!"라고 하거나 "지금 칼이 수업 받고 있거든요!"라고 말했다. 칼을 아끼는 친구들이나 아내가 기회를 종종 마련해 준 덕분에 나는 이런 말에 힘을 실을 수 있었다. 내 의지가 어찌나 확고하게 들렸던지 집에서 키우는 애완견조차 "일을 해야 해!"라는 말을 알아듣고는 얌전해질 정도였다. 이런 상황을 인상 깊게 지켜본 칼은 자신의 공부 시간을 중요한 것으로 인식했다.

수업 시간 동안 칼은 쉬지 않고 계속 공부하면서 속도를 낼 뿐만 아니라 온 정신력을 쏟아부어야 했다. 아무리 공부를 잘 해도 학업 속도가 느리면 나는 못마땅하게 여겼다. 덕분에 칼은 모든 일을 빠르게 처리할 수 있게 되었고 이는 여러모로 큰 도움이 되었다. 다른 사람 같으면 어려워할 일도 칼은 손쉽게 해내는 경우가 많았다. 남들이 일을 막 시작할 즈음에 칼은 같은 일을 끝내 버렸다. 그러면서 남들보다 더 완벽한 수준으로 일을 해냈고 여유 시간도 더 많이 가질 수 있었다.

나중에 칼은 이런 능력이 얼마나 소중한지 깨닫게 되면서 내게 고마워했다. 어렸을 적에는 내가 왜 그렇게 모든 일을 완벽한 수준으로 빠르게 하라고 요구했는지 이해하지 못했지만, 이제 그 덕에 큰 혜택을 누리게 되었다며 진심으로 감사해했다.

19장
보상에 대한 원칙

우리는 칼이 착한 일을 했을 때 상으로 돈이나 물건을 주지 않았다. 칼은 선행 자체에서 기쁨을 느꼈으며 자기 자신을 극복했다는 점에서 성취감을 느끼거나 우리의 칭찬을 받으며 즐거워했다. 자신의 선행을 '행동 기록장'에 적어두고 선행으로 친구와 더 가까워졌다는 사실에 만족했고, 하나님이 좋아하실 만한 행동을 했으니 이제 선하신 주님의 곁으로 한 발짝 더 다가간 셈이라며 좋아했다. 이 모두가 칼이 선행으로 얻은 보상이었다. 칼은 하나님의 모습에 가까워지기를 진정으로 원했고 선행을 할 때마다 하나님을 닮아가는 것이라고 확신했다.

우리 부부는 악행에 대해서는 정반대 태도를 취했다. 다행히 칼이 악행을 저지르지는 않았지만 우리는 다른 누군가 잘못된 행동을 할 때 잘잘못을 철저히 따지며 안타까워했다. 잘못을 저지른 사람이 누구든, 또 그 원인이 무엇이든 상관없이 우리는 엄격한 태도를 취했다. 하지만 그렇다고 해서 칼이 그 사람에게 대놓고 비난을 퍼부은 적은 한 번도 없었다.

우리는 칼이 무언가를 배울 때면 거리낌 없이 금전적인 보상을 주었다. 또 그럴 때마다 칼의 능력이나 신앙심이 한참 부족한 수준이지만 그런 자질은 노력하면 갈고닦을 수 있다고 말해 주었다. 뿐만 아니라 우리는 경험을 통해 지식을 쌓고 지적 능력을 키움으로써 사람들에게 존경을 받을 수 있다고 했다. 그렇지만 칼은 많은 사람들의 존경을 얻기보다는 훌륭한 인물에게 인정받거나 우리 부부와 하나님의 사랑을 받고 싶어 했다. 다수에게 받는 존경은 거품 같은 것이지만 가까운 사람들에게 받는 사랑은 변하지 않는다는 사실을 알았던 것이다.

칼이 열심히 공부하고 나면 나는 그저 이렇게 말해 주었다. "잘했다! 네가 할 일을 끝내니 참 좋구나!" 그리고 칼의 성실한 행동을 지인들에게 말할 때도 마찬가지 태도를 취했다. 반면 선행에 대해서는 대단한 일을 했다는 듯이 칼을 칭찬해 주었고 뛸 듯이 기뻐하며 그 소식을 친구들에게 전했다. 다시 말해 우리는 부지런히 일하면 소소한 기쁨을 누릴 수 있지만 착한 일을 하면 천상의 즐거움을 맛볼 수 있다는 점을 강조했다.

그래도 칼이 열심히 공부한 내용에 대해서는 금전적인 보상을 제공했다. 보상 방식은 직장에서의 보수 체계를 최대한 모방하려 했다. 칼이 거둔 성과가 미미할 경우, 나는 돈을 아주 조금만 주면서 칼이 쏟은 수고를 적게나마 인정해 주었다. 그와 동시에 칼이 보상에 큰 의미를 두지 않도록 주의를 기울였다. 보상을 노력에 대한 단순한 대가로 받아들이다 보면 공부 자체에 큰 의미를 두지 않게 되기 때문이다. 하지만 그런 일은 칼에게 일어나지 않았다.

칼이 책을 능숙하게 읽거나 예의바르게 행동했을 때, 나는 1페니히(pfennig, 독일의 옛날 화폐 단위_옮긴이) 정도로 아주 적은 금액을 주었다. 많은 노력을 쏟은 일에 대해서는 10페니히를 주기도 했는데, 아이의 단순한 심리 때문에 직접적인 보상이 필요할 때까지 이런 식으로 돈을 주었다. 칼이 얼마나 감사해하며 돈을 받았는지 모른다! 내 장담하건대 더 많은 돈을 받아도 그렇게까지 기뻐하는 사람은 드물 것이다.

나는 칼의 생활을 통해 시민의 삶을 재현하려 했다. 우리 부부는 정부의 역할을, 나는 총리의 역할을, 칼은 정부에 소속된 일반 공무원 역할을 맡는 셈이었다. 나는 칼에게 자신과 모두의 행복을 위해 온힘을 다해 맡은 일을 수행하고, 앞으로 더 많은 노력을 기울여 쓸모 있는 일을 해내라고 주문했다. 그 일환으로 칼은 자신이 했던 행동과 해야 할 의무를 모두 '행동 기록장'에 적어 놓았다. 그리고 나는 칼이 열심히 일할 때마다 그 수고를 인정해 주었으며 그 대가는 돈으로 보상했다. 우리 부부가 마치 정부처럼 칼을 부양하는 입장이었으므로 칼은 이런 체계를 자연스럽게 받아들였다. 게다가 그 덕분에 이후 정부가 어떻게 돌아가는지 설명을 들으며 보다 수월하게 이해할 수 있었다.

칼은 받은 돈을 저축함으로써 돈을 관리하고 올바르게 사용하는 법을 배웠다. 그 돈으로 사탕을 사 먹었다면 돈을 순식간에 써버렸을 테고, 단것을 제한하는 우리의 방침으로 미루어 봤을 때 별다른 즐거움을 느끼지 못했을 것이다. 그 대신 칼은 쓸모 있는 물건을 구입할 수 있을 때까지 돈을 계속 모았다. 우리는 필요한 금액이 빨리 모이도록 돈을 몰래 보태기도 했다. 이와 동시에 칼이 현재 가지고 있는 물건도 충분히 쓸 만하다는 점을 지적하곤 했다. 결국 칼은 그 돈으로 다른 아이의 선물을 샀고, 그 결과 아이와의 우정을 돈독히 하면서 아이 부모의 사랑도 얻었다.

이웃이 불운한 일을 겪을 때마다 우리 부부는 우리 수준에 맞게 도움을 주었다. 그리고 여기에 칼이 준 돈을 보태는 것도 잊지 않았다. 우리는 칼의 돈을 매우 고맙게 받으며 이웃에게 전했다. 칼이 준 돈은 푼돈에 불과하지만,

나는 전 재산을 고려할 때 나나 칼이나 마찬가지 금액을 기여한 셈이라고 설명해 주었다. 그러면서 칼이 예전에 성경에서 배운 가난한 과부의 이야기를 언급했다. (마가복음 12장 42~45절에서 예수는 부자가 넉넉한 돈을, 과부가 푼돈을 헌금함에 넣는 것을 보고는 제자들에게 과부는 자기 생활비 전부를 바쳤으므로 부자보다 훨씬 더 많은 돈을 헌금한 것이나 다름없다고 가르쳤다_옮긴이)

만약 칼이 최고의 성과를 거둠에도 불구하고 도덕적으로 어긋나는 행동을 했다면, 돈을 받지 못했다. 도덕적 원칙을 조금만 어겼을 경우라도 나는 이렇게 말했다.

"오늘 한 만큼 내일도 부지런히 공부하면서 행동거지도 올바르게 하렴. 그러면 오늘 몫까지 줄게."

평소 칼은 자기 자신에게 엄격했다. 벌을 받고도 불쾌하게 생각하지 않았고 오히려 자신의 잘못된 행동에 대해 속상해했으며 우리에게 걱정을 끼쳤다는 사실에 슬퍼했다. 또한 높으신 주님에게서 사랑과 신뢰를 잃지는 않을까 걱정했다.

칼은 이런 말을 할 때가 많았다. "오늘 저는 돈을 받을 수 없어요. 올바르게 행동하지 않았거든요." 칼이 사소한 원칙을 어겼을 뿐인데 이런 말을 할 때, 사실 나는 돈을 주지 않기가 얼마나 힘들었는지 모른다. 기쁜 마음으로 돈을 두 배로 얹어 주고 칼에게 키스를 퍼붓고 싶은 마음이 굴뚝같았다. 나는 이런 마음을 꾹 참고 차분한 어조로 말했다. "그래, 그런 줄은 몰랐네. 내일은 더 바르게 행동하려무나!" 그리고는 칼의 볼에 살짝 뽀뽀해 주었다.

이런 과정을 통해 우리는 많은 성과를 거두었다. 부모들이 자기 자신이 아이의 미래를 좋은 방향으로 발전시키고 싶다면 우리와 같은 방식으로 아이를 교육하기 바란다.

우리는 책 한 권을 모두 읽거나 번역하는 등 큰 과제를 마친 후에 완성을 기념하며 큰소리로 이렇게 외쳤다. "호메로스여, 영원하라!" 그러면 아내는 이를 축하 파티가 있을 것이라는 신호로 이해했다. 물론 나에게 미리 귀띔을 받았지만 말이다.

과제 완성을 축하하기 위해 아내는 칼이 좋아하는 애플파이나 와플, 와인 소스를 곁들인 오믈렛 따위를 만들어 저녁 식탁을 푸짐하게 차렸다. 식사 중에 나는 칼의 성실함과 열정, 지속적인 노력을 통해 거둔 성과, 한층 발전한 실력을 칭찬했다. 또 즐거운 마음으로 끝마친 책의 내용과 앞으로 공부할 책의 내용을 알림으로써 식탁에 활기를 불어넣었다. 그 자리에는 칼이 초대한 친구들이나 마침 집을 찾아온 손님들이 참석했고, 파티의 주인공이 된 칼은 공부한 책에 대해 이야기하며 큰 보람을 느꼈다.

이 과제를 훌륭히 해낼 수 있도록 재능과 건강을 내려 주신 하나님께 감사드리는 것도 잊지 않았다. 또한 아내는 칼에게 가르치느라 수고하신 선생님께도 고마움을 전하라고 일러 주었다.

20장
아이의
언어 교육

칼이 여섯 살이 되었을 때 우리 가족은 베를린과 로스토크로 긴 여행을 떠났고, 돌아오는 길에 슈텐달에 들러 처남인 자이데(Seide) 전도사의 집을 방문했다. 처남의 막내아들 하인리히는 귀엽고 사랑스러운 아이로 칼보다 두 살이 더 많았다. 아이는 자신을 아끼는 계모와 누나에게서 프랑스어를 배웠고, 그 결과 프랑스어 독해와 번역에 능했을 뿐만 아니라 말하기와 쓰기도 곧잘 했다. 이를 흡족히 지켜본 나는 하인리히와 하인리히를 가르친 가족들에게 애정과 존경을 표했다.

아내는 이런 조카의 모습에 기뻐했지만 내게 칼은 아직 아무것도 모르는데 어떻게 하냐고 말했다. 나는 웃으며 칼도 꽤 많은 것을 익혔다고 아내를 안심시켰다. 그 자리에 있던 친척과 친구들도 나의 말에 맞장구쳤다. 물론 칼은 내가 가르치지 않은 게 무엇인지 잘 몰랐지만 말이다.

아내는 대꾸했다. "어째서 칼을 가르치지 않으시나요? 프랑스어를 잘 하시잖아요. 그런데 칼은 전혀 할 줄 모르니 제가 다 민망하네요." 내가 적절한 시기가 아직 오지 않았다고 말하자 아내는 쏘아붙였다. "지금 가르친다고 해서 칼에게 나쁠 건 없잖아요. 당신도 지금 건강 상태로는 언제까지 살 수 있을지 몰라요. 가르치는 시간도 오래 걸릴 텐데 뭘 그렇게 겁내시는 거죠?"

나는 결심을 바꿀 생각이 없었으므로 그저 미소로 답했다. 슈텐달에서 집으로 향하는 길에 기쁜 마음으로 하인리히 이야기를 꺼내자 아내는 또다시 나를 설득하려 했다. 이에 기분이 언짢아진 나는 이렇게 말했다.

"제발 여행 잘 하고 있는데 분위기 불편하게 만들지 말아요! 집에 돌아가자마자 칼에게 외국어를 가르치도록 하죠. 하지만 매일 15분 이상은 가르치지 않겠어요. 칼은 때가 되면 외국어를 익힐 테고, 나는 단지 그걸 당신에게 보여 주기 위해 칼을 가르치는 거요."

"약속 잊으시면 안 돼요."

"내가 언제 약속을 지키지 않은 적 있나요?"

대화가 끝나자 나는 하인리히와 칼을 떠올렸고 내가 가르칠 방식에 대해서도 생각했다.

이후 여행을 마칠 때까지 줄곧 언어를 어떻게 가르쳐야 할지 고심했다. 설령 내가 네덜란드어와 영어를 유창하게 구사한다 할지라도(실제로 나는 두 언어를 잘 구사할 줄 알았다) 칼에게 저지(低地) 독일어(Plattdeutsch, 독일 북부 지방의 방언. 독일어 방언은 저지 독일어와 남부 높은 지대의 고지 독일어로 나뉘는데 저지 독일어는 서민층의 언어로 영어나 네덜란드어와 발음이 유사하며 고지 독일어는 문어체 표준어로 책이나 신문에서 많이 쓰인다._옮긴이)를 먼저 가르쳤을 것이다. 저지 독일어는 칼이 우리 부부 대화를 들으면서, 또 북부 독일로 몇 번이나 여행을 가면서 이미 익숙해진 언어이기 때문이다. 저지 독일어를 가르친 후에 나는 네덜란드어와 영어, 프랑스어, 이탈리아어, 스페인어, 라틴어를 순서대로 가르치고 마지막으로 그리스어를 익히게 할 생각이었다.
　표준 독일어와 저지 독일어, 네덜란드어가 서로 비슷해 칼이 세 언어를 헛갈리지 않을까 염려하지는 않았다. 저지 독일어는 표준 독일어와 꽤 다르기 때문에 이해력이 좋은 사람이라면 둘 사이를 쉽게 구분할 수 있다. 칼이 제대로 교육만 받는다면 이 언어들을 매우 수월하게 익힐 테니 영어나 네덜란드어를 독일어로 정확히 번역할 뿐만 아니라 그 반대 방향의 번역도 문제없이 해낼 것이었다.
　이론적으로 따지자면 그리스어는 독일어와 비슷한 부분이 많기 때문에 독일어를 완전히 습득한 후에 쉽게 익힐 수 있다. 두 언어 모두 관사를 사용하고 명사와 동사의 어형 변화가 있는데다가 문장을 만들고 단어를 합성하는 방식도 비슷하다. 하지만 요즘 시대에 누가 고대 그리스어로 말하고 쓴단 말인가? 그리스어를 제대로 써먹는 아이가 이 세상에 있긴 한가? 어떻게 아이에게 그리스어의 효용성을 설명하고 그리스어에 대한 관심을 불러일으킬 수 있겠는가? 사실 나는 그리스어를 잘 읽을 수 있긴 하지만 프랑스어와 이탈리아어에 훨씬 더 능숙하다. 언어를 가르치는 데 있어 이런 현실적인 문제들은 생각보다 많이 중요하다.
　이런저런 점들을 고려한 결과, 나는 첫 외국어로 프랑스어를 가르치기로 했다. 그 이유는 다음과 같다.
　나는 아이가 외국어를 배우려면 이전에 그 언어를 간접적으로 접한 적이 있어야 한다고 생각한다. 칼은 프랑스어에 어느 정도 익숙했다. 나는 프랑스어로 말하고 쓸 줄 알았고 칼은 내가 프랑스어로 말하는 것을 종종 들었다. 칼은 자신이 존경하는 박학다식한 분들과 내가 웃으며 대화를 나눌 때마다 우리의 대화를 이해하지 못한다는 사실에 답답해했다. 우리는 은밀한 내용을 다룰 때면 프랑스어로 말하는 편이었다. 칼에 대해 언급할 때도 있었는데 칼은 이를 눈치챘다. 나중에 칼이 대화 내용을 묻자 나는 일부러 호기심을 자극하는 대답을 한 다음, 이런 말을 덧붙였다.

"네가 프랑스어를 알아들을 수만 있다면 얼마나 좋을까! 배우는 기쁨도 누리고 사람들의 존경도 받을 수 있을 텐데."

사실 라틴어를 통달한 아이는 그 파생 언어들인 이탈리아어와 프랑스어 등을 쉽게 익힐 수 있다. 그러나 이 외국어들 중에서 라틴어를 맨 먼저 익히는 것은 미련한 짓이다. 특히 독일어 교육을 이미 제대로 받은 아이는 이를 달갑지 않게 생각할 것이다. 물론 그렇지 못한 아이라면 꾹 참고 선생이 가르쳐 준 모든 내용을 아무 생각 없이 받아들이겠지만 말이다.

사람들이 흔히 말하길 어머니를 잘 알고 지낸 사람은 그 딸들과 쉽게 친해질 수 있다고 한다. 그 말에 나는 이렇게 반박하겠다. 딸들에 대해 잘 아는 사람이라면 분명 이들의 어머니와 빨리 안면을 트게 된다고. 더욱이 그 사람이 젊다면 어머니보다는 딸들과 먼저 친분관계를 맺는 것이 더 쉽다.

마찬가지로 라틴어를 먼저 배우면 이탈리아어와 프랑스어 따위를 더욱 손쉽게 익히게 된다는 주장에 나는 다음처럼 답하겠다.

"그거야 당연하지요! 건물 옥상에 있는 사람이라면 힘들이지 않고 삼층과 이층, 일층, 그리고 마지막으로 지하층을 내려갈 수 있으니까요. 하지만 옥상은 어떻게 올라가야 할까요? 먼저 지하층을 간 다음에 일층과 이층, 삼층을 순서대로 올라가는 편이 분명 더 합리적일 겁니다. 그러다 보면 큰 힘을 들이지 않고 수월하게 옥상에 도달할 수 있겠지요. 그런 방식이 바깥에서 바로 꼭대기에 가는 일보다 더 쉬울 거예요. 게다가 이 방식은 자연스럽게 진행되기 때문에 위험성도 덜하고 사람들이 높이 평가하는 옛날 방법보다 시간도 덜

듭니다."

영리한 아이라면 'pater'라는 라틴어가 무슨 뜻이냐는 질문에 곧바로 이렇게 말할 것이다. "Vater('아버지'를 뜻하는 독일어)'라는 뜻이겠지요. 그런데 정관사는 어디 있나요?"(모든 독일어 명사는 각각 성(性)을 가지고 있으며 남성과 여성, 중성으로 분류된다. 또 이 성을 토대로 명사 앞에 각각 다른 형태의 정관사를 붙여 명사의 성분을 구분한다. 예를 들어 Vater는 남성 명사이며 이 명사의 주격과 소유격, 간접 목적격, 직접 목적격을 구분하려면 각각 der와 des, dem, den을 명사 앞에 붙이면 된다._옮긴이) 만약 내가 "정관사는 'pater'라는 단어 속에 들어가 있단다"라고 답한다면, 아이는 어이없다는 듯이 웃어버리거나 말도 안 된다고 응수할 것이다. 명사의 어형 변화를 이미 숙지한 아이가 'des Vater('아버지의'라는 뜻의 독일어)'가 라틴어로 'patris'이라는 설명을 듣는다면, 'des'라는 정관사 없이 소유격을 표현한다는 것은 상상할 수도 때문에 이 설명을 받아들이지 못할 것이다. 그러나 프랑스어를 가르친다면 상황은 달라진다. 아이는 '아버지'가 프랑스어로 '르 페르(le père)'라는 사실을 잘 받아들일 것이며, 마찬가지로 '아버지의'가 '뒤 페르(du père)'라는 점도 쉽게 이해할 것이다. (독일어와 비슷하게 프랑스어 명사도 성으로 구분되며 앞에 붙는 관사의 형태에 따라 명사의 성분이 달라지기도 한다._옮긴이)

이번에는 동사 번역 문제로 넘어가보자. 내가 'ædifico'라는 라틴어는 'Ich baue('나는 건설한다'라는 뜻의 독일어)'로 번역된다고 말할 경우, 아이는 혼란스럽다는 표정으로 주어는 어디에 있냐고 물을 것이다. 반면 이것이 프랑스어로 'je bâtis'라는 사실은 온전히 받아들일 것이다. 마찬가지로 'ædificas('당신은 건설한다'라는 뜻의 라틴어)'라는 표현은 이해하지 못할 것이며 라틴어의 복수형도 이치에 맞지 않는 것으로 여길 것이다.

사전 교육을 잘 받았거나 똑똑한 아이는 이렇게 논리적으로 사고하겠지만, 교육을 제대로 받지 못하거나 아예 받지 못해 둔한 아이는 책에 적힌 문법이나 선생에게 배운 지식을 절대적인 것으로 받아들인다. '단수와 복수, 주격 형태' 등 전혀 이해가 가지 않는 내용까지도 무조건 암기하는 것이다. 이런 문법 용어들을 과연 이해하는지 질문을 받는다면 아이는 겁을 먹을 것이 분명하다. 나중에는 이해하지도 못하면서 오만가지 것들에 대해 근시안적인 판단을 대충 내려 버리고, 자신이 알고 있다는 이유만으로 이 부정확한 생각을 남들에게 강요하게 된다.

이번에는 현재완료 시제를 예로 들어보자. 아이는 'Ich habe gebaut('나는 건설했다'라는 뜻의 독일어)'에 상응하는 라틴어 표현인 'ædificavi'를 거북하게 생각할 것이 틀림없다. 하지만 같은 뜻을 지닌 프랑스어 표현인 'je ai bâti'나 영어 표현인 'I have built'라면 훨씬 더 자연스럽게 이해할 것이다. 하지만 라틴어 시제에 가정법까지 익히려면 상황은 더욱 복잡해진다. 총명한 아이가 일반적인 방식으로 교육을 받는다면 이런 문법을 제대로 이해하지도 못한 채 오랫동안 혼란스러워 하게 된다. 이처럼 명백한 사실에 어떻게 의문을 품을 수 있는지 그저 놀라울 뿐이다. 많은 아이들이 지난 20년 간 이처럼 관례적인 언어 교육을 받았지만, 나는 이중에서 똑똑한 아이들 상당수가 나와 같은 생각을 품었을 것이라고 생각한다.

우선 나는 독일어와 가장 비슷한 외국어 표현을 찾아낸 다음, 칼에게 이 표현을 단어 하나하나까지 독일어로 해석해 가르쳐 주었다. 이런 과정을 전반적으로 거치면 아이는 외국어 표현의 뜻을 단번에 이해하고, 나중에는 그 표현의 뜻을 정확히 해석하게 된다. 변칙적인 표현이 나올 경우, 나는 이런 식으로 설명해 주었다. "이걸 알아두면 좋겠구나! 'dire('말하다'라는 뜻의 프랑스어)'는 현재형이 아니라 원형 동사야. 'pour me dire('나에게 말하기 위해'라는 뜻의 프랑스어'와 같은 표현에서 쓰이지." 칼은 변칙적인 표현들을 접하면서 그 안에서 규칙을 파악했으므로, 추후에 이와 비슷한 것들을 종종 보더라도 크게 당황하지 않았다. 한 예로 나는 "J'ai entendu, qu'on m'a appelle. Est il vrai?('누가 나를 부르는 소리가 들렸어. 맞지?' 라는 뜻의 프랑스어 표현)"라는 문장을 다음과 같은 방식으로 설명했다. 우선 'j'ai'는 'je'와 'ai'로 분리되며 프랑스 사람은 'je ai(쥬 에)'보다는 'j'ai(제)'라는 발음이 더 자연스럽다고 생각하기 때문에 이 표현이 틀린 것은 아니라고 했다. 그러면 칼은 이런 방식으로 문장을 이해하기 시작하면서 프랑스어를 익혔다. 'qu'on'이 'que on'과 같다는 사실은 설명할 필요도 없었다. 칼은 'je ai'와 마찬가지로 'm'a'도 'me a'가 축약된 표현임을 유추해 냈다. 비슷한 논리를 바탕으로 'est il'이 어째서 '에 일'이 아니라 '에 틸'로 발음되는지도 알아챘으며, 각 문장 성분의 뜻이 무엇인지 이해했다. 그 시점에서 나는 'vrai'의 뜻이 '진실인, 사실의'임을 알려 주며 칼이 'Est il vrai?'에서 각 단어의 뜻이 무엇인지 스스로 알아내게끔 유도했다. 이에 칼은 곧바로 'il'과 'est'가 각각 '~이다'와 '그것'이라는 뜻이라며 정확한 답을 내놓았다.

어떤 독자는 이와 같은 방식은 제대로 된 번역이 아니므로 아이가 어색한 독일어 표현에 익숙해지게 된다고 반박할 것이다. 그러나 내 오랜 경험에 비추어 볼 때 그런 사태는 일어나지 않는다. 이러한 독자의 주장은 문장 구조가 독일어와 확연히 다른 라틴어의 경우에 어느 정도 맞을 수 있지만, 프랑스어의 경우에는 전혀 들어맞지 않는다. 게다가 평상시 정확한 독일어를 능숙하게 구사하는 아이라면 처음에는 앞서 언급한 방식으로 문장을 해석할 것이 뻔하다. 해석을 마치고 나서는 같은 문장을 자연스러운 독일어 표현으로 고쳐 말할 것이다. 설령 아이가 그렇게 하지 않더라도 나는 각 단어를 제대로 이해하지 못한 채 문장을 매끄러운 독일어로 옮기는 일반적인 방식보다는, 단어 하나하나를 꼼꼼하고 정확하게 옮기는 방식이 훨씬 더 낫다고 생각한다.

"그렇다면 분석하는 능력은 어떻게 키워 줄 것인가?"라는 질문이 제기될 수 있다. 이와 관련하여 나는 칼이 먼저 상식과 독일어를 습득하면서 각 단어의 의미를 유추하거나 단어의 형태와 위치를 변화시키고 다른 단어로 대체하는 등 여러 연습을 통해 사고력을 기르게끔 했다.

그런 다음에 독일어 책을 읽는 것과 똑같은 방식으로 외국어 문장을 해석하도록 했다. 그 과정에서 각 구절의 정확한 의미를 파악하는 데 주안점을 두었다. 칼은 어떤 단어나 구절을 명확히 이해하지 못할 경우, 그 뜻을 다시 생각하거나 우리 부부에게 물어보았다. 아니면 우리가 그 뜻을 칼에게 물었다. 한마디로 칼은 모든 것을 꼼꼼히 이해하려는 습관이 몸에 배었던 것이다. 이런 식으로 단어 하나하나의 다양한 쓰임새를 익힌 덕분에 어느 것 하나라도 어림짐작으로 넘어가는 법이 없었다. 우리가 단어의 문법적 용법을 찾아 읽어 주거나 그 형태가 다른 위치에서는 어떻게 바뀌는지 알려 주면 칼은 흔쾌히 받아들였다.

칼은 항상 사전과 문법책을 양 옆에 두고 외국어 교재를 읽었다. 외국어를 처음 익히는 아이의 경우에는 두터운 사전에서 단어를 찾아보는 일이 번거롭고 복잡할 수 있으므로 작은 사전이 딸려 있는 교재를 읽는 것이 좋다. 어떤 교재는 관련 문법을 간략히 정리한 부록이 딸려 나오지만 우리는 이것을 한번도 활용하지 않았다. 아이가 애초에 문법을 충분히 익혀 나중에도 활용할 수 있도록 하는 것이 중요하기 때문이다. 문법책에 책갈피를 끼워 표시하는 습관을 들이게끔 하면 문법을 요약한 부록 따위는 필요가 없다.

칼은 외국어 표현을 해석할 때마다 그 용법을 철저히 익혔으며 독일어로 정확히 해석할 줄 알았다. 따라서 아무리 형태 변화가 까다로운 단어라도 그것의 성(性)이 남성인지 여성인지, 단수인지 복수인지, 아니면 명사인지 형용사인지 늘 정확히 익히려고 노력했다.

　여기서 주목할 점은 칼이 다른 아이와 마찬가지로 분석하는 법을 배웠다는 것이다. ①칼은 무언가를 배울 때마다 직접 분석해야 한다는 것을 원칙으로 삼았다. ②그리고 분석의 목적은 문맥을 완벽하게 이해하기 위해서였다. 그런 식으로 칼은 맨 처음 나의 도움을 받아 내용을 배운 다음에 혼자 힘으로 같은 내용을 다시 익혔다. 따라서 어떤 내용이든 미심쩍은 부분이 있다면 완벽히 이해하고 나서야 직성이 풀렸다. 그러면서 그 용법과 밀접한 연관이 있는 내용이면 무엇이든 눈여겨보았다. 또한 칼은 단어의 정확한 뜻과 규칙적 용법 따위를 잘 익혀 두었고, 굳이 사전이나 문법책을 찾지 않으면서 기억력과 사고력을 단련시켰다. ③마지막으로 자신이 해석하고 있는 내용을 명확히 이해하는 동시에 합리적인 태도로 분석에 임했다. 이처럼 문장 속에서 단어의 뜻을 파악하는 연습은 분석력을 기르는 일반적인 방식보다 훨씬 더 효과적이다.

　나는 칼이 배우고 있는 내용을 보다 깊이 파고들도록 유도하기 위해, 진지한 태도로 이런 말을 종종 했다. "이 내용을 정확히 알고 싶다면 문법책이나 사전을 찾아보렴."

　내가 굳이 칼에게 프랑스어를 라틴어보다 먼저 배우도록 한 데는 다른 중요한 이유도 있다. 프랑스어는 요즘 많이 쓰이는 언어인 반면, 라틴어는 수천 년 전에 죽어버린 언어기에 아이에게는 낯설다. 아이는 프랑스어 교재를 통해 지금 행해지고 있는 관례나 풍습, 언어가 사용되는 상황, 실제로 있는 건물이나 주택, 가정용품, 그리고 사회와 문화, 교제방식, 의복, 오락거리 등등을 접함으로써 프랑스를 친숙한 곳으로 여기게 된다. 이에 반해 통상적인 교육 방식으로 접한 로마나 그리스는 별 재미도 없고 낯선 곳으로 인식한다. 아이는 프랑스어 책에서 벌어지는 모든 사건을 주변에서 실제로 일어난 것으로 여기지만, 고대 로마나 그리스 시대의 이야기는 지금 세상과 완전히 동떨어진 것으로 받아들일 수밖에 없다. 이 정도면 라틴어와 그리스어 교육을 나중으로 미루는 이유로 충분할 것이다. 이 외에 내가 덧붙이고자 하는 중요한 이유가 더 있다.

내가 장담하건대 쉽게 이해할 수 있는 읽을거리를 제공하기만 한다면, 아이는 어떤 언어든 상관없이 읽는 법을 배우고 싶어 할 것이다. 특히 아이의 수준에 맞춰 쓰인 책을 접한다면 읽는 법을 더욱 효과적으로 익힐 것이다. 아이는 책 속의 이야기를 자신의 관점에서 보려 하기 때문이다. 이야기의 인물이나 행동, 배경은 유치할 필요는 없지만 어린아이 눈높이에 맞아야 하는데, 다행히도 독일에는 이 수준에 맞는 좋은 책들이 많이 있다. 이런 이유로 프랑스나 영국, 이탈리아에서는 수준 높은 독일어 아동용 서적들을 자국어로 많이 옮겼고 문학 작품의 경우에는 신중을 기해 번역물을 내놓고 있다. 그리고 우리 독일 사람들은 이 같은 현상을 반갑게 받아들이며 좋은 기회로 활용하고 있다. 상황이 이런데 우리는 왜 굳이 아이가 좋아하는 독일어 책은 제쳐 두고 어려운 외국어 책을 아이에게 들이밀고 있는가? 어째서 우리가 아끼는 아이를 가시덤불이 무성한 불모지로 내몰고 있느냔 말이다. 아이는 그 속에서 별다른 성과 없이 의기소침한 상태로 헤맬 것이 뻔하기에 나는 이런 추세에 동참할 수가 없다.

하지만 아이가 짧고 재미있는 동화나 잘 만들어진 읽기 교재에 나오는 이야기를 접하게끔 하는 것도 좋다. 올바른 지도를 받기만 한다면 아이는 이야기의 언어를 기꺼이 배우려 할 것이다. 또 배우는 과정에서 즐거움을 느끼기 때문에 어려움이 발생하더라도 사고력과 기억력을 동원하여 쉽고 빠르게 이겨낼 수 있다. 얼마 지나지 않아 아이는 자발적으로 주어진 과제보다 더 많이 읽으려고 할 것이고, 부모가 이에 현명히 대처한다면 목표한 바를 이룰 것이다. 여기에 효과적인 지도와 더 높은 수준에 도달하려는 아이의 의지만 있으면 충분하다.

나는 아르노 베르캥(Arnaud Berquin, 18세기에 활동한 프랑스의 동화 작가_옮긴이)의 《아이들의 친구(L'Ami des Enfants)》를 라이프치히에서 매우 싼 값에 구입하여 칼이 어렸을 때 읽도록 했다. 내가 기억하기로 칼은 아주 신이 나서 그 책을 열여덟 번이나 읽었고, 특히 책에서 자신이 잘 아는 독일어 동화가 번역된 내용을 볼 때마다 기뻐했다. 또한 시키지 않아도 스스로 책을 열 쪽 가까이 읽으면서 많은 것을 배웠기 때문에 얼마 후 그보다 더 어려운 수준의 책으로 넘어가야 할 정도였다. 칼은 아이답게 이해하기 쉽고 자신의 사고력과 감수성에 맞으면서 재치 있고 익살맞은 내용을 좋아했다. 그런 이야기라면 전혀 힘들이지 않고 재미있게 공부했다.

내가 라틴어를 가르치기 시작하면서 칼에게 코르넬리우스 네포스(Cornelius Nepos, 로마의 역사가이자 전기 작가_옮긴이)의 책을 읽게 하자 상황은 완전히 달라졌다. 베르캥의 이야기책과 비교하여 어떤 어려운 점들이 있었는지 몇 가지만 언급해 보겠다. 우선 네포스가 구사한 라틴어는 오래 전에 죽어 버린 언어이다. 이 언어는 일상에서 사용하는 사람도 없고 국어로 채택한 나라도 없다. 아이가 노력을 들여 배운다 해도 별다른 보상이 없다고 생각할 것이므로, 부모는 아이에게 네포스의 책을 억지로 들이미는 촌극을 매번 벌여야 한다. 게다가 라틴어는 독일어와 달리 관사가 없으며 어형 변화도 다르다. 문장 속 단어들도 완전히 판이한 방식으로 배치되고 문법이 복잡하기 때문에 나이 든 사람조차 이해하지 못하는 경우가 많다.

이 모든 문제점들은 부수적인 것들일 뿐, 책 내용으로 들어가면 사태는 훨씬 더 심각해진다. 내가 추천했던 교재는 어린이 수준에 맞게 만들어진 이야기책이다. 반면 네포스나 키케로, 율리우스 카이사르의 라틴어 서적은 성인 남성이나 공화주의자 같은 정계의 원로, 이천 년 전에 살았던 고대인을 대상으로 집필된 것이다. 한 예로 네포스는 당시 그리스를 다스리던 로마인, 즉 그리스의 언어와 문학, 풍습을 얼마간 공부하고 익힌 로마 시민을 대상으로 책을 썼다. 당시 로마인은 그리스의 시대적 배경과 지리, 이름 따위를 조금이나마 익혀야 했고, 네포스는 위대한 그리스 지휘관들의 행적과 그들이 벌인 전쟁을 간략하게 정리함으로써 로마인에게 도움을 주고자 했던 것이다. 따라서 네포스가 책에서 그리스 위인들이 벌인 악행 하나하나를 지나칠 정도로 심하게 고발해도 로마인에게 문제될 것이 없었다. 페르시아와 타르키아와 벌인 전쟁에서 명예로운 공적을 올린 알키비아데스(Alcibiades, 그리스 아테네의 정치 및 군사 지도자_옮긴이)를 난봉꾼이자 주정뱅이로 묘사할지라도 이것이 로마의 도덕관이나 종교관에 어긋나는 짓은 아니었기 때문이다.

기독교를 믿는 순진한 아이가 이 모든 내용을 어떻게 받아들인단 말인가? 어린아이가 군사 전략을 설명한 카이사르의 걸작으로 무엇을 할 수 있을까? 카이사르가 특정한 상황에 맞게 새로운 전략을 제시하며 노련한 솜씨로 기술하긴 했지만, 내용을 간단히 요약한 방식 때문에 전쟁 경험이 많은 군사조차 이해하기 힘든데 말이다. 법률과 정치, 그리스·로마 시대의 철학을 논한 키케로의 서적이 아이에게 무슨 소용이 있을까? 키케로가 그리스 문화를 심도 있게 다룸으로써 로마 정치인들을 설득하려 했던 부분이라든지, 절친한 지인에게 보낸 편지에서 서로 간에 익히 아는 내용을 별다른 설명 없이 언급한 부분을 도대체 어떻게 이해하겠는가. 키케로를 가르치는 선생조차 반에 반도 잘 이해하지 못하니 어린 학생은 그저 그 뜻을 추측하거나 아니면 아예 추측하려 들지도 않을 것이다. 이런 상황에서 아이가 네포스의 책을 힘들여 공부한들 어떤 소득을 얻을 수 있을까? 큰 손해만 입을 뿐 혜택은 거의 누리지 못할 것이 뻔하다.

반면 아동의 눈높이에 맞춰 쓰인 독일어나 프랑스어 책을 열심히 읽고 공부한다면, 아이는 지능과 상상력, 재치, 감수성을 풍부하게 키울 것이다! 이와 관련하여 더 이상 설명해 봤자 시간 낭비일 것이다. 다만 한 가지 덧붙이고 싶은 사항은 언어의 철학에 해당하는 문법으로 무작정 언어 교육을 시작하거나, 아니면 문법을 부수적인 것으로 취급하며 나중에 저절로 터득하는 것으로 여겨서는 안 된다는 점이다. 이와는 달리 나는 칼이 문법을 서서히 익히게 함으로써 큰 이득을 얻었다.

어떤 독자는 이런 지적을 할 것이다. "프랑스어는 소리 내어 읽기 매우 어려운 데 반해, 라틴어는 읽기가 쉽다." 사실 독자의 지적은 맞는 말이다. 그럼에도 불구하고 이런 점은 우리에게 별 문제가 되지 않았는데, 칼이 내가 가르치는 내용을 열심히 배우고 싶어 했기 때문이다. 우선 나는 프랑스 단어들이 각각 어떻게 발음되는지 알려 주고, 문장에서 조금 다르게 발음되는 부분이 있으면 차후에 설명해 주었다.

또한 진지한 태도를 취하되 가끔 농담을 던지는 식으로 아이를 가르쳤다. 예컨대 나는 진지한 태도로 프랑스 알파벳의 정확한 발음을 가르친 다음, 수많은 사례를 들면서 알파벳이 실제로 어떻게 발음되는지 알려 주었다. 규칙과 다르게 발음되는 단어를 설명할 경우에는 농담조로 이렇게 설명하곤 했다. "'튠(tuhn)'이라는 발음을 굳이 'thun'이라고 적으니 우리 독일 사람들은 참

이상하지? 프랑스 사람들은 글자를 소리 내어 읽는 방식이 더 우스꽝스럽단다." 그래서 칼은 프랑스어 발음에서 이상한 부분을 재미있는 것으로 여겼고, 명확히 알아야 할 내용을 일종의 놀이나 퍼즐로 생각했기에 공부하면서 재미를 느꼈다. 내가 장담하건대 칼은 이런 방식으로 프랑스어를 빠르게 익힐 수 있었다. 나의 교육법이 일반적인 방식과 다른 점은 가끔씩 장난스러운 태도를 취하면서 가르치는 내용에 유머를 가미했다는 것이다. 한 예로 나는 수업이나 산책 도중에 다음과 같은 말을 하여 공부한 내용을 상기시켜 주었다. "참, 이 단어의 발음은 '무슈(monsieur)'만큼이나 괴상망측하지 않니?"(monsieur는 '남자' 혹은 '…씨'를 뜻하는 프랑스어로, 저자는 이 단어가 철자와 다른 방식으로 발음된다는 점을 비꼬고 있다_옮긴이)

여기서 내가 지적하고 싶은 요점은 우리가 수업 중에 엄숙한 태도를 조금만 버린다면 아이가 훨씬 더 많은 내용을 습득할 수 있다는 점이다. 나는 교육을 완전히 놀이로 접근하는 방식에 반대하지만, 진지한 교육 방식에 유머를 가미할 필요는 있다고 본다. 내가 존경하는 교육자인 게디케 선생 역시 마찬가지 방식을 취했다.

내가 유쾌하고도 가벼운 태도로 가르친 덕분에 칼은 어려운 내용을 쉽게 익히곤 했다. 만약 내가 딱딱한 태도로 가르쳤거나 냉정하고 뻣뻣한 자세를 취해 아이를 불안하게 만들었다면, 칼은 조금만 어려운 내용이 나와도 겁을 먹었을 것이다.

내 생각에 끔찍할 정도로 심각한 상황은 선생 자신이 익숙하지 않은 내용을 가르칠 때 벌어진다. 자기 대사를 완벽히 외우지 않은 배우가 적절한 표현법은 생각하지도 못한 채 미적거리는 태도로 부정확한 대사를 읊조리듯이, 자기가 가르칠 내용을 숙지하지 않은 선생은 그 내용을 다양한 관점에서 제시하지 못하며 학생에게 쉬운 방식으로 알려 줄 수도 없다. 학생은 수업에 적극적으로 참여하지도 못하고 배우는 내용을 부담스럽게 여긴다. 이처럼 따분한 분위기 속에서 선생이 자기가 말할 내용을 생각하느라 멈칫거리거나 교과서를 자주 흘끔거리다 보면, 학생에게 많은 부분을 제대로 전달할 수 없다. 나는 이런 사례를 몸소 겪었을 뿐만 아니라 다른 학생이나 선생이 비슷한 상황에 처한 모습을 본 적이 있다. 물론 이와 정반대인 상황을 운 좋게 목격하기도 했다. 그렇기 때문에 나는 내 스스로 완전히 숙지한 내용만을 아들에게 가르치려고 했다.

만일 내가 조바심을 냈다면 일반적인 교육법을 따르거나 매일 한 시간 이상 칼을 가르쳤을 것이다. 하지만 본격적인 교육은 아직 시기상조라고 생각했으므로 나는 그저 아내의 요청에 따라 최소한의 지도를 했다. 몇 달 후 칼은 프랑스어를 터득해 가면서 더 많은 내용을 공부하고 싶어 했다. 이를 흐뭇한 마음으로 지켜본 나는 가르치는 시간을 하루 15분에서 30분으로 늘렸고, 수업 시간을 조금씩 늘리다가 결국 그해 말에는 1시간까지 늘렸다. 이 과정에서 칼은 재미있는 이야기책을 교재로 읽었다. 한 예로 교재로 삼은 프랑스어판 《로빈슨 크루소》는 칼이 이미 독일어 책을 통해 잘 아는 내용이었다. 일 년이 지나자 칼은 실력이 일취월장하여 나의 도움 없이도 쉬운 프랑스어 책을 읽을 수 있게 되었다. 그때부터 나는 칼과 프랑스어로 대화를 나눴고 동시에 이탈리아어를 가르치기 시작했다. 칼은 최고 1시간 반까지 이탈리아어를 공부했으며 모든 내용을 아주 쉽게 받아들였다. 프랑스어를 터득하기까지 1년이 걸린 것이 반해, 이탈리아어는 비슷한 분량을 6개월 안에 터득하기도 했다.

칼은 프랑스어와 이탈리아어를 배우며 갖가지 난관을 경험하고 극복한 바 있다. 그래서 나는 칼이 라틴어를 두려워하지 않았으면 했지만, 칼은 수많은 지인들로부터 라틴어가 배우기 어렵고 쓸모없다는 소리를 자주 들은 까닭에 라틴어에 대한 불안과 편견을 갖게 되었다.

나는 이런 편견을 해소시켜 주지 못했다. 이미 언급했듯이 라틴어가 쉽고 재미있다는 약속을 함부로 할 수 없었을 뿐만 아니라, 라틴어를 배워 두면 유용하다는 점을 증명할 길이 없었기 때문이다. 라틴어를 알아야 똑똑한 사람이 될 수 있다고 말했지만, 칼은 자신이 똑똑하기보다는 교양 있고 성격이 원만한 사람이 되고 싶고 이 목표는 라틴어를 배우지 않아도 이룰 수 있다고 대꾸했다. 더구나 칼은 똑똑한 학자가 교양과 인격을 갖추지 못한 경우를 수차례나 목격한 바 있었다. 결국 나는 가까운 지인들의 입을 통해 라틴어 공부가 필수적임을 강조하는 수밖에 없었다. 그리고 칼이 있는 자리에서 베르길리우스의 서사시인 〈아이네이스(Æneid)〉나 키케로의 작품이 지닌 아름다움에 대해 자주 언급하기도 했다. 평범한 부모라면 자기 지식에 도취된 학자가 아니고서야 부도덕한 내용을 담고 있는 오비디우스(Ovidius)와 테렌티우스(Terentius), 수에토니우스(Suetonius), 호라티우스(Horatius)의 저서나 그 외 라틴어와 그리스어 고전을 아들에게 함부로 권할 수는 없는 노릇이다. 아들이 난봉꾼이나 주정뱅이로 크길 바라는 게 아니라면 그 누가 아들을 수치스러운 악덕에 노출시키고 부도덕한 행동을 높이 찬양할 만한 것으로 포장하겠는가?

그런 이유로 나는 칼이 라틴어 실력을 제법 쌓았을 무렵 보기 드문 행동을 취했다. 호라티우스를 비롯해 몇몇 작가를 처세술에 능한 인물 혹은 시인, 철학자로 높이 평가하는 동시에 경멸 어린 태도로 이들을 술에 찌들어 산 방탕아로 묘사했다. 이때 나는 이들이 단순히 술을 마셨다는 표현을 쓰기보다는 주정뱅이나 술고래 같은 표현을 사용했다. '훔치다'라는 말 대신에 '도용하다'라는 말을 쓰거나 '거짓말하다' 대신 '진실을 말하지 않다'를, '게으르다' 대신 '부지런하지 못하다'를 사용한다면, 교육에 좋지 않을 뿐만 아니라 아이의 일상에도 악영향을 미치기 때문이다. 무릇 악덕이란 보기 좋은 포장을 뒤집어씌울 때 가장 위험한 법이다. 다른 아이라면 이런 악덕으로 큰 해를 입었겠지만, 칼은 나를 통해 작가에 대한 솔직한 평가를 들은 덕분에 그런 상황을 피할 수 있었다. 더욱이 칼은 나를 진심으로 존경했기에 나의 말을 신뢰했고 그 말을 토대로 판단을 내렸다. 만약 내가 "이 작가의 책은 네게 좋지 않아!"라고 말하며 경멸을 드러내면, 칼은 그 책은 거들떠보지도 않았다. 이럴 경우에 일반적인 교육을 받은 보통 아이는 금지된 책을 더 읽으려 들거나 책에 대해 다른 사람들과 말하고 싶어 한다. 그러다 부도덕한 내용을 접하고는 악영향을 받는 경우가 많다.

그럼에도 불구하고 나는 불안해하면서 결국 호라티우스의 책 한 권을 교재로 택했다. 물론 저속한 구절은 제외했기 때문에 괜찮았다. 어떤 사람들은 그런 식으로는 라틴어를 제대로 배울 수 없다는 둥 그런 구절로 크게 해를 입지는 않는다는 둥 트집을 잡겠지만, 나는 이 모두가 헛소리로 들리며 이 사람들 밑에서 배운 학생들이 불쌍할 뿐이다. 파렴치한 악덕은 순진한 아이들을 망가뜨릴 것이 뻔하니 말이다.

나는 앞서 언급한 이유로 카이사르의 책을 칼에게 권하지 못했다. 리비우스(Livius)의 역사서는 아이가 읽기에는 내용이 만만찮고 딱딱한데다가 서두가 특히 까다롭기 때문에 적합하지 않았다. 그렇다고 해서 파이드루스(Phædrus)의 우화집을 교재로 택할 수는 없었다. 그 우화집은 내가 라틴어 공부를 시작할 때 읽었던 것으로 당시 나를 몹시 괴롭혔던 책이기 때문이다.

다행히 우연한 사건이 계기가 되어 칼은 라틴어에 관심을 가졌다. 나는 라이프치히로 칼을 자주 데려가 볼 만한 연극이나 콘서트를 보여 주었는데, 한번은 로시니의 오페라 〈슬픔에 빠진 성모(Stabat Mater)〉를 보러 간 적이 있다. 평소 칼은 입구에서 가사가 적힌 안내문을 받으면, 그 내용을 읽고 해석하곤 했다. 그래서 나는 관람실에 앉아 오케스트라 연주가 흐르는 와중에 칼에게 이렇게 말했다. "이걸 해석해 보렴!" 안내문을 본 칼은 당황스러워하며 "이건 프랑스어도 이탈리아어도 아닌데요. 라틴어 같아요."라고 대꾸했다. 이에 나는 "언어야 어찌됐든 읽어 볼 수는 있잖아. 한 번 해보려무나!"라고 웃으며 말했다. 칼이 안내문을 읽기 시작하자 나는 옆에서 거들며 딱딱한 라틴어 문구를 조금 부드럽게 발음해 이탈리아어처럼 들리도록 했다. 모르는 단어는 뜻을 설명했고 라틴어 단어가 이탈리아어와 비교하여 어떻게 발음되는지 가르쳐 주었다. 우리는 즐거운 분위기 속에서 안내문을 비교적 빨리 읽었다. 나중에 칼은 기쁜 표정으로 "이만하면 라틴어를 배워도 괜찮을 것 같아요!"라고 말할 정도였다. 이에 나는 "물론 라틴어는 딱 이 정도 수준이란다. 또 필요하면 내가 곁에서 도와줄게."라고 답했다. 그리고 바로 다음날 라틴어판 《로빈슨 크루소》와 읽기 쉬운 아동용 교재를 구해다 주었다.

칼이 이 책들을 읽기 시작하면서 나는 혹시 책에서 키케로 식의 까다로운 웅변체가 사용되지는 않았나 주의 깊게 살폈다. 아이를 교육한다면서 풍자서인 《이름 없는 자의 편지(Epistolæ Obscurorum Virorum)》처럼 어려운 책을 학습 교재로 선택해서는 안 될 것이다. 라틴어 고전의 세계로 아이를 인도하고 싶다면 처음에는 독일 동화를 라틴어로 번역한 책을 공부하는 것이 가장 좋다. 아이는 책 내용을 좋아할 것이고 호기심에서라도 자주 들춰 볼 것이므로 보다 손쉽게 라틴어를 배울 수 있다. 이런 책을 통해 부모는 아이의 관심을 적극적으로 이끌어내고 지식도 쌓도록 유도할 수 있다. 무엇보다 가장 큰 혜택은 아이의 동심을 순수한 상태로 지켜 줄 수 있다는 점이다. 그리고 차후에 〈아이네이드〉와 키케로의 매력적인 몇몇 작품들, 그리고 비도덕적인 내용을 순화시킨 아동용 고전들을 순서대로 접하게 한다면 아이는 라틴어를 빠르게 습득할 수 있다.

칼이 이탈리아어를 습득하는 데 6개월이 걸렸다면, 라틴어를 비슷한 수준으로 익히기까지 9개월이 걸렸다. 이탈리아어는 라틴어에서 파생된 언어이기 때문에 칼은 라틴어 배울 준비를 단단히 한 셈이었다. 불규칙적인 문법은 독일어를 배우며 수없이 접한 터라 당연한 것으로 받아들였다. 또 독일 사람이 이상하게 여길 만한 부분은 서서히 접하도록 했기 때문에 크게 개의치 않고 배울 수 있었다.

우리가 할레에 6주 간 머물렀던 당시, 나는 칼의 영어 발음을 위해 전문 교사를 고용했고 칼이 수업을 받는 동안 곁에 있었다. 수업이 끝난 후에는 함께 배운 내용을 복습했고 앞으로 배울 내용도 예습했다. 그 덕택에 영어를 쉽게 배울 수 있었고 남들이라면 6개월에서 9개월이 걸릴 내용을 3개월 만에 터득했다.

나를 비롯해 내 주위의 지인들도 그랬지만 칼은 그리스어를 배우며 얼마나 버거워했는지 모른다. 물론 칼은 호메로스(Homeros)나 크세노폰(Xenophon), 플루타르코스(Ploutarchos)의 아름다운 서사시나 그리스 최고의 걸작에 관한 이야기를 나에게 수없이 들으면서, 그리스어를 공부하고 그 작품들을 하루빨리 읽고 싶어 했다. 그래도 그리스어는 독일 아이가 배우기에는 너무나 어려운 언어다. 독일어의 조상 격인 언어이긴 하지만 오랜 시간을 거치면서 두 언어는 완전히 다른 어법을 가지게 되었다. 내가 그리스어를 직접 공부하면서 다음 격언의 속뜻이 가슴에 팍 와 닿을 정도였다. "그리스어라면 읽을 필요도 없다."(Græca sunt, non leguntur. '이해하기 어려운 내용은 그냥 넘어가는 것이 좋다'라는 의미의 그리스 격언_옮긴이)

그리스어 공부를 본격적으로 시작하기 전에, 나는 칼의 간절한 요청으로 두세 달 간 몰래 예비 수업을 해 주었다. 15분이 걸리는 수업 시간 동안 칼은 그리스어를 열심히 익혔다. 그 과정에서 나는 가르치는 횟수를 점차 늘렸고 칼이 원하면 저녁 시간대에 보충 수업을 했다. 세 달 후에 칼은 풀이 죽어 그리스어를 더 이상 배우고 싶지 않아 했으나, 이후 아홉 달이 지나자 그리스어를 어느 정도 익혔다. 처음에 힘들어하긴 했지만 그 단계를 잘 극복하면서 순조로운 발전을 보였던 것이다. 다른 언어였다면 배우는 과정이 더 짧게 걸렸을 것이다.

이 시점에서 두 가지 문제가 제기될 수 있겠다. 우선 어떤 사람들은 이렇게 말할 것이다. "모든 언어를 가르치는 데 얼마나 많은 시간을 투자했나? 아이가 넌더리가 날 정도로 온종일 책상머리에 앉아 있었을 것이 불을 보듯 뻔하다." 나의 교육 방식을 살펴보면 잘 알겠지만 그런 일은 일어나지 않았다. 만약 내가 요즘의 일반적인 교육법에 따라 라틴어나 그리스어를 먼저 가르쳤다면 사람들이 예상한 사태가 그대로 벌어졌을 것이다. 하지만 나는 칼이 다섯 살이 될 때까지 우선 독일어를 잘 구사하도록 지도했고, 이런저런 방법을 동원하여 외국어에 대한 관심을 칼에게 불러일으키면서 외국어의 유용함을 확실히 인식시켰다. 또한 칼이 끔찍할 정도로 어려운 교재를 읽느라 괴로움 속에 허송세월을 보내지 않도록 했으며, 단시간 안에 집중해서 공부하는 습관을 들이게끔 했다. 이런 조치를 취하지 않았다면 네다섯 가지 언어를 한꺼번에 가르치는 것은 완전히 불가능했을 것이다.

모든 과정은 계획대로 순조롭게 진행되었다. 나는 칼이 어려운 고비를 넘긴 후부터 매일 15분씩 자습을 하도록 시켰다. 예를 들어 칼은 그 시간 동안 모르는 부분은 사전과 문법책에서 혼자 찾아가며 상당히 긴 분량의 프랑스어 문구를 읽었고, 나중에 문구에 대한 독일어 번역을 상세히 말해 주어야 했다. 자습 시간이 끝나면 나는 칼에게 어려워할 만한 부분을 이것저것 물어보았다. 그러고 나서 프랑스어 문구를 소리 내어 읽은 다음, 그것을 독일어로 번역하도록 했다. 칼이 낭송과 번역을 제대로 해내면 나는 잘했다고 칭찬해 주었다. 이런 방식을 통해 아이는 정확하고도 빠르게 외국어를 습득할 수 있었다. 독해 문구가 아무리 재미있다 하더라도 이것을 기계적으로 베껴 쓰도록 한다면 아이는 지루함을 느끼기 마련이다. 나의 방식에 대해 문제점을 지적하고 싶다면, 우선 시간을 내서 이 두 가지 공부법을 직접 시도해 보라고 제안하고 싶다.

또한 나는 산책이나 여행을 하면서 칼에게 프랑스어로 말을 걸었고 나중에는 이탈리아어와 라틴어, 영어 순으로 대화를 나누었다. 아이에게 배우려는 의지만 있다면 이런 방식으로 매일 세 시간 정도만 할애하고도 많은 성과를 올릴 수 있다. 칼은 로하우에 살면서 열 살이 될 때까지 세 시간 이상을 공부한 적이 없다. 사실 일요일이나 여행을 떠났던 여러 날들을 감안한다면, 칼은 괴팅엔으로 거처를 옮기기 전까지 하루 평균 두 시간 정도를 공부한 셈이다. 공부 시간 외에도 칼은 혼자서, 아니면 나와 함께 책을 읽을 때가 많았다. 기나긴 겨울 저녁이나 비가 오는 오후에는 아동용 독일어 책과 외국어 책들 중에서 자신이 읽고 싶은 문구를 골라 읽었다. 가끔 나와 함께 아름다운 시를 낭송하기도 했다.

사람들이 제기할 만한 두 번째 문제점은 다음과 같다. "아이가 여러 언어를 헷갈려 했을 것이 분명하다." 그 대단한 풍크 박사도 이런 우려를 표현한

적이 있으니 설령 다른 사람들이 같은 문제를 지적한다 하더라도 무리는 아니다. 하지만 박사를 비롯해 여러 사람들이 이런 문제가 발생하지 않았다는 점을 이미 눈으로 확인했으니, 여기서 내가 그 사실을 입증하지는 않겠다. 단, 내가 가르친 방식에 대해 설명할 필요는 있다고 본다. 그러자면 칼의 어린 시절을 다시 언급해야 할 것이다. 당시 나는 칼에게 모든 일을 정확히 해내도록 시켰고, 독일어를 제대로 구사하면서 특별한 경우가 아니면 외국어는 쓰지 말도록 지시했다. 외국어 번역을 할 때도 정확한 독일어만 구사하게끔 했다. 또한 칼이 한 외국어에 완전히 익숙해진 다음에야 다른 외국어로 넘어가도록 했다. 나는 이런 원칙을 잘 지켰을 뿐이다. 저명한 철학자들도 칼의 말하기와 쓰기 실력을 높이 평가했으니, 우리를 시기하는 사람들조차 칼의 외국어 실력에 대해 트집을 잡지는 못할 것이다.

흔히 라틴어로 완벽히 말하고 쓸 줄 알려면 문법 공부를 먼저 시작해야 한다느니 문장을 분석하는 연습이나 베껴 쓰기 연습을 해야 한다고들 하지만, 나는 이 모두가 어리석은 짓임을 거듭 말하고자 한다. 이중에서 어떤 것도 실행하지 않으면서도 칼의 회화와 작문 능력을 높은 수준까지 길러 주었다. 이는 게디케도 인정한 바 있다. 만약 내가 처음부터 칼에게 라틴어를 우아하게 말하고 쓰는 법을 가르쳤다면, 목표한 바를 이루지 못했을 뿐더러 오히려 아이를 혼란스럽게 했을 것이다.

21장
아이의
과학 교육

칼은 로하우에서 제대로 된 과학 교육을 받지 못했으므로 이 문제를 논하는 것은 사실 우스운 일이다. 칼은 대학에서 과학 교육을 받았고, 또 나는 로하우 촌구석에서 근무하는 목사였기 때문에 필요한 과학 장비를 구할 형편이 아니었다. 필수적인 과학 지식은 이미 알고 있었고 더 많은 지식은 책에서 얻을 수도 있었지만, 최신 과학 정보를 접하거나 비싼 실험 장비 및 기구는 구할 길이 없었던 것이다. 그래서 나는 그런 것들은 포기하고 그저 칼이 이런저런 과학적 사실에 대해 관심을 갖도록 유도했다. 그런 정보가 자연사라든지 화학, 고고학, 현대 지리학 등의 분야에 속한다는 점은 굳이 알려주지 않았다.

칼은 스스로 사고할 수 있게 되면서 자연사에 관련된 온갖 지식을 접하기 시작했고, 과학 백과사전을 읽으며 놀았다. 또한 할레와 라이프치히, 메르제부르크에서 특이한 동물처럼 볼 만한 것들을 무엇이든 눈여겨보았다. 나는 칼이 이런 것들을 구경하도록 하기 위해 보통 여행을 떠났다. 광산이나 제련소, 온갖 해양 동물이 사는 바다, 산꼭대기에 있는 분화구, 증기 기관, 배기펌

프 등등 수많은 사물들을 통해 과학을 가르쳤다. 집에 있을 때는 온도계나 기압계, 난로에서 장작이 불타는 소리, 창유리에 맺힌 물방울에 대해 설명해 주었다. 부모가 자연사와 물리학, 화학 등을 잘 공부해 둔다면 오만가지 사물이나 현상을 통해서도 아이에게 많은 내용을 말해 줄 수 있다.

지리학은 다음과 같은 방식으로 가르치기 시작했다. 먼저 나는 할레와 메르제부르크, 라이프치히 등 우리 마을 탑에서 한눈에 보이는 도시들을 칼과 함께 다녀온 다음, 맑은 날에 종이 몇 장과 연필을 가지고 칼과 함께 탑으로 올라갔다. 우리는 다른 도시들을 모두 그려 넣을 수 있도록 우선 종이 한복판에 우리 마을의 윤곽을 작게 그렸다. 그러고 나서 가까운 도시인 리베나우(Liebenau)부터 시작하여 나머지 도시들도 점으로 표시했다. 잘레(Saale) 강과 숲, 목초지, 들판 등은 빨간색으로 그렸다.

우리가 완성한 지도를 가져가면 아내가 이런저런 평가를 해 주었다. 그런 다음에 우리는 탑에 다시 올라가 상당히 정확해 보이는 지도를 그렸고, 실제 잘레 강 지역의 지도를 비교하며 잘못된 부분을 표시했다. 내가 칼에게 지리학에 대한 올바른 관념을 심어주고 관심을 불러일으키기 위해 한 일이라고는 이 정도뿐이다. 그 덕분에 칼은 여행을 마치고 돌아오면 방문한 장소들 간의 대략적인 거리를 말하고 종이에 표시할 줄 알았다. 칼은 아홉 살이 되었을 무렵 여느 부유한 사람에 뒤지지 않을 정도로 많은 지도들을 갖게 되었다. 우리는 이 지도들을 직접 사기도 했지만 선물로 받기도 했다.

칼은 당빌(d'Anville, 프랑스의 유명한 고대 지도 제작자_옮긴이)의 고대 지도까지 가지고 있었으니, 고대사를 책으로 접한 적은 없지만 품안에 지니고 있었던 셈이다. 또한 나는 산책이나 여행을 하면서 칼에게 역사에 관한 이야기를 하거나 역사적 그림과 판화 따위를 보여 주기도 했다. 천문학에 관해서라면 메르제부르크의 K. v. S. 박사가 자신이 지니고 있는 훌륭한 장비를 동원하여 이런저런 지식을 가르쳐 주었다. 그전에 나는 망원경도 없이 되도록 많은 것을 칼에게 알려 준 상태였다. 그럼에도 불구하고 박사는 당시 아홉 살이었던 칼이 지리학과 물리학 등을 공부했다는 말을 듣자 크게 놀라워했다.

물론 나는 그런 과학 용어들을 사용하지 않으려고 했는데 칼이 지레 겁을 먹을지도 모른다는 생각에서였다. 칼은 그 속에 담긴 의미를 먼저 배우고 나서 전문 용어들을 익혔다. 이는 문법을 배울 때 복수나 주격 형태, 가정법 등의 용어들을 맨 나중에 익힌 것과 비슷하다. 칼은 과학 용어를 외우지는 않았지만, 일단 그와 관련된 내용을 습득하자 용어를 저절로 익히게 되었다.

22장
미적 감각 키워 주기

　　나는 자택이나 마당에 세련되지 않은 것은 되도록 두지 않으려고 했으며, 주위 환경과 어울리지 않는 물건이 있다면 빨리 치워 버렸다. 실내에 한 가지 색으로 된 벽지를 붙였고 마당에는 예쁜 색깔의 울타리를 세웠다. 또한 방마다 신중히 고른 작은 가구를 들여 놓았다. 모든 벽에는 그림이나 판화를 걸어 놓았지만 색이 심하게 튄다거나 내용이 좋지 못한 것은 아예 배재했다. 우리 마당에는 꽃과 나무들이 초봄부터 늦가을까지 활짝 피어 있었다. 때죽나무와 크로커스가 먼저 꽃을 피우기 시작했고 겨울 과꽃은 눈이나 서리가 내릴 때까지 만발했다. 이런 분위기에 맞게 우리 가족은 늘 깔끔하고 단순한 옷차림을 고수했다.

　　나는 형편에 비해 과한 불선은 시지 않았으며 칼에게는 진실되고 아름다운 사진만 사다 주었다. 수준 미달인 사진을 받는다면, 우리는 사진을 살피며 지나치게 밝은 색깔이라든지 아름답지 못한 부분을 농담조로 지적했다. 꽃과 새의 색감에 대해서는 감탄을 금치 못하곤 했다. 하지만 색감이 너무 튄다면 별다른 언급을 하지 않았다.

우리는 아름다운 것을 볼 수 있는 곳이라면 꼭 가 보려고 했다. 라이프치히와 데사우, 뵈를리츠, 포츠담, 베를린, 로스토크, 바이마르, 드레스덴, 작센 스위스 등지에는 칼의 미적 감각을 길러 줄 만한 것들이 널려 있었다. 특히 라이프치히의 풍경은 형용할 수 없을 정도로 멋지다! 칼은 어린 시절부터 그 아름다움을 익히 알고 있었다. 다섯 살이 되면서 포츠담과 베를린의 아름다운 경치에 취했고, 불과 여섯 살의 나이에 드레스덴과 그 주위 절경에 흠뻑 빠졌다. 드레스덴에서 몇날며칠 연속으로 사진 전시관을 방문했고 멩스의 석고상과 고전 작품들을 되도록 자주 보려고 했으며 그뤼네스 게뵐베(Grünes Gewölbe, 많은 보물과 예술 작품들이 전시되어 있는 드레스덴의 박물관_옮긴이)를 두 번이나 둘러보았다. 게다가 우리는 사람이나 말, 개, 새, 주택, 마차, 가구, 사진 따위를 놓치지 않고 눈여겨보면서 그에 대한 좋고 나쁜 점을 이야기했다.

칼은 꽤 어릴 때부터 시를 좋아했고 그 진가를 평가할 줄 알았다. 처음에는 쉬운 시를 읽다가 점점 더 어려운 시를 읽었고, 작시법과 각운, 시적 언어, 시가 담고 있는 내용과 속뜻을 주로 논했다. 우리 부부가 산책이나 여행 중에 아름다운 시를 몇 번 읊어 주면 칼은 그 시를 금세 외우곤 했다.

칼은 독일 시뿐만 아니라 프랑스 시도 읽었다. 또 얼마 지나지 않아 자신이 배운 언어들로 쓰인 아름다운 시들을 몇 번이나 읽고 마음속에 새겨 두었기 때문에 수많은 명시들을 익히게 되었다. 칼이 좋아한 시인들을 몇몇 꼽자면, 프랑스의 플로리앙과 이탈리아의 메타스타시오, 로마의 베르길리우스와 호라티우스, 그리스의 호메로스가 있다. 칼은 내가 지겨울 정도로 아름다운 시구를 읽거나 암송해 줄 때가 많았다. 하지만 나는 바쁜 와중에도 아이의 흥을 깨지 않기 위해 그 소리를 꾹 참고 들어 주었다. 이렇듯 칼이 고대 시인의 정신을 배우지 않았다면 하이네 박사가 칼의 실력을 칭찬하는 편지를 빌란트 박사에게 보내는 일도 없었을 것이다.

23장
대학에 가다

칼은 일곱 살 반이 되면서 그 실력이 학자들을 놀라게 할 만한 수준에 올랐다. 사람들이 칼에 대해 수군거릴 정도였다. 학자들이 칼의 능력을 시험하길 원하자 나는 이에 수긍했다. 이들 중에는 칼을 자식처럼 아끼게 된 메르제부르크의 K. v. S. 박사도 있었다. 박사는 열과 성을 다해 기꺼이 칼을 가르치려 했으며, 창고에 숨겨 둔 희귀한 포도주조차 칼에게 맛보이고 나서야 그 가치를 인정했다. 서재에 있는 진기한 책이나 판화, 과학 장비들도 칼이 마음껏 사용하도록 했다. 또한 박사는 우리가 천문학을 논하기 위해 하룻밤을 보내러 갈 때마다 박식한 학자들을 집으로 초대했다. 덕분에 칼은 많은 학자들과 친분을 쌓았다.

한번은 T. L. 교수가 자기 제자들 앞에서 칼을 테스트하고 싶다는 의사를 전해 왔다. 제자들에게 자극을 주려는 의도에서였다. 나는 한참을 망설이다가 다음의 조건을 내걸며 요청을 수락했다. ①칼은 테스트에 대해 몰라야 했고 ②내가 박사의 제자들을 먼저 보고 판단한 이후에 칼을 박사에게 데려가야 했다. ③제자들은 칼에 대해 칭찬의 말을 해서는 안 되며 ④우선 칼은 나와 함께 강의실 뒤편에 앉아 있기로 했다. 그리고 책을 받아 수업을 듣다가 자연스럽게 테스트를 받기로 했다. 약속한 이 모든 조건들은 편지에 정리하기도 했다.

칼이 테스트를 받은 지 몇 주가 지난 후, 함부르거 통신은 다음과 같은 기사를 보도했다. 그 내용은 학계가 중요히 여길 만한 것으로, 칼의 이후 경력에 결정적인 역할을 했다. 기사를 쓴 사람이 누구인지 밝혀지지는 않았지만 나는 그분의 선의에 감사를 표하는 바이다.

1808년 5월 10일, 메르제부르크에서.

며칠 전 이곳 메르제부르크에서는 교육학에 한 획을 그을 만한 사건이 일어났다. 우리 도시에서 활동 중인 뛰어난 교육자, 테르티우스 랜드보그트(Tertius Landvogt) 교수가 학생들에게 자극을 주려는 목적으로 일곱 살짜리 아이를 강의실에 불러들인 것이다. 교수는 그 전날, 인정 많고 박식하기로 유명한 카머헤르 폰 제켄도르프(Kammerherr von Seckendorf) 박사의 저택에서 아이를 만나 여러 학자들 앞에서 아이의 실력을 시험한 바 있다. 아이는 강의실 뒤편에서 수업을 듣다가 그리스어 구절을 읽어 달라는 교수의 요청을 받았다. 이에 처음 접한 플루타르코스의 구절을 완벽히 읽으면서 번역했고 교수의 질문에도 훌륭한 답을 내놓아 모든 학생들을 놀라게 했다. 그 다음에는 교수가 율리우스 카이사르의 글을 읽도록 시켰고 아이는 학생들이 멈칫거렸던 부분을 잘 번역했다. 읽은 구절을 분석하라는 요청에도 막힘없이 응했다. 그러고 나서 아이는 교수가 가져온 이탈리아어 책을 번역했고 아버지와 이탈리아어로 대화를 나누기도 했다. 당시 프랑스어 책이 없었던 관계로 교수가 프랑스어로 말을 걸자, 아이는 독일어를 할 때만큼이나 빠른 속도로 프랑스어를 구사했다. 이후 벽에 붙은 고대 그리스 지도를 보고는 잠시 살펴볼 것을 청했다. 그리고 그리스 시대의 주요 도시와 국가들, 당대 위인들에 대해 논했다. 교수가 시노페(Sinope, 터키 북부와 흑해 연안에 위치한 도시로 한때 그리스의 식민지였다_옮긴이)를 언급하자 아이는 곧바로 "그 도시는 여기 없어요. 저쪽 흑해로 가야 있어요."라고 답하며 다른 벽에 있는 지도를 가리켰다. 그리고 시노페의 위치를 손으로 짚으면서 그곳 출신 철학자 디오게네스(Diogenes)에 대해 말했다. 아이는 다른 고대 도시와 국가를 논하면서 그에 대한 최근 명칭도 이야기했다. 마지막으로 종이도 없이 비례법 문제 몇 개를 풀었다.

여기서 중요한 점은 아이가 건강하고 쾌활할 뿐만 아니라 천진난만하면서 겸손한 태도를 보였다는 사실이다. 게다가 자신이 감탄의 대상이라는 것도 모르는 듯했다.

아이의 아버지는 로하우에서 활동 중인 칼 비테 목사로 교육계에서 명성이 자자하다. 유감스럽게도 목사는 자신의 교육법을 상세히 밝히지 않았지만, 분명한 점은 하이네케(Heinkene)와 바라티에르(Baratier)처럼 과도한 공부로 몸과 마음을 해친 영재들과 달리, 지극히 건강한 방식으로 아이를 가르치고 양육했다는 것이다.

이 소식은 머지않아 다른 여러 신문들에도 실렸다. 그리고 소식을 읽은

사람들마다 이렇게 물었다. "정말인가요? 이게 어떻게 가능하죠?" 많은 사람들이 의심을 품고 나를 찾아오거나 자신들의 집으로 나를 초대했다. 그리고는 의혹에 찬 눈초리로 칼의 실력을 시험했다. 우리를 시기하는 사람들은 칼을 직접 보지도 않고 나쁜 말을 퍼트렸고, 이 소식이 가능할 리 없다는 생각에 아예 부인하기까지 했다. 보통 이런 자들은 지레짐작으로 만사를 판단한다. 늘 다른 사람들 머리 꼭대기에 앉아 자신이 인정한 사실은 그 누구도 부인할 수 없다고 착각하는 것이다. 이들은 비범한 재능은 억누르면서 마음씨가 고결한 아이보다는 머리가 좋은 아이만 가르치려고 든다. 뿐만 아니라 자신의 선입견을 좀처럼 버리지 못하면서 정작 실제 상황을 눈으로 확인해야 할 때면 완전히 다른 행동을 보인다. 이런 사람들 중에서 칼을 직접 보고 싶다며 편지를 보내온 이가 한둘이 아니었다. 물론 나는 이런 요청을 거절하는 법이 없었다.

라이프치히 대학의 몇몇 관계자들이 토마스 학교 학장인 로스트 교수에게 아들의 실력을 테스트 받아보라고 권했다. 나는 로스트 교수를 잘 몰랐기 때문에 교수가 테스트에 대해 시큰둥한 반응을 보일까 걱정했다. 그래서 이미 많은 교수들이 아들을 테스트해 보았다며 사람들의 권유를 완곡히 거절했지만, 결국 받아들이게 되었다. 사실 로스트 교수는 현명하고도 사려 깊은 태도로 학생들을 교육하는 분이었다. 즐겁게 대화를 나누는 것만으로도 칼에게 언어와 과학의 난해한 지식을 가르쳐 주었다. 교수는 칼의 실력에 대해 다음의 증언을 남겼다.

> 오늘 지인들이 로하우에서 온 아홉 살짜리 소년인 J. H. F. 칼 비테 군을 데려왔고, 저는 소년의 지적 능력과 학식을 시험했습니다. 〈일리

아드〉와 〈아이네이스〉, 구아리니(Guarini)가 쓴 이탈리아 희극 〈충직한 양치기(Il Pastor Fido)〉, 프랑스 문학 등 전혀 쉽지 않은 문구를 시험 문제로 냈지만, 아이는 문구를 훌륭히 번역해 냄으로써 명성에 걸맞은 실력을 선보였습니다. 제가 임의로 고른 구절을 번역하면서 다양한 언어 구사력을 나무랄 데 없이 발휘했을 뿐만 아니라, 어린 아이답지 않게 고대 학문에 대한 깊은 식견과 성숙한 판단력, 침착한 태도, 다른 뛰어난 지적 능력도 보여 주었죠. 제가 보기에 학자들은 이 아이의 뛰어난 재능과 아이 아버지의 탁월한 교육법을 주목하고 상세히 연구할 필요가 있습니다. 또 학문과 교육학의 발전을 위해 이 우수한 아이가 모든 대학 강의를 들을 수 있도록 조치해야 합니다. 분명 아이는 그럴 준비가 되어 있으니까요. 괜한 선입견으로 하나님께서 아이에게 내리신 귀한 재능을 망쳐서는 안 됩니다.

1809년 12월 12일, 라이프치히에서
토마스 학교의 학장이자 철학 교수, F. W. E. 로스트 올림.

로스트 교수의 추천서 덕분에 라이프치히 대학은 정식 학생으로 칼이 입학하는 것을 허락했다. 입학식은 1810년 1월 18일에 당시 대학 총장이던 퀸(Kühn) 교수의 주최로 열렸다. 나와 칼은 퀸 교수의 훌륭한 연설에 깊은 감동을 받았다. 특히 나는 칼이 학칙을 지키겠다고 맹세하며 총장과 악수를 나누는 대목에서 감격했다. 그리고 마침내 칼은 공식적으로 입학 허가를 받았다. 라이프치히 대학은 부유한 자선가에게 호소문을 보내 내가 칼과 함께 3년 이상 라이프치히에 머물 수 있는 후원금을 받도록 주선했다. 엄격한 테스트를 통해 칼이 충분히 대학 강의를 들을 수 있다고 판단했기 때문이다. 다음은 대학 측이 보낸 호소문이다.

> 올해로 아홉 살인 칼 비테 군은 로하우의 비테 목사의 아들로, 적절한 조기교육을 통해 지적 능력을 놀라운 수준까지 길렀고 열여덟 살 청소년에 필적하는 지식을 쌓았습니다. 이 뛰어난 아이는 프랑스어와 이탈리아어, 영어, 라틴어, 그리스어 산문과 시를 그저 기계적인 수준이 아니라, 깊은 감수성과 통찰력을 가지고 능수능란하게 번역했습니다. 최근에는 이런 능력을 전문 학자들뿐만 아니라 작센 왕국의 황제 폐하와 왕실 일가 앞에서 보여 준 바 있습니다. 또한 비테 군은 역사와 고대 학문을 비롯하여 고대 및 현대 지리학, 시학에서도 빠른 이해력과 탁월한 독해력을 드러냈습니다. 이 같은 모든 결과는 지금껏 홀로 아이를 가르쳤던 아버지 덕분이기에 아버지의 건강하고 올바른 교육법은 어린 아들의 능력에 못지않게 주목 받아 마땅할 것입니다.
> 이 모두가 아이가 몸을 해칠 정도로 지나치게 공부했기 때문이라는 의혹이 있지만, 비테 군은 아이답게 명랑하면서 건강했고 잘못된 교육을 받은 영재가 보이는 건방지고 오만한 행동이라고는 눈 씻고 찾아볼 수 없었습니다. 비테 목사는 그의 선량한 아내와 함께 어린 아들을 지금의 수준까지 교육시켰고, 자신이 쌓은 지식을 바탕으로 더욱 심도 있는 교육을 진행하고자 합니다. 따라서 만약 아이가 아버지의 지도 아래 계속 긍정적인 교육을 받는다면 건강을

해치지 않으면서 대단한 성과를 이뤄 낼 것입니다.

현재 비테 목사가 적은 봉급을 받으며 시골 마을에 살고 있는 형편을 고려할 때, 자신이 잘 알지 못하는 분야에서 아이에게 적절한 교육을 제공하기란 불가능합니다. 그런 이유로 비테 목사는 큰 도시에서 3년 이상 머물며 아이를 계속 지도하기를 간절히 바랍니다. 지난 사 년 간 어떤 악영향도 미치지 않고 이 정도까지 아이를 가르쳤으니 앞으로 3년 동안 좋은 성과를 이끌어낼 수 있으리라 생각합니다. 또한 그와 같은 성과는 오직 비테 목사의 철저한 교육법을 통해서만 일궈 낼 수 있습니다. 아이의 재능을 고려하지 않은 교육관과 지도법으로는 불가능한 일이지요.

비테 목사가 자신의 목적을 이루려면 3년 동안 적어도 연간 3백 탈러(Thaler, 독일의 옛 화폐 단위_옮긴이)가 필요합니다. 이 금액이라면 가족은 라이프치히에 3년 간 머물 수 있습니다. 그 동안 목사의 교구는 다른 사람이 돌보거나 아니면 베스트펠렌 정부가 괜찮은 교구를 목사에게 보장해 줄 수 있겠지요. 목사는 라이프치히에서 아들을 가르치는 일 외에 집필 작업을 할 수도, 다른 아이들을 가르치거나 자신의 방식을 다른 교육자들에게 전수할 수도 있습니다. 그렇게 된다면 이곳에 머물며 몇 배의 일을 해낼지도 모릅니다.

상황이 이런데 우리 시민들이 모른 채 수수방관한다면, 이토록 귀한 재능을 외면했다는 비난을 받을 것입니다.

라이프치히의 고결한 시민들이 이런 잘못을 용인하지 않으리라 굳게 믿기에, 저희 대학은 어린 비테 군에게 3백 탈러 이상의 지원금을 보장해 주실 후원자를 찾습니다. 이 지원금은 비테 군의 가족이 이곳 라이프치히에서 비테 군의 교육을 순탄히 이어갈 수 있게 하는 최소한의 금액입니다. 저희 대학은 엄격한 테스트를 통해 비테 군이 아버지의 지도 하에 대학 강의를 충분히 들을 수 있다고 판단함에 따라 현재 입학을 허가한 바입니다.

1810년 1월 18일 라이프치히에서
대학 총장, 칼 고트로브 퀸(Karl Gottlob Kühn) 올림.

얼마 지나지 않아 나는 라이프치히 시민들 후원으로 3백 탈러 대신 6백 탈러를 지원받았을 뿐만 아니라 숙소와 보조금까지 제공받았다. 그 조건으로 우리는 라이프치히에 머물러야 했다. 나는 이와 관련된 승인을 받기 위해 칼과 함께 카셀에 갔지만 황제 폐하가 부재중이었다. 그래서 다음날 아침 폰 라이스트(von Leist) 경을 찾아갔다. 그는 우리 부자(父子)에 대해 선입견을 가지고 있었지만 이내 칼을 좋아하게 되었다. 세 시간 동안 칼을 테스트한 후에 칼의 실력에 경탄하면서 나의 교육 방식을 알려 달라고 요청했던 것이다. 폰 라이스트 경은 칼이 라이프치히로 가지 말고 베스트팔렌 정부 관할 지역에 머물러야 한다고 판단했다. 그래서 다음날 우리를 저녁 식사에 초대했고 당시 카셀에 있던 각료와 의원들을 불러들여 식사 전에 몇 시간 동안 칼을 테스트하는 자리를 마련했다. 칼의 실력에 크게 만족한 독일과 프랑스 정계 인사들은 회의를 가졌고, 라이프치히 시가 약속한 만큼의 금액을 베스트팔렌 정부가 지원해야 하며 칼이 나와 함께 할레 대학이나 괴팅엔 대학에 입학해야 한다는 판단을 만장일치로 내렸다. 하지만 나는 이들의 제안을 거절하며 할레나 괴팅엔으로 가지 않겠다고 했다. 이후 로하우에 돌아오자마자 다음의 편지를 받았다.

1810년 7월 29일, 카셀에서
비테 목사님께.

저는 황제 폐하께 목사님 아들이 보여 준 뛰어난 재능과 목사님이 아들 교육에 온전히 집중하고 싶어 하신다는 상황을 보고 드렸습니다. 자애로우신 폐하께서는 재능을 육성하려는 뜻을 늘 품고 계셨기에 목사님의 요구를 허락하며 목사님이 9월 29일 미카엘 축일에 현재 직분을 버리고 아들의 교육이 끝나는 날, 새로운 교구를 맡으라는 명을 내리셨습니다.

폐하께서는 왕국 안에도 훌륭한 교육기관들이 있으니 비테 군이 국내에서 교육을 마치기를 바라셨습니다. 또한 괴팅엔에서 뛰어난 선생들의 지도를 받으며 교육을 마친다는 조건으로, 오는 미카엘 축일부터 3년 간 2천 프랑(Fraken, 프랑스의 옛 화폐 단위_옮긴이)의 금액과 추가적인 지원을 약속하셨습니다.

저는 이러한 왕실의 호의를 전하게 되어 기쁠 따름이며, 비테 군이 학업을 마칠 때까지 언제든지 지원과 보호를 제공할 것입니다.

목사님이 아들의 입학을 준비하실 수 있도록 미카엘 축일 전까지 두 달 간의 휴가를 드리겠습니다. 목사님의 사임은 마그데부르크 장로회에 이미 통고해 두었습니다.

존경의 마음을 담아 목사님이 보내 주신 서류를 돌려드립니다.

G. A. 볼프라트(Wolfradt) 백작 올림.

이제부터 칼이 대학생으로서 어떤 과정을 밟았는지 간단히 언급하겠다. 칼은 나와 함께 괴팅엔에서 대학 강의를 들으며 공부를 계속했다. 첫 학기에는 헤렌(Heeren) 교수의 고대사와 마이어(Mayer) 교수의 자연과학, 이 두 강의만 들었다. 나는 칼이 자연과학 강의를 들으며 수학 공부의 필요성을 느꼈으면 했다. 그간 많은 준비를 했지만 수학 공부는 불충분했으니 강의 내용을 이해하지 못하는 사태가 종종 벌어질 것이기 때문이다. 예상대로 칼은 첫 강의가 끝나자 이렇게 말했다. "내용이 이해가 안 가요. 수학을 공부해야겠어요!" 곧바로 나는 그에 대한 대책을 마련했다. 그날 저녁 뛰어난 수학자인 F. 교수가 찾아와 칼에게 어려운 부분을 설명해 주면서 이론 수학을 가르치기 시작했다. 나와 칼은 그분이 베푸신 친절을 평생토록 기억하며 존경과 감사의 마음을 간직할 것이다.

널리 알려진 대로 대학 내 모든 교수들이 칼이 보인 성과와 발전에 대해 흡족해했다. 교수들이 수많은 증언을 보내왔지만 그중에서 몇몇 증언만 여기서 인용하도록 한다.

> 칼 비테 군은 이번 겨울 학기에 제가 강의한 고대사와 지리학을 수강했습니다. 아버지와 함께 수업에 열심히 참석했을 뿐만 아니라 열성적인 태도로 수업에 집중하며 어린 나이에도 불구하고 놀라운 이해력을 보였음을 인증합니다. 앞으로 비테 군의 전도유망한 재능이 고르게 발전하길 바랍니다.
>
> —A. H. L. 헤렌

저는 칼 비테 군이 열과 성을 다해 제가 진행한 자연 과학 수업을 들었으며 강의에서 다룬 내용을 완벽히 숙지했음을 기꺼이 인증합니다. 이 어린 인재는 여타 많은 시험에서 이미 증명했듯이 제가 낸 몇 번의 시험을 통해 자신의 실력을 증명했습니다.

-J. T. 마이어

칼은 겨울에도 아프지 않고 건강한 상태를 유지했으며 그 증거로 대여섯 시간 동안 줄곧 책상에 앉아 있곤 했다. 그전에는 여섯 달 간 여행을 하며 주로 야외에서 시간을 보냈지만, 이후 여섯 달 동안은 별로 돌아다니는 일 없이 방에서 공부를 했다. 그래서 나는 되도록 매일 칼과 함께 산책을 나갔다. 그해 겨울은 유난히 비바람이 많이 쳤던 탓에 눈보라가 몰아치는 날에 나갈 때가 많았다. 그런 날씨에 돌아다니는 사람은 우리뿐이었지만 나는 이런 말을 입에 달고 살았다. "아이가 추운 겨울을 무사히 버틸 수 있도록 한다면 건강은 더 이상 염려할 필요가 없어요." 다행히도 나는 이 뜻을 이루었다.

부활절 방학이 되자 우리는 이곳저곳을 둘러볼 기회를 가졌고, 특히 귀한 자료들이 많은 괴팅엔의 도서관을 자주 찾아갔다. 사람들은 이를 의아해했는데 칼이 방학 동안 배운 내용을 복습하면서 다가올 수업을 준비할 것이라는 생각에서였다. 가까운 지인들도 마찬가지 의견을 내놓았다. 하지만 워낙 사려 깊은 사람들이라 나의 이런 반론을 경청하는 모습을 보이기도 했다.

"남들 눈이나 신경 썼다면 학교에 머물렀겠지요. 하지만 저는 아이를 영재로 키우고 싶지 않아요. 제 목적은 아이의 몸을 돌보고 사고력을 북돋우면서 정신을 건강하게 지켜 주는 거예요. 이번 방학을 계기로 칼은 많은 것을 배우겠죠."

두 번째 학기에 칼은 슈라더 교수의 식물학 강의와 티보(Thibaut) 교수의 수학 강의를 들었다. 다음은 티보 교수가 증언한 내용이다.

> 칼 비테 군은 지난 학기 내내 성실한 태도로 수업에 임했습니다. 사실 추상적이고 과학적인 내용이 어린 나이에 버겁지 않을까 우려했지만, 비테 군은 강의 중에 제시된 모든 부분을 적극적으로 받아들였으며 매우 어려운 부분에서도 끝까지 흥미를 잃지 않았습니다. 연습 문제를 풀 때도 다른 학생에게 떠넘기는 법이 없었습니다. 저는 비테 군이 수학에서 뛰어난 재능을 보여 주었음을 자신 있게 보증합니다.
>
> –B. Fr. 티보

칼은 식물을 수집하고 분류하며 보존하느라 몸을 많이 움직였고 그에 따른 재미도 느꼈다. 그림을 그리거나 피아노를 치고 춤추는 법을 배웠을 뿐만 아니라 기계를 다룰 줄도 알게 되었다. 또한 칼은 괴팅엔에 머무르는 동안 나와 함께 고대와 현대 언어를 계속 공부했고, 제보데(Seebode) 박사와는 하이네와 미첼리히(Mitcherlich), 분더리히(Wunderlich), 디센(Dissen) 박사들이 주최한 철학 세미나에 참여하기도 했다. 이분들이 칼의 실력에 대해 흡족해했다는 사실은 익히 알려졌으니 여기서 다시 언급하지는 않겠다.

그해 여름 괴팅엔을 방문한 히에로니무스(Hieronymus) 황제는 다른 일은 제쳐두고 식물원을 먼저 찾았다. 그곳에서 칼이 학생들과 함께 식물학 강의를 듣고 있었기 때문이다. 폰 라이스트 경은 칼을 알아보는 황제에게 귀띔해 주었다. 황제가 칼과 이야기하고 싶어 하자 곧바로 모리오(Morio) 씨가 칼과 나를 왕실 인사들 앞으로 데려갔다. 황제는 우리 둘과 오랫동안 환담을 나누었고 칼에게 계속 열심히 공부하라고 격려하며 지속적인 지원을 약속했다. 그러자 왕실의 귀족과 귀부인들이 칼이 고귀한 사람이라도 된 것처럼 칼에게 키스하기 시작했다. 황제가 마차에 오르기 전까지 두 장군은 승리를 축하하는 듯한 모양새로 자신들 사이에 칼을 데리고 다니기도 했다. 수행원들 중 몇몇은 황제가 분명 거절할 리 없으니 지원금을 더 요청해 보라고 나를 부추겼다. 하지만 나는 좋은 직장이나 돈을 요구하여 문제를 일으키기보다는 욕심을 억누르며 사는 편이 나았으므로 그렇게 하지 않았다.

같은 해 겨울, 세 번째 학기에 칼은 티보 교수의 수학과 블루멘바흐(Blumenbach) 교수의 자연사, 폰 제켄도르프 교수의 연극 수업을 들었다.

네 번째 학기에는 스트로마이어(Stromeier) 교수의 화학을 수강했고 티보 교수의 강력한 추천으로 분석 수학도 함께 수강했다. 사실 분석 수학은 열두 살이 채 안 된 소년에게 난해한 학문이지만 담당 교수는 다음과 같은 극찬을 보내왔다.

> 칼 비테 군은 1812년 여름 학기, 분석 및 고등 기하학에 대한 강의를 들었습니다. 이론 수학이 분량도 많고 난이도도 높아서 상당히 어려웠을 텐데도 비테 군은 지금껏 그래왔듯이 성실함과 집중력을 보이며 공부했습니다. 강의 내용을 바탕으로 한 특별 시험에서는 명제에 대한 결정적인 증명을 따로 제시하여, 배운 내용을 완전히 익혔을 뿐만 아니라 능숙하게 설명해 낼 수 있다는 점도 입증했습니다.
>
> —B. Fr. 티보

다섯 번째 학기에는 마이어 교수의 각도 측정술과 하우스만(Hausmann)의 광물 용어 및 계통학, 티보의 미적분학, 스트로마이어의 화학 기구 및 시약 강의를 수강했다.

겨울 방학 동안 칼은 처음으로 고등 수학에 대한 짧은 논문을 썼다. 논문 문제를 선정한 티보 교수는 칼이 정보를 미리 찾아보지 못하도록 수학 곡선의 이름을 감추기도 했다. 그럼에도 불구하고 칼의 논문은 모든 이의 인정을 받았다. 특히 칼이 곡선을 그리기 위해 발명하고 디자인한 기구는 통찰력과 기술적인 지식을 이해하고 표현하는 능력을 명백히 드러냈다는 점에서 많은 사람들이 좋은 평가를 해 주었다.

여섯 번째 학기가 되자 칼은 티보 교수의 실용 기하학과 마이어의 명암 및 색채학, 빌레르(Villers)의 프랑스 문학, 하우스만의 광물학을 수강했다. 일곱 번째 학기에는 헤렌 교수의 정치사 강의를 들으면서 교수와 함께 고대사도 공부했다.

그해 여름 티보 교수는 칼이 자신에게 더 이상 배울 것이 없다고 선언했다. 나는 교수가 칼과 함께 공부한 내용을 다시 훑어보길 원했지만, 교수는 칼이 여러 번의 시험을 통해 그 내용을 완벽히 이해하고 있음을 입증했다고 말했다. 그래도 나는 칼이 고등 수학을 연이어 공부하지 않았으면 했다. 칼이 열한 살에 분석학과 고등 기하학을 공부하기 시작하고 열두 살에 미적분학을 수강했을 때에도 나는 반대 의사를 강하게 표한 바 있다. 당시 티보 교수는 "무릇 인간은 좋아하는 일을 어렵게 여기지 않는 법이다"라며 칼이 수학을 공부할 실력과 의지를 갖고 있다고 말했다. 그래서 나는 불안한 마음에 두 가지 조건, 즉 ①칼이 강의 내용을 너무 어렵다고 생각하면 수업을 더 이상 듣지 않는다 ②강의를 완전히 이해하지 못하면 재수강해도 좋다는 조건을 내걸었다.

교수는 동의했고 나중에 자신의 예상대로 이런 조건이 전혀 필요 없지 않았냐며 농담을 던졌다.

결국 나는 가우스(Gaus) 교수에게 칼을 개인적으로 가르쳐 달라고 부탁하며 교수의 조언에 따라 칼의 향후 계획을 결정하기로 했다. 교수는 칼의 실력을 익히 알고 있었지만 신중한 태도로 다시 테스트를 진행한 다음에 자신의 의견을 밝혔다. "칼은 강의나 개인적인 교습을 통해서도 더 배울 내용이 별로 없어요. 대신 제가 라틴과 이탈리아, 프랑스 수학자가 쓴 책을 여러 권 드리겠습니다. 책에서 고등 수학을 심도 있게 다뤘으니 칼이 그 내용을 혼자 읽으면 됩니다!" 그때 칼은 겨우 열세 살이었으므로 나는 그 말에 불안해졌다. 내가 "하지만 교수님, 칼이 많은 부분을 이해하지 못할 텐데요."라고 말하자 교수는 이렇게 대답했다. "많은 부분이라고요? 이해 못하는 내용은 별로 없을 겁니다. 설령 그렇다 해도 제가 도와주면 되죠. 물어볼 일이 그다지 없겠지만요."

가우스 교수의 말이 맞았다. 칼은 책의 거의 모든 내용을 파악했다. 카놀리(Cagnoli) 이론을 훤히 꿰뚫었고 내가 기억하기에 이해하지 못하는 부분은 세 개 정도밖에 되지 않았다. 그중에서 칼은 푸아송(Poisson)의 고등 역학을 잘 이해하지 못했는데, 가우스 교수는 그 내용이 중요하다고 판단해 상세한 설명을 적어 주기도 했다. 그 위대한 수학자까지도 칼에게 호감과 적극적인 관심을 보였던 것이다.

티보 교수는 가르치지 않게 된 이후로도 칼을 꾸준히 지켜보았다. 한번은 "칼이 하고 싶은 대로 내버려두세요. 어디까지 도달할지 저도 궁금하답니다"라고 말하기에 나는 칼이 평면 삼각법에 대한 글을 쓰고 있다고 귀띔해 주었다. 원래 이 사실은 칼이 작업을 마칠 수 있을지 확신하지 못했기 때문에 밝히지 않으려던 것이었다. 이를 들은 교수는 매우 기뻐하며 말했다. "칼이 하고 싶은 대로 공부하게 두세요!" 작업이 끝나자 티보 교수는 칼의 글을 읽고 좋게 평가했다. 그리고 칼이 수정하고 싶어 했던 몇몇 부분을 확인해 주었다. 칼이 그렇게까지 기쁜 마음으로 전력을 다하면서 인내심을 발휘한 적은 없었을 것이다.

칼은 1815년, 우리가 하이델베르크에 머물던 무렵에 이 논문을 발표했다. 티보 교수는 이에 대한 평론을 내놓았는데 놀랍게도 예전과 완전히 다른 태도를 보였다. 호의적인 지적과 애정 대신 냉혹한 태도로 논문을 비판했으며 칼의 어린 나이를 전혀 배려하지 않고 신랄한 비난을 퍼부었다. (당시 칼은 열세 살 반에 불과했지만 교수는 일부러 "열여섯 살 정도" 라는 말을 쓰기도 했다.) 교수는 악의적인 태도로 칼을 헐뜯을 뿐 비난에 대한 명확한 근거도 대지 않았다. 우리는 인신공격으로 많은 상처를 받았지만 교수가 보여 주었던 애정을 잊지는 않을 것이다.

나는 황제 폐하의 지원을 이후 사 년 동안 계속 받았으며 칼의 교육을 위해서라면 지원금을 언제든 써도 좋다는 허락도 받았다. 시간이 흘러 목사로 복직하기 일곱 달 전에 칼과 함께 브라운슈바이크로 갔고 거기서 공작을 소개받았다. 공작은 자리를 뜨려던 참이었으나 상냥한 태도로 우리와 긴 대화를 나누었다. 그리고 칼이 영국에 갔으면 좋겠다고 말하며 그곳에 사는 자기 친척들의 도움을 구하면 많은 것을 배울 수 있다고도 했다. 바로 그날 나는 브라운슈바이크에서 약속된 지원금을 일부 받았다.

왕실 관계자들은 하노버에서도 더없이 친절한 태도를 보였지만, 당연히 그 대가로 칼이 쌓은 지식을 확인하기를 원했다. 얼마 지나지 않아 칼은 잘츠베델에서 고등학생들을 대상으로 수학 강의를 했고 큰 찬사를 받았다. 이후 대수학과 기하학, 분석학, 분석 삼각법, 미적분을 주제로 강의해 달라는 제안에 응하면서 1814년 5월 3일, 김나지움 대강당에서 강연을 했다.

당시 도시에 있던 뛰어난 학자들이 모두 모여들었다. 학자들은 칼이 그 전날 주제를 통고 받아 늦게까지 홀로 강연 준비를 했다는 사실을 알고 있었다. 강연에서 칼은 여유로운 태도로 그날 주제를 알기 쉽고도 능수능란하게 설명했다. 종이에 쓴 내용을 그대로 읽는 것이 틀림없다는 생각에 몇몇 사람들이 칼이 서 있는 연단 뒤로 가서 살펴볼 정도였다. 그들은 자신들의 생각이 잘못되었음을 직접 확인하고는 멋쩍게 미소 지었다. 이를 눈치챈 칼은 연단을 떠나 칠판 쪽에서 강연을 계속했고, 주제를 그대로 읽어야 할 때만 노트를 들여다보았다. 모든 사람들이 강연에 열렬한 환호를 보냈다. 왕실 관계자들은 호의적인 반응을 보이며 우리가 요청한 것보다 조금 더 많은 금액을 제안했다. 케임브리지 공작은 칼이 영국에 간다면 개인적인 호의와 지원을 제공하겠다고 보장했다. 헤센 지방 정부는 내가 요구하면 무엇이든 들어주겠다고 약속했으며, 브라운슈바이크 공을 비롯해 선제후 역시 얼마를 지원받고 싶은지 말해 보라고 했다. 게다가 왕실은 우리를 여러 번 초대하여 분에 넘치는 친절을 베풀기도 했다.

칼은 여덟 번째 학기에 고등 수학과 철학 등을 계속 공부하면서 슐체(Schulze) 교수의 논리학과 스트로마이어 교수의 분석 화학을 수강했다. 스트로마이어 교수가 증언한 내용은 다음과 같다.

> 칼 비테 군은 이번 여름 학기에 제가 강의한 분석 화학과 실험 수업을 들었고, 과거 이론 화학을 수강했을 때만큼이나 성실히 수업에 임했음을 증언하게 되어 개인적으로 무척 기쁘게 생각합니다. 비테 군은 화학에 대한 월등한 지식을 몇 번이나 보여 주었고 실험

과 분석에서도 뛰어난 능력을 발휘했을 뿐만 아니라 숙제로 공부한 내용도 자세히 설명할 수 있었습니다.

—스트로마이어 박사

그 학기 중에 우리는 칼이 앞으로 무엇을 공부할 것인지에 대해 이야기를 나누었다. 만약 칼이 단기간 안에 유명해지길 원했다면, 이미 높은 수준까지 익힌 수리 물리학이나 화학, 자연사, 광물학을 계속 공부하도록 시켰을 것이다. 그렇지만 나는 칼이 어린 나이부터 한 분야에 깊이 파고들지 않았으면 했다. 공부한 학문을 계속 연구한다면 교수가 되겠지만 그것은 내가 원하는 바가 아니었다. 결국 나는 칼이 그때까지 공부하지 않았던 분야를 배우다가, 열여덟 살이 되면 자신의 직업을 스스로 결정해야 한다고 판단했다. 그래서 칼에게 해외로 나가 법학 공부를 시작하면 어떻겠냐고 제안했다. 칼은 이제껏 해 온 공부를 통해 해외로 나갈 준비가 충분히 되어 있었으므로 모두가 나의 계획에 찬성했다. 수학 공부를 계속해야 한다고 권고한 티보 교수만이 안타깝다는 의사를 표현했다. 이에 나는 이렇게 대답했다. "칼은 아직 어리니 나중에 수학을 다시 공부할 수도 있어요. 법학이 싫으면 분명 수학으로 되돌아가겠지요."

베츨라어(Wetzlar)로 여행을 떠났을 때 칼은 기센(Giessen) 대학의 철학부 교수들과 두루두루 긴 대화를 나누었으며 저명한 대학 총장인 샤우만(Schaumann) 교수에게 저녁 초대를 받았다. 저녁 식사에서 우리는 귀한 대접을 받았다. 그런데 갑자기 모든 사람들이 칼의 건강을 기원하는 축배를 들며 칼을 "우리 박사님"이라고 부르는 것이었다. 총장은 칼을 다정하게 안은 다음, 자신이 직접 서명한 다음의 종이를 건네주었다. 그러자 그 자리에 있던 사람들이 하나같이 기쁨의 눈물을 흘렸다.

"우리 박사님이자 경애하는 젊은 친구, 요한 하인리히 프리드리히 카롤로 비테(J. H. Fr. Carolo Witte) 군!

저는 많은 사람들과 함께 오래 전부터 비테 군의 명성을 익히 들어 알고 있었습니다. 하지만 최근에 들어서야 비테 군이 쌓은 지식과 능력을 직접 확인하고는 얼마나 기뻤는지 모릅니다. 그간 귀한 노력을 쏟은 비테 군의 훌륭한 아버지께 신의 은총이 있기를 바랍니다. 그분이야말로 아들을 제대로 키울 줄 아는 아버지니까요!

저는 존경하는 대학 동료들과 함께 이 아버지와 같은 기쁨을 누리고자 합니다. 그래서 비테 군에게 공적인 명예를 수여하고 이를 통해 비테 군의 아버지에게도 영광을 돌리려 합니다.

어제 철학부 교수들은 만장일치로 비테 군에게 철학 박사 학위를 수여하기로 결정했으며 저는 그 소식을 공식적으로 알려 드리는 바입니다. 학위 증서는 인쇄가 끝나는 대로 보내 드릴 것입니다.

제가 제일 처음으로 비테 군을 우리 박사님이라 부르게 되어 더없이 즐거운 마음입니다. 경애하는 박사님에게 축복이 깃들길! 만세, 만만세!"

학위 증서에 적힌 내용은 아래와 같다.

"칼 비테 군은 어린 나이에도 불구하고 겸손한 자세로 배움의 길을 걸어 높은 학식을 갖추었다. 이에 우리 기센 대학은 이 모든 공을 비테 군의 아버지에게 돌리며, 1814년 4월 10일자로 비테 군에게 철학 박사 학위와 자격을 수여하는 바이다."

마르부르크(Marburg) 대학의 울만(Ullmann) 원로 교수와 그의 동료들은 칼이 받은 명예에 매우 기뻐했다. 교수가 호언장담하기를, 만약 기센 대학이 그러지 않았다면 마르부르크 대학이 나서서 칼에게 박사 학위를 수여했을 것이라고 했다.

옮긴이의 글

칼 비테 목사는 아들 칼 비테 주니어를 영재로 길러 냈고, 그 과정과 자신의 교육적 방침을 1819년에 발표한 이 책에서 상세히 공개했다. 하지만 칼 비테 주니어에게 쏟아졌던 뜨거운 관심에 비해 이 책은 그다지 큰 주목을 받지 못했다. 오히려 당시 독일 교육자들에게 많은 혹평을 받다가 얼마 지나지 않아 사람들의 기억 속에서 잊혀졌다. 본 서적이 다시 주목받기 시작한 것은 백여 년이 지나서였다. 세상에서 완전히 사라져버린 듯했던 이 책은 20세기 하버드대학 서고에서 우연히 발견되었고, 책을 영어로 옮긴 하버드대학 교수이자 언어학자 레오 위너(Leo Wiener)는 칼 비테의 교육법에 큰 감명을 받아 이 교육법을 토대로 자신의 아들을 교육시키겠다고 천명했다. 그 결과 교수의 큰아들 노버트 위너는 열 살의 나이에 터프스대학에 입학했고 열네 살에 하버드대학에서 박사 학위를 받았으며, 스무 살부터는 대학에서 공학과 수학을 가르치기 시작했다. 하버드대학 심리학자인 보리스 시디스(Boris Sidis)도 비슷한 시기에 칼 비테의 교육법에서 큰 영향을 받아 아들 윌리엄 제임스 시디스를 영재로 키웠다. 이후 칼 비테의 책은 21세기 중국에서 출간되어 선풍적인 반응을 이끌어 내기도 했다.

이 책이 발표된 당시 독일에서 주목받지 못했던 이유는 무엇일까. 우선 그 원인은 천여 페이지가 넘는 방대한 분량에 있다. 게다가 이 책은 별로 중요하지 않은 세부적인 사항이나 학술적인 내용을 너무 꼼꼼하게 다룬 탓에 읽기가 만만치 않았다. 이런 이유로 미국에서는 독일어 원본에서 불필요한 내용을 과감히 쳐내 3백여 페이지로 편집한 번역본을 내놓은 바 있다.

책이 외면당했던 또 다른 이유는 칼 비테의 교육법 자체가 당시 인정받는 교육론과 여러 면에서 대립되었기 때문이다. 칼 비테가 조기교육의 중요성을 거듭 강조한 것에 반해, 당시 교육자들 대부분은 조기교육에 매우 부정적인 입장을 취했다. 이들은 아이를 너무 이른 나이부터 교육하면 건강과 재능을 망칠 수 있으니 아이가 학교에 들어가기 전까지 되도록 자유롭게 내버려두어야 한다고 주장했다. 실제로 이 책에서 저자는 아들의 조기교육을 진행하면서 사람들의 반대에 번번이 부딪혔다고 고백한다. 특히 조기교육을 다룬 내용에서는 사람들이 제기한 반대 의견과 이에 대한 저자의 반론이 대부분을 차지할 정도이다.

이러한 당시 분위기와 달리 조기교육은 요즘 시대에 들어 크게 환영받는 추세이다. 20세기에 들어 프로이트 비롯한 여러 심리학자들이 유아 시기의 경험이 이후 발달 과정에 매우 중요한 영향을 끼친다는 견해를 내놓았다. 이와 함께 촘스키와 같은 언어학자들도 언어 습득이 효율적으로 이루어지는 '결정적 시기'가 비교적 어린 나이부터 시작된다는 연구 결과를 발표했다. 그에 따라 조기교육, 특히 언어 조기교육의 중요성이 본격적으로 대두되기 시작했다.

어떻게 보면 칼 비테의 교육법은 19세기 당시 교육계가 받아들이기에는 지나치게 획기적이었던 셈이다. 더욱 놀라운 점은 칼 비테가 단순히 조기교육의 중요성을 강조하는 데 그치지 않고 조기교육에서 원칙으로 삼아야 할 내용과 적절한 방식을 상세히 제시한다는 것이다. 이 책에서 칼 비테가 중요시하는 교육 원칙 중 하나는 아이의 학습 욕구를 먼저 불러일으키고, 그 다음에 공부할 환경과 여건을 마련해야 한다는 점이다. 저자는 아이가 스스로 글쓰기를 배우겠다고 확실히 말하기 전까지는 섣불리 글자를 가르치지 않았다. 재미있는 이야기책을 보여 주는 등 아이가 글자에 대한 호기심을 먼저 갖도록 했고, 일단 아이가 학습 의사를 표시하자 적절한 공부 교재를 제공했다. 저자는 외국어 교육도 이 원칙을 지키면서 단계적으로 진행했다. 예를 들어 무조건 어린 나이부터 외국어를 가르치지 않고 아이가 모국어를 먼저 완벽하게 습득한 후에야 프랑스어를 가르치기 시작하는 식이다. 이러한 체계적인 교육 원칙은 막무가내 주입식 교육과 무분별한 조기 영어 교육이 이루어지고 있는 우리나라 현실에 중요한 시사점을 던져 준다. 이 외에도 칼 비테는 아이가 단시간 안에 집중해서 공부하도록 하는 법, 놀이와 공부를 구분하게 하는 법, 아이의 독립심을 키워 주는 법 등등 요즘 부모가 아이의 가정교육에 적용할 만한 방식들을 많이 제시한다. 독자들은 이 책을 읽으면서 자녀 교육에 대하여 한 번 더 생각해보는 좋은 기회로 삼을 수 있을 것이다.

유정란

칼 비테의 자녀교육법

초판 1쇄 펴낸 날 2015년 3월 25일
초판 4쇄 펴낸 날 2017년 4월 14일

지은이　칼 비테
옮긴이　유정란
펴낸이　장영재
편　집　백수미, 서진
디자인　고은비
마케팅　남성진, 김대성, 이혜경
경영지원　마명진
물류지원　한철우, 노영희

펴낸곳　(주)미르북컴퍼니
자회사　더클래식
전　화　02)3141-4421
팩　스　02)3141-4428
등　록　2012년 3월 16일 (제313-2012-81호)
주　소　서울시 마포구 성미산로32길 12, 2층 (우 03983)
E-mail　sanhonjinju@naver.com
카　페　cafe.naver.com/mirbookcompany

(주)미르북컴퍼니는 독자 여러분의 의견에
항상 귀 기울이고 있습니다.

파본은 책을 구입하신 서점에서 교환해 드립니다.
책값은 뒤표지에 있습니다.